Praktische Hinweise A – Z

Polen im Überblick

Krakau entdecken

Tschenstochau

Anhang

001 Foto: kr-cr

Katarzyna Jone und Christiane Rahn

Krakau und Tschenstochau

Reisen veredelt den Geist
und räumt mit unseren Vorurteilen auf.
(Oscar Wilde)

064kr Foto: cr

Impressum

Katarzyna Jone und Christiane Rahn
Krakau und Tschenstochau

erschienen im
Reise Know-How Verlag Peter Rump GmbH
Osnabrücker Str. 79
33649 Bielefeld

1. Auflage 2004

Gestaltung
Umschlag: M. Schömann, P. Rump (Layout);
Klaus Werner (Realisierung)
Inhalt: Günter Pawlak (Layout);
Torsten Pörtner (Realisierung)
Fotos: Katarzyna Jone, Christiane Rahn, Rainer Gärtner
Karten: Catherine Raisin, der Verlag

Lektorat (Aktualisierung): Torsten Pörtner

Druck: Wilhelm & Adam, Heusenstamm
Bindung: Buchbinderei Keller, Fulda

ISBN 3-8317-1230-1
Printed in Germany

Dieses Buch ist erhältlich in jeder Buchhandlung der BRD, der Schweiz, Österreichs, Belgiens und der Niederlande.
Bitte informieren Sie Ihren Buchhändler über folgende Bezugsadressen:

BRD
Prolit GmbH, Postfach 9,
35461 Fernwald (Annerod)
sowie alle Barsortimente
Schweiz
AVA-buch 2000
Postfach, CH-8910 Affoltern
Österreich
Mohr Morawa Buchvertrieb GmbH
Sulzengasse 2, A-1230 Wien
Niederlande, Belgien
Willems Adventure
Postbus 403, NL-3140 AK Maassluis

Wer im Buchhandel trotzdem kein Glück hat, bekommt unsere Bücher auch direkt über den Verlag oder unseren **Büchershop im Internet: www.reise-know-how.de**

Wir freuen uns über Kritik, Kommentare und Verbesserungsvorschläge.

Alle Informationen in diesem Buch sind von den Autorinnen mit größter Sorgfalt gesammelt und vom Lektorat des Verlages gewissenhaft bearbeitet und überprüft worden.

Katarzyna Jone und
Christiane Rahn

Krakau

Vorwort

Mit Katarzyna, der gebürtigen Warschauerin, bereiste ich im Sommer 1988 das erste Mal Polen. Und natürlich besuchten wir dabei auch Krakau, die Perle des Landes. Diese wunderbare Stadt verzauberte mich auf den ersten Blick. Die komplett erhaltene historische Altstadt besitzt mit ihren zahlreichen Kunstschätzen, dem vielseitigen kulturellen Angebot und der außergewöhnlichen Gastronomie eine Atmosphäre, die ihresgleichen sucht.

Jedes Mal, wenn ich in Krakau ankomme, gehe ich zuerst zum Marktplatz. Schon von weitem sehe ich die Marienkirche und höre den Trompeter seine traditionelle Melodie vom Turm aus spielen. Spätestens wenn ich den Marktplatz betrete, die Tuchhallen erblicke und die vielen Tauben flattern sehe, stellt sich bei mir ein Gefühl von zu Hause ein. Die unzähligen Stunden, die ich auf diesem riesengroßen Platz verbrachte, sind voller Erinnerungen an Musik, Tanz, Straßentheater, vorbeiziehende Kutschen, und natürlich an die Straßencafés, in denen man so herrlich sitzen, das Treiben beobachten und das Leben genießen kann.

Krakau gilt verdientermaßen als die Kulturhauptstadt Polens. Die Bedeutung ihres kulturellen Schatzes hat die UNESCO schon 1978 erkannt und die Krakauer Altstadt zum Weltkulturerbe ernannt.

Genauso sehenswert ist der ehemalige jüdische Stadtteil Kazimierz. Hier kann man in die jüdische Kunst, Kultur und Lebensart eintauchen, die liebevoll gepflegt wird. Aber auch die junge Krakauer Szene hat diesen ehemals vernachlässigten Stadtteil für sich entdeckt und ihn mit unzähligen Cafés, Bars, Restaurants und Galerien belebt. Wer die Auseinandersetzung mit den Zeiten der deutschen Besatzungszeit nicht scheut, dem empfehlen wir neben dem jüdischen Teil von Kazimierz einen Besuch im Konzentrationslager Auschwitz/Birkenau.

Das religiöse Polen lernt man am besten kennen und verstehen, wenn man den Wallfahrtsort Tschenstochau besucht, den wir ebenfalls in diesem Reiseführer vorstellen. Das Kloster Jasna Góra in Tschenstochau ist das religiöse Zentrum des Landes und macht deutlich, wie wichtig für die Polen der katholische Glaube war und ist.

Da sich Polen seit 1990 in einer Phase großer Umbrüche befindet, war es für uns spannend zu verfolgen, wie aus der schon immer beeindruckenden, doch wenig bekannten Kulturstadt eine Touristenmetropole mit südländischem Flair wurde, die anderen historischen Städten den Rang abläuft.

Die Bilanz dieser Entwicklung sieht für den Besucher durchweg positiv aus. Wir bemühen uns, mit der vorliegenden Auflage den Entwicklungsprozess der Stadt zuverlässig zu dokumentieren und den veränderten Gegebenheiten Rechnung zu tragen.

Beim Entdecken der vielen großen und kleinen Schätze, die Krakau zu bieten hat, wünschen wir Ihnen viel Spaß.

Die Autorinnen

Inhalt

Exkurse

Kartenverzeichnis

Preiskategorien

Restaurants und Cafés

- **Kategorie I:** ab 20 €/Menü
- **Kategorie II:** bis 20 €/Menü
- **Kategorie III:** bis 10 €/Menü

Hotels/Unterkünfte

- **Kategorie 1:** bis 8 €
- **Kategorie 2:** 8–25 €
- **Kategorie 3:** 25–40 €
- **Kategorie 4:** 40–80 €
- **Kategorie 5:** 80–120 €
- **Kategorie 6:** über 120 €

003kr Foto: cr

Praktische Hinweise

005kr Foto: cr

002kr Foto: cr

Brautkleider in der ul. Floriańska

Obstverkauf in den malerischen Gassen

Die wehrhafte Barbakane vor dem Florianstor

Ankunft

Mit dem Zug

Der Krakauer **Bahnhof (Kraków Główny)** befindet sich ebenso wie der **Busbahnhof** in unmittelbarer Nähe der Altstadt am Pl. Kolejowy. Er wird umsäumt von mehreren Hotels der Mittelklasse.

Das frisch renovierte Bahnhofsgebäude hat an Komfort deutlich gewonnen. Ärgerlich ist nur der recht lange Weg vom Hauptgebäude (von 23.00–5.00 Uhr geschlossen) zu den Bahnsteigen. In dem Altbau, der in mehrere Hallen unterteilt ist, befindet sich im Mittelteil eine Informationstafel, die eine gute Übersicht über die Ankunfts- und Abfahrtszeiten (Ankunft: *Przyjazdy*, Abfahrt: *Odjazdy*) sowie über die Bahnsteige bietet. Die roten Zeitangaben und die Bezeichnung EX für Express oder IC weisen auf Züge hin, die den Reisenden relativ schnell ans Ziel bringen. Die übrigen Züge sind u. U. extrem langsam.

International verständliche Schilder leiten den Reisenden zu den Gepäckaufbewahrungsstellen, zur Bank, zum Restaurant, zu den Bahnsteigen und zu den Fahrkartenschaltern. Am Informationsschalter für nationale und internationale Zugverbindungen wird man auch auf Englisch beraten. Eine telefonische Information erfolgt über die Nr. 9436.

Die ankommenden Reisenden überqueren den Bahnhofsvorplatz und gelangen dann durch die Unterführung direkt in die Altstadt.

Mit dem Flugzeug

Der Krakauer **Flughafen Port Balice** mit dem offiziellen Namen *Port Lotniczy im. Jana Pała II Kraków-Balice* liegt ca. 16 km westlich der Stadt. Das moderne Flughafengebäude verfügt über mehrere Wechselstuben, eine Bank, einige Bankautomaten (mit einem günstigen Wechselkurs), Autovermietungsagenturen, ein Restaurant sowie eine Touristeninformation im 1. Stock der Ankunftshalle.

Die **Buslinien 208 und 192** befördern den Fluggast in 45 Minuten vom Flughafen zum Busbahnhof am Hauptbahnhof in der Nähe der Altstadt. Die Busse fahren alle 20 Minuten zwischen 4.45 Uhr und 23.00 Uhr. Der Preis für eine Fahrt beträgt 2,20 zł (0,55 €). Für das Gepäck muss eine Extrakarte gelöst werden (ebenfalls 2,20 zł). Die Karten erhält man in der Ankunfts- oder Abfahrtshalle am Zeitungskiosk mit der Bezeichnung RUCH oder im Touristenbüro. Beim Schaffner empfiehlt es sich nicht, das Ticket zu lösen (siehe „Stadtverkehr“). Es gibt auch **Taxis**. Diese verlangen für eine Fahrt in die Altstadt ca. 30–60 € – der höhere Preis gilt meistens für ausländische Reisende. An Sonn- und Feiertagen sowie nach 22.00 Uhr werden die Preise zusätzlich angehoben. Eine Fahrt aus der Innenstadt zum Flughafen mit einem bestellten Radio-Taxi liegt dagegen zwischen 20-30 €.

Mit dem Auto

Krakau ist eine Stadt, die man eigentlich ohne Auto bereisen sollte. Man kann alle Sehenswürdigkeiten zu Fuß erreichen, die Altstadt ist für Kraftfahrzeuge weitgehend gesperrt, die Parkplätze sind sehr teuer und Autos mit westlichen Kennzeichen werden gerne gestohlen oder ausgeraubt. Wer sich davon nicht abschrecken lässt, erreicht die Stadt von Westen kommend über die A4. Die E77 führt von Norden in die Stadt. Die Ausschilderung zum Zentrum ist zwar unzureichend, aber die Straßenführung leitet den Autofahrer doch unweigerlich zum Stadtkern, der Altstadt. Die **verkehrsberuhigte Kernzone** umschließt ein Straßenring und hält den Verkehr von der Altstadt fern. Dem Autofahrer ist zu empfehlen, seinen Wagen auf einem bewachten Parkplatz am Rande der Altstadt zu parken. Außerhalb der Stadt gibt es 5 Parkplätze, die Park-and-ride-Service anbieten. Der Parkausweis berechtigt gleichzeitig zum kostenlosen Benutzen der Öffentlichen Verkehrsmittel.

Die Altstadt ist in verschiedene Park- und Fahrzonen eingeteilt, die in erster Linie nur für Fahrer mit Sondergenehmigung freigegeben sind. Zu diesem Personenkreis gehören auch Hotelgäste (zum Be- oder Entladen nicht länger als 15 Min.) und Behinderte. Die **bewachten Parkplätze** auf dem Pl. św. Ducha und auf dem Pl. Szczepański bieten die besten Möglichkeiten, seinen Wagen für eine kurze Zeit innerhalb des Altstadtrings unterzubringen (1 Stunde kostet 2 €, es gibt keine Ermäßigungen). Eine günstigere Möglichkeit, den Wagen über einen längeren Zeitraum abzustellen, bieten Parkplätze außerhalb des Altstadtkerns. Vom unbewachten Parken am Straßenrand ist unbedingt abzuraten, da Wagen mit westlichen Kennzeichen unter den Kriminellen Krakaus sehr beliebt sind. Sie kennen auch genug Tricks, Wagen im Stadtverkehr anzuhalten und dann auszurauben. Mehr Informationen bietet das Kapitel „Sicherheit".

Achtung: Falschparker müssen mit Autokrallen rechnen. Sollte jemand in diese unglückliche Situation hineingeraten sein, muss er sich mit der Polizeidienststelle in Verbindung setzen, deren Telefonnummer (meistens 968 o. 4110045) an der Windschutzscheibe befestigt ist. Während des geduldigen Wartens kann man schon Scheck oder Bares (25 €) bereithalten.

Fahrverbotszonen

- **Strefa A (rot):** Fußgängerzone, keine Fahr- oder Parkerlaubnis.
- **Strefa B (grün):** Nur für Anwohner mit Ausweis. Für Fahrgäste, deren Hotels in Zone A und B liegen, besteht die Fahr- und Parkerlaubnis nur für 15 Minuten.
- **Strefa C (blau):** Fahrerlaubnis, aber zeitlich eingeschränkte Parkerlaubnis. Die Parkzeit ist auf 2 Stunden begrenzt. Das Ticket erhält man am Kiosk. Es wird mit Datum und Uhrzeit versehen und muss gut sichtbar in den Wagen gelegt werden.

Bewachte Parkplätze (24 Std.)

- Plac Św. Ducha
- Plac Biskupi
- Plac Szczepański
- ul. Powiśle

- ul. Karmelicka
- ul. Starowiślna
- ul. Pawia

Park-and-ride-Parkplätze

- ul. Heleny
- ul. Kapelanka
- ul. Włóczków
- ul. Kałuży
- Al. 29 Listopada

Tankstellen (24 Std.)

- ul. Jasnogórska
- ul. Podgórska
- ul. Kamienna
- ul. Powstanców Wielkopolskich
- ul. Zakopiańska 290
- ul. Wielicka
- ul. Włóczków
- ul. Bora-Komorowskiego 39
- al. 29 Listopada 39 b

Pannenhilfe (Pomoc drogowa)

- **SOS PZMot,** al. Jana Pawła II 200, Tel. 981 oder 6259221, kleine Reparaturen und Abschleppdienst
- **Abschleppdienst und Pannenhilfe,** Tel. 4255042 und 6488025
- **Reifendienst (Wulkanizacja)** ul. Kamińskiego 1, Tel. 2674840, Öffnungszeiten: Mo.-Fr. 8.00-22.00, Sa. 8.00-20.00 Uhr.; ul. Józefińska 21, Tel. 6561154, Öffnungszeiten: Mo.-Fr. 7.30-17.00 Uhr, Sa. 8.00-14.00 Uhr.
- **Partner PZU Assistance,** Tel. 6437689 oder 0501321401

Werkstätten *(Auto-Serwis, Warsztaty samochodowe)*

- **Audi/VW,** ul. Zakopiańska 169A, Tel. 2663371, Fax 2664494, Öffnungszeiten: Mo.-Fr. 8-17.00, Sa. 8-14.00 Uhr.
- **Opel,** Al. Jana Pawła II 43. Tel. 6462617, Fax 6496566, Öffnungszeiten: Mo.-Fr. 7.00-17.00 Uhr.
- **Ford,** ul. Jasnogórska 60, Tel. 6380343, Fax 6380336, Öffnungszeiten: Mo.-Fr. 7.00-22.00, Sa. 8.00-15.00.
- **Peugeot,** Al. Pokoju 78, Tel. 6420742, Fax 6444761, Öffnungszeiten: Mo.-Fr. 8.00-16.00, Sa. 8.00-14.00.

Grenzübergänge von Deutschland nach Polen

1	Ahlbeck*	Świnoujście
2	Linken	Lubieszyn
3	**A** Pommellen	Kołbaskowo
4	Rosow	Rosówek
5	Schwedt	Krajnik/Dolny
6	Hohenwutzen	Osinów/Dolny
7	Kietz	Kostrzyn
8	Frankfurt/O.	Słubice
9	**A** Frankfurt/O.	Świecko
10	Guben	Gubin
11	**A** Forst	Olszyna
12	Bad Muskau	Łęknica
13	Podrosche	Przewóz
14	Ludwigsdorf	Jędrzychowice
15	Görlitz	Zgorzelec
16	Ostritz*	Krzewina/ Zgorzelecka
17	Zittau-Choppin-Str.	Sieniawka
18	Zittau-Friedensstr.	Porajów

* = nur Fußgänger und Fahrrad
A = Autobahn

- **Renault,** ul. J. Conrada 45, Tel. 6386749, Fax 6369844, Öffnungszeiten: Mo.–Fr. 8.00–20.00, Sa. 8.00–14.00.
- **Toyota,** ul. Wrocławska 97, Tel. 6334438, Öffnungszeiten: Mo.–Fr. 8.00–19.00, Sa. 9.00–15.00.

Autovermietungen

Krakau verfügt mittlerweile über ein großes Angebot an Autovermietungen. Bei vergleichbarer Qualität sind die polnischen Anbieter ca. 10-15 % günstiger als die bekannten internationalen Anbieter. Hier eine Auswahl:

- **Ann Rent A Car:** Flughafen Balice, 24 Std., Tel. und Fax 6393249, Mobil 0601 332201.
- **AVIS:** ul. Lubicz 23, Tel. 6296108, Internet: www.avis.pl. Öffnungszeiten: Mo.–Fr. 9.00–17.00, Sa. 9.00–13.00 Uhr.
- **Express Rent a Car,** Hotel Sofitel, ul. Konopnickiej 28, Tel. 2666468 oder 2667590, Fax 2667613. Öffnungszeiten: Mo.–Fr. 8.00–17.00, Sa. 8.00–11.00 Uhr.
- **„Hertz“,** Flughaften Balice, Tel. 4296262, Fax 4222939, Hotel Krakowia, al. Focha, Tel. 4296262, Fax 4222939, Öffnungszeiten: Mo.–Fr. 8.00–18.00, Sa. 10.00–14.00 Uhr.
- **Joka Rent a Car,** ul. Starowiślna 13, Tel./Fax 4296630, www.joka.com.pl, Mo.–Fr. 8.00–17.00 Uhr, Sa. 9.00–12.00 Uhr.
- **National Car Rental,** ul. Głowackiego 22 (Hotel Demel), Tel./Fax 6368630, geöffnet Mo.–Fr. 8.00–17.00, Sa. 9.00–14.00 Uhr.

Diplomatische Vertretungen

Polnische Vertretungen

- **Botschaft der Republik Polen:** Lassenstr. 19/21, 14193 Berlin, Tel. 030 223130, Fax 030 22313155, Internet: www.botschaft-polen.de
- **Konsularabteilung:** Richard-Strauß-Str. 11, 14193 Berlin, Tel. 030 223130, Fax 030 22313212
- **Generalkonsulate:** Truffanowstr. 25, 04105 Leipzig, Tel. 0341 5623300, Fax 0341 5623333; Ismaninger Str. 62a, 81675 München, Tel. 089 4186080, Fax 089 471318; Gründgensstr. 20, 22309 Hamburg, Tel. 040 611870, Fax 040 6325030; Lindenallee 7, 50968 Köln, Tel. 0221 937300, Fax 343089
- **Polnische Botschaft,** Hietzinger Hauptstr. 42c, 1130 Wien, Tel. 01 8777444
- **Polnische Botschaft,** Elfenstr. 20a, 3006 Bern 16, Tel. 031 3520454
- **Polnische Botschaft,** Alexanderstraat 25, 2514 JM Den Haag, Tel. 070 3602806, Fax 070 3602810

Vertretungen in Polen

Vorwahl Krakau aus Deutschland: 004812.

- **Deutsche Botschaft:** Ambasada Republiki Federalnej Niemiec, 03-932 Warszawa, ul. Dąbrowiecka 30, Tel. 6173011, Fax 6173582, www.ambasadaniemiec.pl
- **Deutsches Generalkonsulat:** 31-043 Kraków, ul. Stolarska 7, Tel. 4218473, Fax 4217628
- **Österreichische Botschaft:** Ambasada Republiki Austiackiej, 00-540 Warszawa, ul. Gagarina 34, Tel. 022 8410081
- **Schweizer Botschaft:** Ambasada Schwajcarii, 00-540 Warszawa, Al. Ujazdowskie 27, Tel. 022 6280481
- **Niederländische Botschaft:** Ambasada Holandi, 00791 Warszawa, ul. Chocimska 6, Tel. 8492351/52, Fax 8488345

Kulturinstitute

Vorwahl Krakau aus Deutschland: 004812

- **Goethe-Institut,** Rynek Główny 20, 31045 Kraków, Tel. 4225829, Fax 4228276;

- **Internationales Kulturzentrum,** Rynek Główny 25, Tel. 4242800, www.mck.krakow.pl.
- **Jüdisches Kulturzentrum,** ul. Rabina Meiselsa 17 (Kazimierz), Tel. 4306449, Fax 4306497, www.judaica.pl. Im Sommer ist das Angebot begrenzt.
- **Österreichisches Institut,** ul. Krupniczna 42 (westl. der Altstadt), Tel. 4219900.
- **Nürnberghaus** (Dom Norymberski), ul. Skałeczna 2, Tel./Fax 4305966.
- **Villa Decius,** ul. 28 Lipca 17, Tel. 4253638, Fax 4253663.
- **Pro Helvetia,** ul. Św. Agnieszki, Tel./Fax 4226230.
- **Centrum Sztuki i Techniki Japońskiej „Manggha“,** ul. Konopnickiej 26, Tel. 2672703 oder 2673753, www.manggha.krakow.pl.

Einkaufen

Wer nach Polen fährt, läuft Gefahr, mit voll gefüllten Taschen wieder nach Hause zu kommen. Zum einen sind die Polen für ihre vielseitige und interessante **Traditionskunst** bekannt, die jenseits von Kitsch die polnische Kultur präsentiert. Zum anderen haben die polnischen Künstler eine ganz eigene Richtung eingeschlagen, die den Westtouristen auf der Suche nach ausgefallenen Stücken begeistert. So wird jeder, der sich für Malerei, Skulpturen und Schmuckdesign interessiert, schnell fündig.

In Krakau beschränken sich die für Touristen interessanten Einkaufsmöglichkeiten überwiegend auf die Altstadt. Vor allem in den Tuchhallen auf dem Marktplatz bieten zahlreiche Verkaufsbuden hauptsächlich traditionelle polnische Kunst an. Dieser bedeutende touristische Anziehungspunkt war Anfang der 1990er Jahre in die Diskussion geraten, denn die Fast-Food-Kette McDonald's hatte vor, sich dort zu etablieren. Mit Hilfe einer Unterschriftenaktion konnte dies glücklicherweise verhindert werden. Mittlerweile ist bei allen Entscheidungen der Stadtväter oberstes Ziel, den historischen Charakter der Altstadt zu bewahren. In den letzten Jahren ist der Stadtteil Kazimierz zu einer touristischen Attraktion geworden. Dort hat sich die Kunstszene etabliert und bietet in den frisch renovierten Altbauten ihre interessanten Exponate an. Jüdische Traditionskunst in vielfältiger Ausführung findet man in Kazimierz ebenfalls.

Der **Straßenverkauf** blüht auch in dieser Stadt, und die Händler (viele Polen, Russen und Vietnamesen) versuchen, die unterschiedlichsten Waren an den Kunden zu bringen. Da liegen Schwämme neben Streichhölzern, Büstenhalter neben Gummihandschuhen und Bergkäse neben Wollpullovern. In der Altstadt ist das Angebot etwas anders. Touristengerecht werden Babuschkas, Bernsteinschmuck, Bücher, Musikkassetten und vieles mehr angeboten. Jeder einzelne Händler hat nicht selten eine ganze Familie von den Einnahmen zu ernähren.

Viele **Lebensmittel** wie Brot, Butter, Milch, Käse, Obst und Gemüse, gibt es auf den Märkten, in den kleinen Lebensmittelgeschäften und in den Supermärkten zu recht günstigen Preisen. Zahlreiche Supermärkte bieten außerdem Waren aus dem europäischen Ausland an, wobei die Preise bei diesen Produkten in etwa dem westlichen Niveau entsprechen.

Die **kleinen Lebensmittelläden** mit Tresenverkauf gibt es nur noch vereinzelt. Die vorwiegend polnischen Produkte sind hier preisgünstiger.

Konditoreien und **Patisserien** bieten die Möglichkeit, das „süße" Polen kennen zu lernen. Seien es die Schokoladentörtchen von *E. Wedel* oder *Chałwa* (Türkischer Honig), wie ihn die Türken kaum besser machen, seien es *Ptasie Mleczko* (Milchschaumpralinen) oder die guten *Krówki,* die polnischen „Kuhbonbons", von denen man nur maximal drei essen kann.

Für größere Einkäufe stehen die **Super-** und **Hypermärkte** zur Verfügung. Die meisten befinden sich allerdings außerhalb der Innerstadt.

006kr Foto: cr

Die Märke bieten frische Lebensmittel

Galerien

Die Galerien mit ihren vielfältigen Ausstellungsstücken der polnischen Gegenwarts- und Gebrauchskunst präsentieren eine ganz eigene Kunstentwicklung, die wenig von westlichen Einflüssen beherrscht ist. Die Stücke sind noch zu relativ günstigen Preisen erhältlich.

Man findet sie gut verteilt in der Altstadt und in Kazimierz. Auch sie sorgen dafür, dass das Angebot immer bunter wird. Die Künstler jedoch haben große Schwierigkeiten, bei diesen inflationären Tendenzen von dem Verkauf ihrer Werke zu leben.

Der interessierte Tourist muss nur die Augen offen halten, um von einer Galerie zur anderen zu schlendern und sich von den Skulpturen, Malereien, Ton- und Holzarbeiten begeistern zu lassen. Die Adressen der interessantesten Galerien sind in den jeweiligen Stadtteilkapiteln aufgeführt.

Schmuck

Der ausgefallene **Silberschmuck,** den es in kleinen Schmuckboutiquen zu kaufen gibt, ist allein schon die Reise wert. Auch **Bernstein** wird in immer wieder neuen Variationen zu interessanten Schmuckstücken verarbeitet und ist ebenfalls sehr zu empfehlen. Die Preise liegen unter denen in

Deutschland, jedoch gleichen sie sich zunehmend dem Westniveau an. In der Altstadt von Krakau haben sich Schmuckboutiquen hauptsächlich in den Straßen ul. Floriańska, ul. Grodzka, ul. Sławkowska und in den Tuchhallen niedergelassen.

Mode

Bis vor einigen Jahren gab es eine ganz eigene polnische Mode, die sich deutlich von unseren Modeströmungen abhob. Man verarbeitete vorwiegend Naturfasern und -farben, und es strotzte nur so vor Applikationen, Materialienvielfalt und Schmuckelementen. Leider ist dieser **eigene Stil** so gut wie ausgestorben.

Zunehmend etablieren sich junge **polnische Modedesignerinnen** in den Läden der Altstadt. Sie repräsentieren die internationalen Modetrends. Es lohnt sich in jedem Fall, hier einmal zu stöbern. Und sollte der Ärmel zu lang, der Rock zu kurz oder der Stoff nicht der richtige sein, lässt sich das alles in relativ kurzer Zeit auf Wunsch ändern.

Viele **italienische Modedesigner** lassen mittlerweile in Polen nähen. Da ein gewisser Prozentsatz der Ware im Lande verkauft werden muss, hat das den Vorteil, dass man zu relativ günstigen Preisen ein qualitativ hochwertiges Stück erwerben kann. Aber auch der **Flower-Power-Modefan** wird fündig. In z. T. fantasievoll gestalteten Geschäften werden Kleidungsstücke aus Asien angeboten.

Volkskunst

Wer einen Blick auf die bunte polnische Volkskunst werfen möchte, ist in den bisher noch staatlich geführten **Cepelia-Läden** genau richtig. Hier findet man vor allem Tücher, Decken, Wandteppiche, Spitzen und Trachten, bunt verzierte, aber auch schlichte Holzprodukte wie Schachspiele, Figuren, Kinderspielzeug und bäuerliche Gebrauchsgegenstände sowie die vielfältigsten Lederwaren aus allen Regionen Polens. Auch die Straßenhändler bieten, vorwiegend in der Altstadt, die unterschiedlichsten Produkte an. In den *Tuchhallen* auf dem Hauptmarkt ist ebenfalls ein riesiges Angebot an überwiegend Krakauer Traditionskunst zu bewundern. Was sich dem Besucher hier präsentiert, verdeutlicht die starke nationale Verbundenheit der Polen.

Antiquitäten

Die Antiquitätengeschäfte in Polen waren unter dem Geschäftsnamen „Desa", einer staatlichen Ladenkette, zusammengeschlossen. Sie sind jedoch zunehmend privatisiert. In diesen **Antiquitätenläden** gibt es ausgewählte Stücke zu relativ niedrigen Preisen. Vor allem die reiche Auswahl an Ikonen und Möbelstücken ist bemerkenswert. Auch wenn das Kennerherz hocherfreut ist, gibt es leider einen großen Haken. Dem Polenbesucher ist es nicht erlaubt, polnische Antiquitäten, die vor 1945 entstanden sind, außer Landes zu bringen. Vor dem Kauf einer Antiquität sollte man sich in jedem Fall im Geschäft über die Ausfuhrbedingungen informieren, denn es gibt auch Ausnahmen. So können nichtpolnische Stücke mit einer Bescheinigung legal ausgeführt werden und auch deutschsprachige Bücher kann man mit nach Hause nehmen, wenn man zuvor eine Sondergenehmigung der Nationalbibliothek (Al. Niepodległości 213 in Warschau) bekommt .

Praktische Einkaufstipps

Die Öffnungszeiten der Geschäfte unterliegen keinen Gesetzen, aber die meisten Läden in Krakau sind ungefähr bis 18.00 Uhr geöffnet. Die Lebensmittelgeschäfte schließen gegen 20.00 Uhr. Der Laden *Delikatesy* (zwischen der ul. Szewska und ul. Szczepańska) am Rynek Główny, der gut mit Lebensmitteln ausgestattet ist, hat bis 22.00 Uhr geöffnet. Ein **24-Stunden-Lebensmittelgeschäft** befindet sich am Anfang der ul. Starowiślna gegenüber der Hauptpost, *Delicje* auf dem Rynek Kleparski 5, *Hypermarket Tesco* an der ul. Kapelanka 54 sowie *Oczko* an der ul. Stradomska 21.

Frisches Obst und Gemüse kann man am besten auf den unzähligen Märkten besorgen, wie z. B. Stary und Nowy Kleparz zwischen der ul. Długa, ul. Św. Filipa oder auf dem *Plac Nowy* im Kazimierz.

Im Falle größerer Einkäufe seien die Supermärkte *(Hipermarkety)* empfohlen, die maximal 30 Min. mit dem Bus vom Zentrum entfernt sind.

Supermärkte

- **Allkauf,** os. Wola Duchacka, ul. Witosa 7
- **Billa,** ul. Mackiewicza 15
- **Carrefour,** ul. Zakopiaska 62
- **Geant,** ul. Gen. Bora-Komorowskiego 37
- **Hit,** ul. Wielicka 259
- **Krakchemia,** ul. Pilotów 6

Apotheken

- **Euro Apteka,** ul. Krowoderska 31, Tel. 4300035 (24 Stunden geöffnet)
- **Apteka Prywatna,** ul. Galla 26, Tel. 6367365
- **Apteka CEFARM,** ul. Kalwaryjska 94 - Mateczny, Tel. 6561850
- **Apteka „GALEN“ C.H. Tesco,** ul. Kapelanka 56, Tel. 2964239 5.
- **Apteka CEFARM** os. Centrum A bl. 3, Tel. 6441736

Ein- und Ausreisebestimmungen

Die erschwerten Reisebedingungen aus sozialistischen Zeiten gehören allesamt der Vergangenheit an. Mittlerweile beschränken sich die unerlässlichen Vorbereitungen für eine Reise nach Polen auf ein Minimum. Notwendig sind ein **Reisepass,** der noch mindestens 6 Monate gültig ist, und eine **Grüne Versicherungskarte** für den Pkw.

Kinder und Jugendliche unter 16 Jahren benötigen einen Kinderausweis mit Foto oder einen Eintrag im Pass der Eltern.

Es herrscht für Deutsche, Österreicher und Schweizer Visumfreiheit, solange man nicht länger als 90 Tage in Polen verweilen möchte.

Zollbestimmungen

Die polnischen Zollvorschriften sind sehr umfangreich, und so beschränken wir uns nur auf die wichtigsten Konsumartikel. Wer genauere Informationen benötigt, kann sich an die polnischen Fremdenverkehrsämter wenden.

Einfuhr

Neben den Gegenständen des persönlichen Bedarfs dürfen folgende Artikel **zollfrei** eingeführt werden: 250 Zigaretten oder 50 Zigarren oder 250 g Tabak, 1 l Schnaps oder 2 l Wein/5 l Bier (diese Angaben beziehen sich auf Personen ab 18 Jahren) und Geschenkartikel, deren Wert 70 € nicht übersteigt, 1 Fernglas, 1 Fotoapparat, 1 tragbares Musikinstrument, 1 Notebook, 1 Schmalfilmkamera, 1 Videokamera, 1 Videorekorder, 12 Filme, 1 Plattenspieler, 1 Tonbandgerät (Kassettenrekorder), 1 Radio, 1 Fernseher, 5 Tonbänder (Kassetten, Schallplatten) und Zubehör. Sportausstattung: 1 Surfbrett, 1 Boot oder Kanu (max. 5,5 m lang), 1 Fahrrad, 1 Zelt, 1 Paar Ski und 2 Tennisschläger. Schmuck: bis zu 50 g Gesamtgewicht. Beschränkung für Lebensmittel: 2 kg Fleisch, 1 kg Fett, 1 kg Milchprodukte, 1 kg Schokolade und 200 g Kaffee.

Die Angaben beziehen sich auf eine Person, das Eingeführte muss, soweit es kein Verbrauchsgut ist, wieder ausgeführt werden.

Haustiere können mitgenommen werden. Hunde und Katzen müssen aber mindestens 3 Wochen und höchstens 12 Monate vor der Reise gegen Tollwut geimpft werden, belegt durch einen Impfpass. Es ist außerdem eine vom Amtstierarzt bestätigte Gesundheitsbescheinigung für alle Tiere erforderlich, die 3 Tage vor Reiseantritt ausgestellt werden muss.

Ausfuhr

Folgende Artikel können **zollfrei** ausgeführt werden: 200 Zigaretten, 100 Zigarillos oder 50 Zigarren, 1 Liter hochprozentiger Alkohol oder 2 Liter Wein (gilt jeweils für Personen ab 17 Jahren), 500g Kaffee, 50g Parfüm oder 0,25 Liter Eau de Toilette und Andenken bis zu einem Gesamtwert von 175 €. Spezielle Informationen findet man im Internet unter www.zoll-d.de.

Die Ausfuhr von Kunstwerken, Antiquitäten, Büchern und polnischen Gegenständen, die vor dem 9. Mai 1945 hergestellt wurden, dürfen nur mit einer Genehmigung des Denkmalkonservators des jeweiligen Landkreises bzw. der Nationalbibliothek in Warschau ausgeführt werden (*Biblioteka Narodowa,* Al. Niepodległości 213, Warszawa).

Die Zollvorschriften unterliegen häufigen **Änderungen.** Es ist ratsam, sich vor dem Erwerb von wertvollen bzw. großen Gegenständen über die entsprechenden Ausfuhrbestimmungen beim Zollamt am Flughafen Warszawa-Okęcie zu erkundigen. Es ist erreichbar unter Tel. 469873 und hat von 7.30 bis 15.00 Uhr geöffnet.

Devisenvorschriften

Die **Ausfuhr** von polnischer Währung oder anderer polnischer Devisenwerte ins Ausland sowie deren **Einfuhr** nach Polen ist **verboten.** Es ist also nicht möglich, polnische Złotys schon in Deutschland in der Bank einzutauschen. An den Grenzübergängen (rund um die Uhr), auf den Flughäfen und größeren Bahnhöfen des Landes stehen jedoch ausreichend Wechselstuben bereit und auch in den Städten ermöglichen zahlreiche private Wechselstuben *(Kantor)* den schnellen und gebührenfreien Umtausch.

Fremde Währungen müssen bei der Einfuhr gemeldet werden. Handelt es sich um weniger als 5000 Euro, reicht eine mündliche Benachrichtigung. Liegt der Betrag über diesem Wert, muss eine schriftliche **Devisenerklärung** abgegeben werden. Bei der Ausfuhr von fremder Währung wird diese Erklärung wieder vorgezeigt.

Anfang Januar 2004 lag der Kurs bei 4, 68 zł für 1 €. Aktuelle **Informationen** gibt es unter www.wechselkurs.de.

Essen und Trinken

Der Polenreisende kann seine kulinarischen Bedürfnisse in Krakau – und nicht nur dort – voll auskosten.

Die Privatisierung der polnischen Wirtschaft lockte **Köche aus aller Welt** an und ermöglichte ihnen eine Existenzgründung. So entstanden neben der traditionell polnischen Küche der Stadt immer mehr ausländische Restaurants.

Die Restaurants der gehobenen Klasse bieten ihre exzellenten Speisen häufig in einem einzigartigen Ambien-

Eine polnische Speisekarte

Śniadanie	**Frühstück**
Pieczywo	Brotwaren
Bułka	Brötchen
Chleb	Brot
Dżem	Marmelade
Jajecznica na szynce	Rührei auf Schinken
Jajecznica na maśle	Rührei auf Butter
Jajko na miękko	4-Minuten-Ei
Masło	Butter
Mód	Honig
Ser zółty	Käse
Szynka	Schinken
Twaróg	Quark

Zupy	**Suppen**
Barszcz czerwony z pasztecikiem	Rote-Bete-Suppe mit einer Pastete
Chłodnik	Kalte erfrischende Suppe aus Kefir mit Gurken, Tomaten usw. (ohne Fleisch)
Kartoflanka	Kartoffelsuppe
Krupnik	Graupensuppe
Zupa jarzynowa	Gemüsesuppe
Zupa ogórkowa	Gurkensuppe
Zupa pomidorowa	Tomatensuppe

Przyprawy i Dodatki	**Gewürze und Zutaten**
Cukier	Zucker
Keczup	Ketchup
Musztarda	Senf
Pieprz	Pfeffer
Sól	Salz
Ocet	Essig
Olej	Öl

Dania mięsne	**Fleischgerichte (Hauptgerichte)**
Cielęcina	Kalbsbraten
Kotlet schabowy	Schweinekotelett
Kotlet mielony	Bulette
Gulasz	Gulasch
Sznycel	Schnitzel
Kiełbasa na gorąco	heiße Wurst
Kurczak pieczony	Brathähnchen
Flaki	stark gewürzte Magen- und Darmstückchen in einer Gewürzbrühe

Dotatki	**Beilagen**
... z ziemniakami	... mit Kartoffeln
... z kluskami	... mit Nudeln
... z makaronem	... mit Nudeln
... z ryżem	... mit Reis
... z frytkami	... mit Pommes frites
... z fasolka	... mit Bohnen
... z marchewka	... mit Karotten
... z kalafior	... mit Blumenkohl
... z kapusta	... mit Kohl
... z Groszek	... mit Erbsen

Dania bezmięsne	**fleischlose Gerichte**
Naleśniki z serem	Pfannkuchen mit Vanillequark
Pierogi z serem	Maultaschen mit Vanillequark
Leniwe	Quarknudeln
Knedle z truskawkami	Knödel mit Erdbeerfüllung
Knedle ze śliwkami	Knödel mit Pflaumenfüllung
Pyzy	Knödel mit Zwiebelsoße
Omlet z pieczarkami	Omelette mit Champignons

Surówki	**Salate**
Surówka	Salat ...
... z buraczków	... aus Roter Bete
... z kapusty	... aus Weißkohl
... z marchewki	... aus Karotten
... z ogórków (mizeria)	... aus Gurken
... z pomidorów	... aus Tomaten
Sałata zielona	Grüner Salat

Desery	**Nachtisch**
Galaretka ...	Götterspeise ...
... ze smietaną	... mit Sahne
... z owocami	... mit Früchten
Kisiel	Rote Grütze
Lody	Eis

Napoje	**Getränke**
Herbata z cytryną	Tee mit Zitrone
Kawa expresowa	Espresso
Kawa ...	Kaffee ...
... w szklance	... im Glas
... z mlekiem	... mit Milch
... ze śmietaną	... mit Sahne
Kompot ze śliwkami	Fruchtgetränk mit Pflaumen
Kompot z truskawkami	Fruchtgetränk mit Erdbeeren
Mleko	Milch
Orężada	Limonade
Piwo	Bier
Sok pomarańczowy	Orangensaft
Wino	Wein
Woda mineralna	Mineralwasser
Wódka	Wodka

Bigos – selbstgemacht

Für ca. 6 Personen:

400 g	Sauerkraut
400 g	Weißkohl
200 g	Schweinefleisch
150 g	stark geräucherte Plockwurst (z. B. Krakauer)
100 g	geräucherter Schinkenspeck
50 g	Speck
3	Zwiebeln
5 g	getrocknete Pilze
50 g	Tomatenmark
20 g	Mehl

Salz, Pfeffer, Rotwein (trocken)

Das Sauerkraut klein hacken und mit wenig Wasser weich kochen. Währenddessen den Weißkohl waschen und wie das Sauerkraut zerhackt mit etwas Wasser und unter der Zugabe getrockneter und zerhackter Pilze weich kochen. Das Schweinefleisch waschen, salzen und in Fett von allen Seiten anbraten. Zusammen mit dem Schinkenspeck in das Sauerkraut hineingeben und auf kleiner Flamme, bis das Fleisch gar ist, kochen. Das Schweinefleisch und den Schinkenspeck aus dem Sauerkraut herausnehmen und in kleine Würfel schneiden. Den inzwischen weichen Weißkohl mit Sauerkraut vermischen und dem Schweinefleisch, dem Schinkenspeck und der ebenfalls in Würfel geschnittenen Plockwurst (Krakauer) hinzugeben. Den Speck in kleine Würfel schneiden und in einer Bratpfanne auslassen, Zwiebeln zugeben und goldgelb anbraten. Tomatenmark und eine Mehlschwitze in das Bigos geben. Mit Salz, Pfeffer und Rotwein abschmecken. Fertig!

Bigos wird warm und meistens mit Brot oder Kartoffeln serviert. Es schmeckt erst einen Tag nach der Zubereitung richtig gut und gewinnt mit jedem weiteren Aufwärmen an Geschmack. Die Zubereitungszeit beträgt zwischen drei und sechs Stunden, denn je länger es köchelt, desto leckerer wird es.

Smacznego!

te an. Sie sind bis ins kleinste Detail stilvoll gestaltet, üppig dekoriert und führen den Besucher auf spielerische Weise in eine andere Welt. So kann man zum Beispiel in Krakau im Restaurant Cherubio die köstlichen Leckerbissen der polnischen und toskanischen Küche in alten Kutschen und Droschken genießen. Ein Restaurantbesuch wird in solchen Lokalen zu einem Rausch der Sinne. Manchen hat es schon dazu bewogen, Krakau nur deshalb zu bereisen.

Die Preise für eine Mahlzeit – ein komplettes Menü im **Nobelrestaurant** der Stadt liegt bei etwa 40 € – sind für den Krakauer kaum bezahlbar. Und so leistet sich die Familie höchstens zu besonderen Anlässen einen Restaurantbesuch. Man bevorzugt die typisch polnischen Milchbars *(Bar Mleczny),* in denen man zu günstigen Preisen Mehlspeisen, Suppen und Fleischgerichte bekommt.

Zu jeder ordentlichen polnischen Mahlzeit gehört **Fleisch,** und jede Familie ist bestrebt, so oft wie möglich dieses teure Nahrungsmittel auf den Mittagstisch zu bekommen.

Dennoch ist es mittlerweile nicht schwierig, in den Restaurants eine vollständige **vegetarische Mahlzeit** zu bekommen, denn diese Ernährungsweise wird zunehmend akzeptiert. Es gibt fantastische Mehl- und Eierspeisen ohne Fleisch, und wer frischen Salat und Gemüse verlangt, hat keine Schwierigkeiten. Die Rubrik „Vegetarische Gerichte" *(Dania jarskie)* in den Speisekarten kann jedoch irreführend sein, weil dort auch unter Um-

Kleine Wodkakunde

Man behauptet, dass es in Polen ebenso viele Sorten an Wodka (*Wódka,* sprich: Wudka), wie Weinsorten in Frankreich gibt. Viele jedoch, die auf dem polnischen Markt erhältlich sind, werden nur regional vertrieben. Der größte Teil der Wodkaindustrie wird in 25 Polmos-Betrieben abgewickelt. So kaufen diese von Kleinbrennereien den Rohalkohol und verarbeiten ihn zu den bekannten und qualitativ hohen Wodkasorten. Da Wodka zu den preisgünstigeren alkoholischen Getränken zählt, jedoch schnell und zuverlässig seine Wirkung tut, ist er in Polen neben Bier, das im Vergleich viel teurer ist, sehr beliebt. Man trinkt ihn am besten stark gekühlt (die Flasche sollte mit Eis bedeckt sein) zu verschiedenen Anlässen, aber auch ohne diese schmeckt guter Wodka vorzüglich.

Eine gute Sorte erkennt man daran, dass man am nächsten Tag keine Kopfschmerzen verspürt. Man unterscheidet die „klaren" und die „bunten" Sorten. Zu den empfehlenswertesten „klaren" Wodkas gehören *Wyborowa, Luksusowa* und *Premium.* Zwei weitere sehr gute Marken, *Chopin* und *Belvedere,* sind in ihren Design-Flaschen ein schönes Mitbringsel.

Zu den „bunten" Wodkas gehören Sorten, deren Geschmack durch Obst-, Wurzel- oder Kräutersäfte verfeinert wird. Der bekannteste Wodka ist *Żubrówka* (Grasowka), bei dem die Flasche mit einem Grashalm, welcher nur in der Puszcza Białowiecka zu finden ist (Urwald-Naturpark an der polnisch-russischen Grenze), bestückt wird. Weitere Sorten sind u. a. *Jarzębiak* (mit Vogelbeeren) und *Krupnik* (mit Honig und Gewürzen verfeinert). Also:

Na zdrowie!

ständen Omelette mit Schinken oder Hühnersuppe zu finden ist. Die Stadt hat aber auch ein gutes Angebot an vegetarischen Restaurants.

Zweisprachige Speisekarten auf englisch oder manchmal auch auf deutsch sind in den Touristengegenden üblich geworden, aber nicht selbstverständlich. Milchbars verfügen noch recht selten über Speisekarten in englischer Sprache, die an der Kasse ausliegen. Ihr Angebot wird auf polnisch über der Theke ausgehängt. Um Missverständnisse vermeiden zu helfen, haben wir die wichtigsten polnischen Gerichte im Exkurs „Eine polnische Speisekarte" aufgeführt.

Noch ein Hinweis: Manch ein hungriger Tourist hat sich schon auf seine leckeren Kroketten gefreut, die er sich vermeintlich bestellt hat. Aber unter dem polnischen Wort **Krokety** verbergen sich mit unterschiedlichen Gemüse- oder Fleischsorten gefüllte Pfannkuchen, die allerdings auch sehr schmackhaft sind.

Bei Polen zu Gast

Als Gast in einer polnischen Familie muss man auf nichts verzichten. **Gastfreundschaft** wird sehr hochgehalten, und so erfährt man nichts von den Mühen und finanziellen Anstrengungen, die auf sich genommen werden müssen, um jeden Tag eine vollständige Mahlzeit (bestehend aus Fleisch, Gemüse und Kartoffeln) servieren zu können. Gibt es an einem Tag vielleicht „nur" *Bigos* oder *Pierogi* (wunderbar schmeckende Teigtaschen mit verschiedenen Füllungen), entschuldigt sich die Hausfrau, dass es keine „anständige" Mahlzeit geworden ist. Man kann sie nicht davon überzeugen, dass man vollauf zufrieden ist.

Alkoholische Getränke

Alkoholische Getränke (eine Ausnahme ist Bier) sind, im Restaurant bestellt, u. U. teurer als das gesamte Menü. Es kann vorkommen, dass man in einer Bar oder Disco nach der Menge des bestellten alkoholischen Getränkes gefragt wird, da diese in unterschiedlichen cl-Mengen angeboten werden. Auf die Frage *„ile?"* (wie viel?), bietet es sich an, die gewünschte Menge mit zwei Fingern zu zeigen.

Restaurants

Trinkgeld ist üblich, aber keine Pflicht. Etwa 10 % des Rechnungsbetrages sind angebracht. Viele Restaurants beschäftigen eine Toilettenfrau, die ein geringes Entgeld (5-10 Cent) verlangt und die von diesen Einnahmen lebt. Die **Toilettentüren** sind in Polen teilweise noch mit einem Kreis für Damen und einem Dreieck für Herren gekennzeichnet.

Restaurants sind in der Regel von 11.00 bis 23.00 Uhr **geöffnet** und bieten erfreulicherweise durchgehend warme Küche an. Die Restaurants der höheren Preisklasse haben alle so lange geöffnet, **bis der letzte Gast geht.** In den Sommermonaten bieten diese Lokale in den Touristenzentren schon ab 9.00 Uhr Frühstück an. In der Hauptsaison sind **Tischreservierungen** unbedingt notwendig. Verglichen mit Deutschland sind die **Preise** in den guten polnischen Restaurants und Cafés selten günstiger (die alkoholischen Getränke sind sogar teurer) aber die Speisen sind oft vielfältiger und besser und das Ambiente ist einmalig. Man sollte sich einen Besuch in einem besonders stilvollen Restaurant nicht entgehen lassen, denn hier wird man häufig in eine faszinierende Welt versetzt und kann sich nebenbei noch rundherum verwöhnen lassen.

Die Restaurants und Cafés der **mittleren und unteren Kategorie** sind in der Regel günstiger als vergleichbare in Deutschland. Und auch hier kann der Gast auf kulinarische Köstlichkeiten stoßen. Allerdings kommt es immer häufiger vor, dass man in ein Touristen-Schnelldurchlauf-Lokal gerät, das für viel Geld nur wenig zu bieten hat. Schon fast der ganze Marktplatz in der Altstadt ist davon betroffen. Es bietet sich daher an, ruhig mal außerhalb der großen Touristenrouten nach einem gemütlichen Plätzchen zu schauen.

Das Wierzynek ist eine der ersten Adressen

007kr Foto: cr

Die **Klubs und Pubs** haben ein kleines und häufig sehr gutes Speisenangebot, das sich in der 2. Preiskategorie bewegt. Diese Lokale sind meistens schon ab 12 Uhr geöffnet. In Krakau haben viele von ihnen außerhalb der Touristenrouten **Selbstbedienung** bis zum späten Nachmittag eingerichtet. Ein Schild an der Theke mit der Aufschrift *Samoobsługa* weist darauf hin. Wird der Laden gegen Abend voller, kommt eine Bedienung an den Tisch.

Nach einem Restaurantbesuch ist es kein Problem, in unmittelbarer Nähe weitere **Vergnügungsmöglichkeiten** zu finden. Die gesamte Altstadt ist voller interessanter Lokale, auf die man unwillkürlich stößt. Besonders reizvoll ist hier, dass sich ein großer Teil in den Kellergewölben der Stadt etabliert hat. Der Krakauer Stadtteil Kazimierz ist ebenfalls ein sehr interessantes Ziel nächtlicher Vergnügungen.

Die **Auswahl an Restaurants** in den Stadtteil-Kapiteln verzeichnet neben der Adresse und einer Kurzbeschreibung auch eine **Preiskategorie.** Die Preise in den Lokalen klaffen weit auseinander. Besonders in der Kategorie I ist nach oben hin keine Grenze gesetzt. Diese Einteilung kann daher nur eine grobe Orientierungshilfe bieten.

- **Kategorie I:** ab 20 €/Menü
- **Kategorie II:** bis 20 €/Menü
- **Kategorie III:** bis 10 €/Menü

Ausländische Küche

Vor 15 Jahren war in Polen ausländische Küche das, was der polnische Koch darunter verstand. Ohne jemals ein Nasi Goreng im Original gegessen zu haben, entwickelte er seine eigenen Geschmacksvorstellungen, und das Resultat konnte sich mitunter sogar sehen lassen, auch wenn es nichts mit dem Original zu tun hatte.

Mittlerweile kann der Besucher viele interessante ausländische Gerichte im entsprechenden Ambiente genießen. Die internationalen Köche garantieren in den besseren Restaurants für exzellente landestypische Küche.

Eine Übersicht der Restaurants befindet sich im Kapitel „Krakau bei Nacht", genauere Beschreibungen folgen bei den jeweiligen Rundgängen in den Stadtteilkapiteln.

Milchbars *(Bar Mleczny)* und Kantinen *(Jadłodalnia)*

In diesen gemütlichen Selbstbedienungsrestaurants mit langer Tradition und polnischer Küche trifft man die Krakauer Bevölkerung. Zu sozialistischen Zeiten ging dort jeder hin, um eine schnelle, schmackhafte und preiswerte Mittagsmahlzeit zu bekommen. In den 90ern des letzten Jahrhunderts waren sie dann Treffpunkt der ärmeren Bevölkerung, denn ein Gericht liegt selten über 3 €. Die einmalige Atmosphäre zwischen Küchenmöbeln und Kartoffelknödeln zieht mittlerweile wieder breitere Bevölkerungsschichten an. Und so sitzt der gestresste Manager neben dem mittellosen Künstler und die elegante Krakauerin mit ihren Einkaufstüten neben dem alten Mann mit zerschlissenen Kleidern. Man spricht von der Renaissance der Milchbars und viele von ihnen werden nun im altpolnischen Stil herausgeputzt. Angeboten werden Quarktaschen und Crępes, aber auch Nudelgerichte, Suppen, Gulasch und andere Fleischgerichte sowie nichtalkoholische Getränke. Nachdem man die gewünschten Gerichte auf der Tafel (häufig nur auf Polnisch) ausgesucht hat, bezahlt man an der Kasse und holt sie sich an der Küchentheke ab. Neben den *Bar Mleczny* breiten sich zunehmend die *Jadłodalnie* („Kantine") aus. Die beiden unterscheiden sich eigentlich nur darin, dass die letztgenannten mehr Fleischspeisen im Angebot haben (siehe Speisekarte). Milchbars öffnen in der Regel von 7.00 bis 19.00 Uhr.

Fast Food

Für den Fast-Food-Freund stehen an den Straßenecken Buden mit Hotdogs, Hamburgern, Döner, Gyros und Pizzen bereit. Asiatische und arabische Snacks auf die Hand erfreuen sich ebenfalls großer Beliebtheit. Natürlich hat sich in der Krakauer Altstadt auch eine Mc-Donalds-Filiale niedergelassen. Im Sommer werden zur entsprechenden Erntezeit auf der Straße heiße Maiskolben und ganze Sonnenblumen verkauft, deren Kerne dann im Laufe eines Tages geknackt werden.

Cafés

Die vielen Cafés sind ein Teil des Flairs, das die Stadt auch schon zu sozialistischen Zeiten besaß. Aus dieser Zeit stammen noch einige wenige Cafés, viele sind neu dazugekommen. Es gibt nur noch vereinzelt Lokale, in denen sich das Angebot auf Kaffee und Kuchen beschränkt. Unter einem Café versteht man in erster Linie eine Kneipe mit kleinen und manchmal auch großen Speisen sowie Kuchenangebot. Die Getränkekarte reicht von diversen alkoholischen Getränken bis hin zu einem großen, aber auch recht teuren Kaffeesortiment (Cappuccino, Espresso, Pharisäer etc.).

Diese **Cafékneipen** sind in der Regel von 9.00 bis 24.00 Uhr geöffnet und haben in der Sommerzeit, soweit der Platz vorhanden ist, ihre Räumlichkeiten nach draußen erweitert. Es ist also kein Problem, sich in den warmen Monaten des Jahres von einem Café zum anderen zu begeben, das bunte Straßenbild auf sich wirken zu lassen und so den Urlaub zu genießen. Vielleicht kann man dabei auch ein Rendezvous beobachten, denn bei polnischen Männern gehört es zur Lebensart, eine Dame zu Kaffee und Cognac einzuladen.

Bestellt man einen **Kaffee** *(Kawa)*, bekommt man in der Regel eine recht starke schwarze Mischung aus normalem Kaffee und Espresso. Den original polnischen *Kawa w szklance* (im Glas) gibt es in Lokalen ebenfalls. Wenn man einfach nur kawa bestellt, kommt es vor, dass gefragt wird: *Kawa po polsku?* (polnischer Kaffee?). Ihn trinken die Polen zu Hause. Sie geben den frisch gemahlenen Kaffee in ein Glas und gießen ihn in drei Schüben mit heißem Wasser auf. Der Kaffeesatz sinkt nach einiger Zeit zu Boden, und mit ein bisschen Geschick kann man den Kaffee dann trinken, ohne den Satz zwischen die Zähne zu bekommen. In jedem Fall sollte man ihn einmal probieren.

Kneipen

In Krakau hat sich das Kneipenangebot in den letzten Jahren in erstaunlichem Maße vergrößert. Hier gibt es, genauso wie man es aus Deutschland kennt, häufig ein recht umfangreiches Angebot an kleinen und großen Speisen. Sehr reizvoll sind die vielen Kneipen in den Kellergewölben der Altstadt, die einen ganz eigenen Charme ausstrahlen. Im Sommer spielt sich das gastronomische Leben vorwiegend auf den Straßen und Hinterhöfen ab. Das führt zu einer sehr stimmungsvollen und lebendigen Atmosphäre. Geöffnet sind die Kneipen häufig schon recht früh (ab 10.00 Uhr), und die letzten schließen ihre Türen mit dem letzten Gast.

Eis

Das polnische Eis *(Lody)* ist zu empfehlen. Das **beste polnische Eis** ist unter dem Namen Zielona Budka (die grüne Bude) im ganzen Land bekannt. Ursprünglich gab es nur einen Eisladen mit diesem Namen in Warschau.

008kr Foto: cr

Er fiel dadurch auf, dass regelmäßig Schlangen von Eishungrigen bis auf die Straße führten. Denn das Eis konnte auch zu sozialistischen Zeiten durchaus mit der Konkurrenz aus Italien mithalten. Mittlerweile hat sich die „Bude" zu einer Eisladenkette entwickelt, die in allen größeren Städten Polens ihre Filialen hat. Der Markenname Zielona Budka steht auch für verpackte Eissorten, die landesweit in den Kühlregalen der Supermärkte angeboten werden. So sieht eine polnische Erfolgsstory aus.

Informationsstellen

Vor der Reise

Das polnische **Reisebüro Polorbis** bietet Informationsmaterial für Gruppen- und Individualreisen nach Krakau. Buchen kann man Städte- und Studienreisen, Pauschalreisen, Kurzausflüge und Aktionsurlaube. Auf Anfrage bekommt man die entsprechenden Informationsbroschüren von den Vertretungen in Deutschland und Österreich kostenlos zugeschickt.

- **Polorbis-Reiseunternehmen GmbH**
Friesenplatz 5, 50672 Köln.
Individualreisen: Tel. 0221 951534-30;
Gruppenreisen: Tel. 0221 951534-41;
Fax 951534 bis 40; www.polorbis-koeln.de (Hauptbüro)
- **Reisecenter Ostwest,**
Rotebühlstr. 51, 70178 Stuttgart 1,
Tel. 0711 6743616, Fax 0711 6743618,
www.ostwestreisen.de
- **Austro Orbis Touristik- und Handelsgesellschaft,**
Lilienbrunngasse 5, 1020 Wien,
Tel. 01 2147688

Aktuelle Reiseinformationen über Ein- und Ausreisebestimmungen, Zoll- und Devisenvorschriften, Verkehrsbestimmungen, einzelne Städte oder Landstriche und vieles mehr erhält man kostenlos bei folgenden Adressen:

- **Polnisches Fremdenverkehrsamt,**
Kurfürstendamm 71, 10709 Berlin
Tel. 030 2100920, Fax 030 21009214,
Öffnungszeiten: Mo.–Fr. 10.00–12.00 und 14.00–16.00 Uhr
- **Polnisches Fremdenverkehrsamt,**
Lerchenfelder Straße 2, A-1080 Wien
Tel. 01 524719112, Fax 01 524719120,
Öffnungszeiten: Mo.-Do. 8.30–17.00 Uhr und Fr. 8.30–15.00 Uhr
(ist auch für die Schweiz zuständig)
- **Pools Informatiebureau voor Tourisme,**
Leidsestraat 64, 1017 PD Amsterdam, Tel. 020 2245298, Fax 020 6230929

Wer sich über sein Reiseziel direkt **im Netz informieren** möchte, findet unter www.reise-know-how.de Informationen und weiterführende Links zu über hundert Reisezielen.

Gemütlich: ein Straßencafé in Kazimierz

Das Polnische Fremdenverkehrsamt bietet umfangreiche Informationen unter **www.polen-info.de** für Deutsche, unter www.poleninfo.at und unter poleninfo.tripod.com für Österreicher bzw. für Niederländer an. Bei den folgenden Adressen findet man vielseitige Touristeninformationen:

- www.poland.pl (englisch)
- für Krakau: www.krakow.pl

Vor Ort

Da Krakau schon immer eine Touristenstadt war, verfügen die Touristeninformationen über viel Erfahrung und sind dementsprechend gut auf Stadtbesucher eingerichtet.

Für den Ankommenden ist die **Touristeninformation JORDAN** *(Informacja Turystyczna)* in der ul. Pawia 8 (Bahnhofsnähe) zu empfehlen, Tel. 4226091 oder 4291769, Fax 4220471, Öffnungszeiten: Mo.-Fr. 8.00–18.00 und Sa. 9.00–13.00 Uhr). Sie ist bestens mit sämtlichen Stadtbroschüren ausgestattet. Das Personal kennt nicht nur Öffnungszeiten von Museen, sondern auch Adressen von Ärzten, Dolmetschern, Banken usw. Man vermittelt Touristen an die Veranstalter von Rundfahrten und Ausflügen, wenn es von ihnen gewünscht wird. Eine Hotel- bzw. Privatzimmervermittlung ergänzt das Angebot.

Die Filiale in der ul. Długa 9 bietet neben denselben Diensten längere Öffnungszeiten (täglich 7.00 bis 22 Uhr) sowie Gästezimmer mit Frühstück auf hohem Niveau an. Zu erreichen unter Tel./Fax 4212125, 4228226 oder 9319, www.jordan.krakow.pl (leider nur auf polnisch), oder per E-Mail: hotel@jordan.krakow.pl.

Die **Touristeninformation** auf dem **Rynek Główny** 1/3 (Tuchhallen, geöffnet Mo. bis Fr. von 9.00 bis 18.00 Uhr, Sa. 9.00 bis 13.00 Uhr, Tel. 4217706) beschäftigt sich neben den klassischen Touristenauskünften in erster Linie mit dem Verkauf von Karten für Stadtrundfahrten und Ausflügen in die nähere Umgebung.

Im **Kulturinformationszentrum** (*Centrum Informacji Kulturalnej),* ul. św. Jana 2, Tel. 4217777, Fax 4217731, Öffnungszeiten: Mo.–Fr. 10.00–19.00, Sa. 11.00–19.00 Uhr wird man über alle kulturellen Veranstaltungen in Krakau bestens informiert. Nur in seltenen Fällen findet ein Kartenvorverkauf statt. Ähnlich verhält sich dies in dem **Kulturinformationszentrum** in **Kazimierz** in der ul. Józefa 7, Tel. 4220471. Sie helfen aber in allen Touristenangelegenheiten ohne Probleme in deutscher oder englischer Sprache.

Die **Touristenzeitschriften** „What, Where, When" und „Welcome to Cracow" werden regelmäßig neu herausgebracht und liefern kostenlos Touristeninformationen auf Englisch und Deutsch. Sehr umfangreiche und aktuelle Informationen, auch auf Englisch, bietet das kleine Heftchen „Karnet", das man für 3 € in Buchhandlungen und Touristeninformationen erwerben kann. Speziell zu dem umfangreichen kulturellen und gastronomischen Angebot in Kazimierz erscheint alle zwei Wochen die Zeitschrift „INformacja KAZIMIERZ" sowohl auf Polnisch als auch auf Englisch.

Zur Hauptsaison werden **Sonderhefte** herausgegeben, z. B. „Summer in Kraków", das über die kulturellen Angebote informiert. Zusätzlich steht auf dem Rynek Główny ein alter Tramwagen, der als Touristeninformation dient.

Die **Touristenkarte** *(Krakowska Karta Turystyczna)* ermöglicht die kostenlose Nutzung der Krakauer Verkehrsmittel, freien Eintritt in viele Museen der Stadt (ausgenommen Wawel, die Kathedrale, Wieliczka, mehrere Synagogen und das Collegium Maius) und Rabatte in ausgewählten Restaurants (20 %), Geschäften und Galerien (10 %), sowie bei Sightseeing Touren (40 %). Die detaillierte Liste mit den Namen und Adressen der Geschäfte wird beim Kauf der Karte ausgehändigt. Man sollte allerdings vorher durchrechnen ob man sie tatsächlich im vollen Maße nutzen wird, denn eine 2-Tages-Touristenkarte kostet 45 zł (ca. 10 €), für die 3-Tages-Karte bezahlt man 65 zł (Eintritt ins Museum kostet ca. 7 zł, die Busfahrkarte 2,20 zł). Die Touristenkarte wird in den Touristeninformationen, Reisebüros sowie mehreren Hotels verkauft. Unter der Adresse www.estur.krakow.pl findet man mehr Informationen in englischer Sprache zum Thema Touristenkarte. **Achtung:** Die Anzahl der Museen und Geschäfte sowie die Höhe der Ermäßigungen variieren je nach Saison und werden nicht besonders zuverlässig im Internet ergänzt. Daher ist eine Überprüfung vor Ort notwendig.

Krakau bei Nacht

Durch enge Treppen, Hintereingänge oder dunkle Torbögen schreitet man in das bunte, laute Treiben von Krakau. Irische Pubs, gemütliche und schummrige Kneipen, Künstlercafés, coole Underground-Klubs, in Plüsch gehüllte Bars, Jazzkeller, Bierstuben, Oldie-Discos, Zigarrenlounges oder Internet-Kneipen – alles ist da. Alleine im Altstadtbereich befinden sich über hundert Kneipen, Bars, Cafés etc. Gleich danach folgt der Stadtteil Kazimierz mit über vierzig Adressen. Hier hat sich die Szene niedergelassen. Das muss man gesehen haben, denn hier sind die angesagtesten Klubs der Stadt, die coolsten Konzertbühnen und die hippesten Drinks. Die größte Ansammlung von Lokalitäten findet man rund um den Platz Nowy, ul. Podbrzezie und ul. Szeroka. Allerdings sind die Lokale in den anderen Gassen rund um den Platz Nowy nicht weniger empfehlenswert.

In den Sommernächten spielt sich zusätzlich auf den Straßen ein buntes Leben ab. Die Blumenverkäufer auf dem Rynek Główny verkaufen ihre Blumen 24 Stunden lang, Straßenkapellen spielen bei Bedarf bis in den Morgen.

Im ehemals jüdischen Stadtteil Kazimierz sind vor allem um die ul. Szeroka herum Klezmer-Kapellen, Straßentheater und andere Veranstaltungen zu finden die die jüdische Kultur vertreten. Sie verleihen dem Ort wieder seine alte Bedeutung.

Der Eintritt in die meisten Krakauer Klubs beträgt zwischen 4 und 7 €. Wegen des relativ hohen Betrags feiert in **Discos und Nightclubs** zumeist die Schickeria oder derjenige, der auf diesen Besuch gespart hat. Man amüsiert sich die ganze Nacht auf der Tanzfläche. Die Polen sind begnadete Tänzer, sodass alleine das Zuschauen ein großes Vergnügen bereiten kann.

008kr Foto: cr

Der älteste Studentenklub in Krakau:
der Klub Pod Jaszczurami

Eine große Anzahl von schönen **Pubs und Billardklubs** ergänzen das nächtliche Angebot. Diese Lokale bieten außer Billard, Flipper- und Geldautomaten gezapftes Bier, Live-Musik und Öffnungszeiten bis 5.00 Uhr.

Denjenigen, die über Geld und Abendgarderobe verfügen, stehen **Casinos** und **Dancings** (Live-Musik) in den exklusiven Hotels zur Verfügung. Krakau ist für seine Jazzkultur berühmt. So finden sich Kneipen, in denen fast täglich **Jazzkonzerte** geboten werden. Die Eintrittspreise sind z. T. günstiger als in den Discos, doch die Karten sind schwer zu bekommen, da Jazz in Polen sehr beliebt und die Nachfrage daher hoch ist. **Hinweis:** In Polen darf man Nachtbars erst ab 21 Jahren betreten.

Casinos

- **Hotel Novotel,** ul. Armii Krajowej 11, und **Hotel Sofitel,** ul Konopnickiej 28, Öffnungszeiten: 13.00–5.00 Uhr. Abendgarderobe ist Pflicht!

Jazzklubs

Polski Jazz ist aus dieser Stadt nicht mehr wegzudenken. Das hohe Niveau dieser Musikrichtung wird nicht zuletzt durch mehrere Jazzfestivals, u. a. **Jazz Juniors** (Dezember) oder **Zaduszki Jazzowe** (Oktober–November), erhalten und unterstützt.

Die bekanntesten Jazzklubs gehören z. T. auch berühmten polnischen Jazzmusikern, die natürlich bemüht sind, ihrem eigenen Ruf gerecht zu werden.

Die Jazzkonzerte fangen meistens zwischen 21.00 und 22.00 Uhr an einem festen Wochentag an. Ein Jazz-Frühschoppen findet im Sommer jeden Sonntag vor dem Rathausturm statt.

- **U Muniaka,** ul. Floriańska 3. Geöffnet Mo.–So. 13.00–24.00 Uhr. Konzerte Fr. und Sa. ab 21.00 Uhr. Der Besitzer des Jazz Klubs, *Janusz Muniak*, bietet dem Publikum oft persönlich die bekanntesten Jazzklassiker an.
- **Klub Rotunda-Orlik,** ul. Oleandry 1. Jeden Dienstag Jazzkonzert.
- **Harris Piano Jazz Bar,** Rynek Główny 28. Gehört zu der Kette von New York Harris Pub und garantiert somit für gute Cocktails, schönes Ambiente und Livemusik.
- **Jazz Klub Kornet,** ul. Krasińskiego 19. Der Club gehört *Andrzej Jakóbiec*. Jeden Mittwoch und Freitag ist hier ein Konzert. Den Plakaten am Eingang kann man jedoch auch Sonderkonzerte für andere Tage entnehmen.
- **Blues Club Klinka 35,** ul. Św. Tomasza 35. Live-Jazz am Donnerstag, Freitag und Samstag ab 21.00 Uhr.
- **Pod Jaszczurami,** Rynek Główny 8. Der Studentenklub hat seine Glanzzeiten hinter sich gelassen. Trotzdem gehört er zu Krakau, wie der Wawel oder der Hejnał Mariacki. Die Jazzkonzerte finden hier unregelmäßig statt, sind jedoch sehr empfehlenswert und die Eintrittsgelder sehr niedrig.
- **Piec´Art,** ul. Szewska 12. Gute Cocktailbar mit Live-Jazz jeden Mittwoch ab 20.00 Uhr.
- **Piwnica Pod Baranami,** Rynek Główny 21. Unter dieser Adresse verbirgt sich neben Kabarett, Kneipe und Disco auch eine traditionsreiche Jazzbühne. Das alljährliche Sommerfestival der Jazzmusik (Juli) ist eine empfehlenswerte Veranstaltung, die auch hier stattfindet. Die Konzerte beginnen dann jeden Tag um 21.00 Uhr.

Am Mickiewicz-Denkmal trifft sich die Krakauer Jugend

Cafés und Kneipen

Die Auswahl an Kneipen, Pubs und Cafés ist in der Innenstadt riesig, daher verzichten wir hier auf einen Adressenüberblick und führen besonders interessante Lokale am Ende jedes Rundgangs an. In vielen dieser Kneipen sind Restaurants, Tanzflächen oder Konzertbühnen untergebracht.

Auch im Stadtteil Kazimierz findet man für jeden Geschmack etwas. Neben der gemütlichen Kuschelkneipe steht die moderne unterkühlte Loungebar oder das ulkig eingerichtete Café. Viele der Lokale besitzen im Hinterhof einen schönen kleinen Garten oder eine Terrasse. Die meisten haben bis zum letzten Gast geöffnet.

Discos und Klubs

Die meisten Discos und Klubs haben am Sonntag geschlossen. Die Musikrichtungen sind je nach Wochentag unterschiedlich. Der Zutritt ist in vielen Fällen erst ab 21 Jahre erlaubt.

- **Equinox,** ul. Sławkowska 13-15, von 12.00 bis 2.00 Uhr geöffnet, Sa. von 15.00 Uhr bis zum letzten Gast, So. geschlossen, mit House und Techno.
- **Klub Kameleon,** ul. Zabłocie 22. Ein riesiger Klub, der neben einer Diskothek auch eine Bühne besitzt. Daher finden hier Konzerte, Modenshows und andere Veranstaltungen statt. Hier legen DJ Robson und DJ Diabolo auf, am Samstag gibt es die Top 20. Internet unter www.kameleon-klub.krakow.pl.
- **Klub Kredens,** Rynek Główny 12, gehört zu den populärsten Klubs in Krakau und befindet sich in Kellergewölben aus dem 13. Jh.

010kr Foto: cr

Die Ausstattung, gemütliche Sofas und Möbel aus den Anfängen des 20.Jahrhunderts, ist typisch für Krakau. Tanzmusik (Freitag und Samstag) von Rolling Stones über Santana bis zu den Top 10 der Gegenwart. Der Pub mit Garten ist schon ab 16.00 Uhr geöffnet. Die Türsteher kontrollieren sehr gewissenhaft das Alter (Eintritt erst ab 21).

- **Epsilon,** ca. 20 km. südlich von Krakau in Izdebnik. Auf 1800 qm wird hier am Freitag Club Music, House, Techno sowie Dancefloor und am Samstag Top 100 angeboten. Außerdem gibt es jede Menge Partys (Schaum, Popkorn, R' n' B etc.). Unter der Internetadresse findet man in englischer Sprache die Fahrpläne von Kleinbussen, die zum Epsilon fahren: www.klub-epsilon.pl.
- **Cocon Gay & Les Club,** ul. Gazowa 21, Öffnungszeiten: Di. bis So. von 20.00 Uhr bis zum letzten Gast. Der Schwulen- und Lesbenklub befindet sich im Stadtteil Kazimierz und bietet neben einer relativ großen Tanzfläche mit 150 qm auch einen Biergarten.
- **Pod Jaszczurami,** Rynek Główny 7. Der älteste und populärste Studentenklub Krakaus. Bei zu großem Zulauf werden nicht selten nur Klubmitglieder und Studenten mit gültigem Studentenausweis hereingelassen. Die Bar ist schon ab 10.00 Uhr geöffnet.
- **Pod Papugami,** ul. Szpitalna 1, Öffnungszeiten: Mo.-Do. 16.00-3.00 und Fr.-Sa. 19.00-4.00 Uhr.
- **Klub Jupiter,** al. 3 Maja 23. Öffnungszeiten: Fr.-Sa. ab 21.00 Uhr. Gespielt wird Techno, House, Trance, Drum & Bass, Electro.
- **Pasja,** ul. Szewska 5, geöffnet von 21.00 bis 3.00 Uhr, Fr./Sa. von 16.00 bis 4.00 Uhr. Funk, Rock, Pop, auch polnisch. Mit Billardraum. Eintritt ab 21 Jahre.
- **Piwinica pod Baranami,** Rynek Główny 27, 20.00 Uhr bis zum letzten Gast. Die älteste „Institution" Krakaus, was das Vergnügen angeht: Kabarett, Kneipe, Konzertbühne, Café und Disco!
- **Klub Muzyczny Wolność FM,** ul. Królewska 1, Fr.-Sa. ab 21.00 Uhr. Dance, House, Soul.
- **Underdiscox,** ul. Berka Joselewicza 21, Mo.-So. 19.00-8.00 Uhr. Techno, House, Hip-Hop, Acid-Jazz.

Internetcafés

- **U Louisa,** Rynek Główny 13
- **Looz,** ul. Mikołajska 11-13
- **Centrum Internetowe,** Rynek Główny 9 (Pasaż Bielaka)
- **Planet,** Rynek Główny 24
- **VDI,** ul. Gołebia 4
- **InterMark,** ul. Floriańska 30
- **Club Garinet,** ul. Floriańska 18
- **Labirynth,** ul. Józefa 15 (Kazimierz)
- **Kawiarnia Internetowa,** ul. Miodowa 26 (Kazimierz)

Restaurants

Hier nur die empfehlenswertesten Restaurants. Detailliertere Beschreibungen und weitere Restaurants finden sich in den Stadtteilkapiteln.

Polnische Küche

- **Babcia Malina,** ul. Sławkowska 17
- **Chimera,** ul. Św. Anny 3
- **Pod Aniołami,** ul. Grodzka 35
- **Chłopskie Jadło,** ul. Św. Jana 3
- **Wierzynek,** Rynek Główny 15
- **Na Wawelu,** Wawel, Eingang Süd
- **Pollera,** ul. Szpitalna 30
- **Tetmajerowska,** Rynek Główny 34
- **Cherubio,** ul. Św. Tomasza 15

Italienische Küche

- **Caruso,** ul. Grodzka 39
- **Corleone,** ul. Poselska 19
- **Da Pietro,** Rynek Główny 17

Französische Küche

- **Guliwer,** ul. Bracka 6
- **Cyrano de Bergerac,** ul. Sławkowska 26
- **Orient Ekspres,** ul. Poselska 22

Jüdische Küche

- **Alef,** ul. Szeroka 17
- **Na Kazimierzu,** ul. Szeroka 39
- **Ariel,** ul. Szeroka 18
- **A la Carte,** ul. Izaaka 7
- **Klezmer Hois,** ul. Szeroka 6

Andere internationale Küchen

- **Paese** (korsisch), ul. Poselska 24
- **Balaton** (ungarisch), ul. Grodzka 37
- **Taco Mexikao** (mexikan.), ul. Poselska 20
- **U Szkota** (schottisch), Mikołajska 4
- **Smak Ukraiński** (ukrain.), ul. Kanonicza 15
- **Gospoda C. K. Dezerterzy** (slowakisch), ul. Bracka 6

Vegetarische Küche

- **Vega,** ul. Św. Gertrudy 7; ul. Krupnicza 22; ul. Szeroka 3
- **Chimera Salat Bar,** ul. Św. Anny 3

Kultur im Überblick

Museen

Da die Öffnungszeiten der Museen je nach Jahreszeit und Veranstaltungskalender wechseln, ist es wichtig zu beachten dass ...

- bis auf wenige Ausnahmen alle Krakauer Museen am Montag geschlossen sind.
- die Museen relativ früh geschlossen werden (ca. 15.00 Uhr).
- sogar in den Sommermonaten, also zur Hauptsaison, oft Urlaubsschließungen vorgenommen werden.
- bei geringen Besucherzahlen, z. B. im Winter, Ausstellungsräume spontan für kurze Zeit geschlossen werden.
- an Wochenenden und allen gesetzlichen Feiertagen (auch polnischen Nationalfeiertagen) die Museen unter Umständen ihre Pforten geschlossen halten.

Dies alles kann, muss aber nicht eintreten. Es liegt in der Hand der jeweiligen Museumsdirektion, die Öffnungszeiten spontan oder nach Notwendigkeit zu ändern.

Die Öffnungszeiten der Museen sind in den jeweiligen Rundgängen angegeben. Sie waren zwar zurzeit der Recherche gültig, aufgrund der geschilderten Umstände können sie allerdings nur als Richtzeiten dienen und sollten vor Ort überprüft werden.

In Krakau gibt es mehrere Abteilungen des **Historischen Museums** der Stadtgeschichte sowie des **Nationalmuseums.**

Nationalmuseum

- **Galerie polnischer Malerei und Plastik des 19. Jh.,** Tuchhallen, Rynek Główny 1/3
- **Museum Czartoryski,** ul. Św. Jana 19
- **Czartoryski-Arsenał,** ul. Pijarska 8
- **Jan-Matejko-Haus,** ul.Floriańska 41
- **Kamienica Szolayskich** (Haus der Familie Szolayskich), Pl. Szczepański 9 (z. Z. geschlossen)
- **Stanisław-Wyspański-Museum,** ul. Kanonicza 9
- **Gmach Główny** (Neues Gebäude), Polnische Kunst des 20. Jh., Al. 3 Maja 1
- **"Manggha",** Zentrum der japanischen Kunst und Technik, ul. Konopnickiej 26
- **Józefa-Mehoffera-Haus,** ul. Krupnicza 26

Historisches Museum

- **Krzysztofory,** Rynek Główny 35
- **Rathausturm,** Rynek Główny
- **Alte Synagoge,** ul. Szeroka 24
- **Dom pod Krzyżem** (Geschichte des Krakauer Theaters), ul. Szpitalna 21
- **Kamienica Hippolitów,** Pl. Mariacki 3
- **Celestat,** ul. Lubicz 16
- **Śląski-Haus,** ul. Pomorska 2

Wawel

- **Kathedrale, Zygmuntglocke und Königliche Gräber**
- **Kathedralmuseum**
- **Schlossmuseum**
- **Staatliche Kunstsammlungen im Schloss**
- **Orientsammlung**
- **Schatz- und Rüstungskammer**
- **Ausstellung „Verschwundener Wawel"**
- **Die Drachenhöhle *(Smocza Jama)***

Weitere Museen

- **Apotheke zum Adler,** Nationales Gedenkmuseum, pl. Bohaterów Getta 18.
- **Archäologisches Museum,** ul. Poselska 3
- **Ethnographisches Museum,** Pl. Wolnica 1 (Kazimierz) und ul. Krakowska 46.
- **Geologisches Museum,** am Lehrstuhl für Dynamische Geologie im Institut für Geologische Wissenschaften der Polnischen Akademie der Wissenschaften, ul. Senacka 1-3.
- **Jagiellonenbibliothek,** Al. Mickiewicza.
- **Kunst-Pavillon,** pl. Szczepański 32.
- **Museum der Jagiellonen-Universität** (Collegium Maius), ul. Jagiellońska 15.
- **Museum des Alten Theaters,** ul. Jagiellońska 1.
- **Museum Polnischer Luftfahrt,** al. Jana Pawła II 39.
- **Pharmaziemuseum,** ul. Floriańska 25.
- **Museum Archidiecezjalne** (Museum der Kirchengeschichte), ul. Kanonicza 19.
- **Museum der historischen Fotografie,** ul. Józefitów 16.
- **Naturhist. Museum,** ul. św. Sebastiana 9.
- **Zoologisches Museum,** ul. Ingardena 6
- **Hl. Wojciech Exposition,** Rynek Główny.
- **Museum des Stadtverkehrs,** ul. Św. Wawrzyńca 15.
- **„Cricoteka" (Museum des Theater Cricot 2),** ul. Szczepańska 2
- **Tadeusz Kantor-Galerie,** ul. Sienna 7.

Kino

Ausländische Besucher haben den Vorteil, dass die Filme immer im **Originalton mit Untertiteln** gezeigt werden. Nur Kinderfilme sind davon ausgenommen. In den meisten Kinos (mit Ausnahme von den Multiplexkinos) bekommt man noch eine Platzkarte. Die erste Vorstellung beginnt morgens um 11.00 Uhr, die letzte um ca. 22.00 Uhr. Das Kinoprogramm ist bis auf die polnischen Produktionen kaum anders als in Deutschland. Es kann passieren, dass Filme, die in Deutschland noch nicht angelaufen sind, längst ihre Filmpremiere in polnischen Kinos hatten. Dagegen können Kassenschlager wie z. B. „Herr der Ringe" zwei bis drei Wochen länger auf sich warten lassen. Krakau besitzt ein I-Max Kino (3-D) mit abwechslungsreichem Programm. Das Kinoprogramm wird in den Tageszeitungen bekannt gegeben.

In der Altstadt

- **Apollo,** ul. Św. Tomasza 11, Tel. 4218950.
- **Krakow Cinema Centre,** ul. Św. Jana 6, Tel. 4214199.
- **Kino Wanda – Centrum Filmowe Graffiti,** ul. Św. Gertrudy 5, Tel. 4221455.
- **Pod Baranami,** Rynek Główny 27, Tel. 4230768,
- **Pasaý,** Rynek Główny 9, Tel. 4227713

Außerhalb der Altstadt

- **Rotunda** (Kulturzentrum), ul. Orlandry 1, Tel. 6333538.
- **Kijów,** Al. Krasińskiego 34, Tel. 4223093.
- **Kino Mikro,** ul. Lea 5, Tel. 6342897.
- **Paradox,** ul. Krowoderska 8, Tel. 4221608.
- **Cinema City** mit dem **Imax (3-D-Kino),** Al. Pokoju 44
- **Multikino,** ul. Dobrego Pasterza 128

Theater

Das älteste Theater in Krakau ist das **Stary Teatr.** Hier arbeiten die berühmtesten Akteure und Regisseure Polens, Karten müssen schon Wochen im Voraus gebucht werden. Das Theater agiert auf vier Bühnen, die im Zentrum der Stadt verteilt sind. Das **Teatr**

Kunst an jeder Ecke:
kleine Ausstellungen im Hinterhof

011kr Foto: cr

im. J. Słowackiego ist das prachtvollste Theaterbauwerk der Stadt. Hier werden neben klassischen Stücken auch Opern aufgeführt.

Eins der interessantesten Theater befindet sich im Stadtteil Kazimierz. **Łaznia,** das ehemalige traditionelle jüdische Bad, dient sowohl als Theater als auch als Klub. Die Karten können nur vor der Vorstellung erworben werden.

Für Kinder sind die Theater **Bagatela, Ludowy** und **Groteska** zu empfehlen. Die Vorführungen finden am Vormittag und am Sonntag statt.

Viele der unten aufgeführten Theater schließen im Sommer die Pforten. Dann ist Zeit für die Saison-Theater, die in Hinterhöfen und Freibühnen ihr Können unter Beweis stellen.

Das Teatr Stary verkauft Karten für ca. 12 €, die anderen Theater bewegen sich zwischen 5 und 10 €.

- **Groteska Państwowy Teatr Lalki i Maski** (Theater der Puppe und Maske), ul. Skarbowa 2, Tel. 6333762 o. 6339604, www.groteska.pl.
- **Stary Teatr** (Altes Theater): *Scena Duża* (Große Bühne) und *Nowa Szena* (Neue Bühne), ul. Jagiellońska 1, *Scena Kameralna* (Kammerspiele), ul. Starowiślna 21, Tel. 4224040, www.stary-teatr.krakow.pl
- **Teatr Bagatela,** ul. Karmelicka 6, Tel. 4221815, www.bagatela.krakov.pl.
- **Teatr Juliusza Słowackiego,** Pl. św. Ducha 1, Tel. 4223382.
- **Teatr Ludowy** (Volkstheater): *Szena Duża* (Große Bühne), Osiedle Teatralne 34, Tel. 6802100, www.ludowy.pl
- **Szena STU,** Al. Krasińskiego 16, Tel. 4222263, www.scenastu.com.pl.
- **Łaznia,** ul. Paulińska 28.
- **PWST,** ul. Straszweskiego und ul. Warszawska 5, Tel. 4301592.

Kabarett

Diese Art der Theaterkunst hat eine sehr lange Tradition in der Stadt. Besonders *Piwnica pod Baranami* und *Jama Michalika* (zurzeit leider geschlossen) zählen zu den ältesten und traditionsreichsten Kabarettbühnen Krakaus. Aber auch die jungen Kabaretts, wie z. B. *Loch Camelot,* schafften es bei dem Publikum einen festen Platz zu erobern. Zu dem Repertoire der Kabaretts gehören neben Sketchen und musikalischen Aufführungen vor allem die literarisch musikalischen Vorträge, die ähnlich dem französischen Chanson eine eigenständige musikalische Stilrichtung bilden.

Die Aufführungen finden abends, meistens am Fr. oder Sa. statt (Karten zwischen 5 und 10 €).

- **Loch Camelot,** ul. św. Tomasza 17, Tel. 4210123.
- **Piwnica Pod Baranami,** Rynek Główny 27, Tel. 4212500, www.pownicapodbaranami.krakow.pl.
- **Kabaret pod Wyrwigroszem,** ul. Św. Jana 30, Tel. 602295584.

Oper, Operette, Philharmonie

In Krakau finden jährlich traditionell mehrere Festivals und Musikreihen statt. Diese werden in den Krakauer Gärten, Hinterhöfen, Freibühnen, Kirchen, Straßen und anderen auf den ersten Blick nicht für Musik geeigneten Plätzen präsentiert. Daher ist es sehr wichtig, in dieser Stadt nicht nur die Augen, sondern auch die Ohren offen zu halten.

Beethoven in Krakau

Das Beethovenfestival zu Ostern ist seit 7 Jahren eines der kulturellen Höhepunkte, die Krakau zu bieten hat. Es setzt eine Tradition fort, die im Jahre 1997 anlässlich des 170. Todestages Beethovens von der Frau des Komponisten *Krzysztof Penderecki, Elżbieta Pendereckа* ins Leben gerufen wurde. Das erste Festival, auf dem nur Musik von Beethoven zu hören war, war ein großer Erfolg, an dem die nachfolgenden Events anknüpften. In den darauf folgenden Jahren wurden auch andere Komponisten vorgestellt. So gab es z. B. 1999 unter dem Motto „Beethoven und die Romantiker" Stücke von Beethoven, aber auch von *Schumann, Brahms, Liszt* und *Chopin* zu hören. Zur Jahrtausendwende trug die Veranstaltung den Namen „Von Beethoven bis Mahler – Im Kreis der großen Sinfonien".

Wie kommt es aber dazu, dass die Krakauer diesem deutschen Komponisten so viel Ehre zuteil kommen lassen? Einerseits spricht seine Musik im besonderen Maße die polnische Seele an. Aber die Stadt Krakau verbindet noch mehr mit Beethoven. Denn die Jagiellonen-Bibliothek bewahrt schon seit fast 60 Jahren viele der Originalschriften des großen Meisters auf. Anlässlich des Festivals werden sie Jahr für Jahr der Öffentlichkeit vorgestellt. Sie sind Teil der Preußischen Nationalbibliothek, die während des 2. Weltkriegs ins schlesische Kloster Grüssau ausgelagert wurde. Nach Kriegsende gelangten sie dann nach Krakau. Die Polen sind zwar grundsätzlich bereit, diesen deutschen Kulturschatz zurückzugeben. Sie verknüpfen jedoch damit die Forderung nach einem Ausgleich für den Raub und die Zerstörung der weitaus umfangreicheren Kunstschätze, die ihnen im 2. Weltkrieg durch die Deutschen verloren gegangen sind. Da dazu bislang niemand bereit ist, bleibt die Sammlung in Krakau.

Obwohl von den Veranstaltern sehr bedauert, hat sich das Festival zu einem politischen Streitpunkt entwickelt. Bei der Eröffnungsrede des 1. Festivals hatte der deutsche Generalkonsul in Krakau, Laurids Hölscher, die Sammlung mit deutlichen Worten zurückgefordert. Er stieß dabei auf großes Unverständnis von vielen Seiten. Dennoch entwickelte sich der Streit weiter, sodass die Bonner Beethovengesellschaft sowie die Stiftung für Deutsch-Polnische Zusammenarbeit und die Deutsche Diplomatie den Besuch des erfolgreichen Musikfestivals mittlerweile eingestellt haben. Das Konzertpublikum aber, das zum großen Teil aus Deutschland kommt, sowie deutsche Musiker beweisen mit ihrem großen Interesse, dass Kultur keine Grenzen kennt.

- **Kartenverkauf** für Oper und Operette: Słowacki-Theater,Pl. Św. Ducha 1, Tel. 4231700; ul. Bracka 12, Tel. 4227807.
- **Słowacki-Theater,** Pl. św. Ducha 2. In diesem Theater finden die Opern- und Operettenaufführungen statt.
- **Szymanowski Staatsphilharmonie,** ul. Zwierzyniecka 1, Tel. 4220958, filharmonia.dnd.com.pl.
- **Capella Cracoviensis,** ul. Zwierzyniecka 1, Tel. 4214566.

Kulturhäuser

In Krakau befinden sich mehrere internationale Institute, die mit ihren Aktivitäten ein sehr interessantes und vielseitiges kulturelles Angebot besitzen. So bilden Ausstellungen, Lesungen, Gesprächsrunden, Filme und Konzerte einen festen Bestandteil ihrer Arbeit.

Folgende Institutionen haben deutschsprachige Angebote:

- **Goethe Institut,** Rynek Główny 20, Tel. 4225829, Fax 4228276.
- **Internationales Kulturzentrum,** Rynek Główny 25, Tel. 4242800, www.mck.krakow.pl.
- **Jüdisches Kulturzentrum,** ul. Rabina Meiselsa 17 (Kazimierz), Tel. 4306449, Fax 4306497, www.judaica.pl. Im Sommer ist das Angebot begrenzt.
- **Österreichisches Institut,** ul. Krupniczna 42, Tel. 4219900.
- **Nürnberghaus** *(Dom Norymberski),* ul. Skałeczna 2, Tel./Fax 4305966.
- **Villa Decius,** ul. 28 Lipca 17, Tel. 4253638, Fax 4253663.
- **Pro Helvetia,** ul. św. Agnieszki, Tel./Fax 4226230.

Besonders erwähnenswert ist das Zentrum der Japanischen Kunst und Technik „Manggha" am westlichen Weichselufer gegenüber dem Wawel. Umrahmt von außergewöhnlicher Architektur, wird der Betrachter von japanischer Kunst und Kultur fasziniert.

- **Centrum Sztuki i Techniki Japońskiej „Manggha",** ul. Konopnickiej 26, Tel. 2672703 oder 2673753, www.manggha.krakow.pl. Öffnungszeiten: Di.–So. 10.00–18.00 Uhr.

Krakauer Kulturkalender

Ausgesuchte jährliche Veranstaltungen:

Februar

- Internationales Festival des Seemannsliedes – Shanties

März

- Krakowskie Reminiscencje Teatrale – Internationales Festival des Alternativ- und Experimentaltheaters
- Die Bach-Tage
- Ludwig-van-Beethoven-Osterfestival

April

- Tage der Orgelmusik

Mai

- Jazzfestival – Alt und Jung spielt Jazz in Krakau
- Internationales Festival der Kurzfilme
- Krakauer Ballettfrühling

Juni

- Festival der Jüdischen Kultur
- Lajkonik
- Wianki – Johannesnacht

Juli

- Internationales Festival der Straßentheater
- Sommer Jazzakademie – *Stary Jazz w Krakowie*
- Sommerfestival der Oper und Operette in Krakau

August

- Internationales Musikfestival im alten Krakau – *Muzyka w Starym Krakowie*

September

- Festival der Jazztrompeter – Miles Davis Memorial Night
- Internationaler Wettbewerb der Modernen Kammermusik

Oktober

- Jazzfestival – *Zaduszki Jazzowe*

November

- Internationales Filmfestival – Etiuda
- Festival Audio-Art

Dezember

- Wettbewerb der Krakauer Weihnachtskrippen
- Internationaler Wettbewerb des Jungen Jazz -*Jazz Juniors*

Medizinische Versorgung

Die Zustände in den polnischen **Krankenhäusern** sind nicht die besten. Die verzweifelte finanzielle Lage des Gesundheitswesens hat dazu geführt, dass sowohl in den Krankenhäusern als auch in den Arztpraxen die einfachsten hygienischen Regeln manchmal außer Kraft gesetzt werden. So zum Beispiel dürfen Frauen, die im Wochenbett zu zehnt in einem Zimmer liegen oder auf den Fluren untergebracht sind, während ihres Aufenthalts im Krankenhaus keinen Besuch empfangen, da die hygienischen Verhältnisse das nicht zulassen.

Die staatlichen **Ärzte** können kaum noch bezahlt werden und so eröffnen zunehmend private Arztpraxen ihre Räume für zahlungskräftige Patienten. Die Hotels empfehlen ihre eigenen Ärzte.

Die wenigen staatlichen **Notarztwagen** und Rettungsdienste sind absolut unzureichend ausgestattet und kommen häufig gar nicht, wenn man sie ruft. Der **private Notfalldienst** sowie Privatpraxen, die angesichts dieses drastischen Notstandes aus einer Ärztegenossenschaft entstanden, sind zwar kostenpflichtig, garantieren aber eine hygienische, schnelle und fachkundige Versorgung. Sie bieten somit eine gute Alternative. Im April 2003 ist die neue Gesundheitsreform in Kraft

012kr Foto: cr

getreten, die jedoch zuerst kaum sichtbare Veränderungen für die Patienten mit sich bringt. So empfehlen wir weiterhin private Notfalldienste und Ärzteverbände.

Die gesetzlichen Krankenkassen in Deutschland gewährleisten nicht automatisch einen Versicherungsschutz für das Reiseland Polen. Darum ist eine Zusatzversicherung für den Aufenthalt absolut notwendig.

Am besten, man schließt vor Antritt der Reise nach Polen eine **Reisekrankenversicherung,** die den privaten Notfalldienst bezahlt, kombiniert mit einer **Rücktransportmöglichkeit** *„in jedem Fall",* ab. Das ermöglicht dem Reisenden den Rücktransport auch dann, wenn der polnische Arzt eine Behandlung im Land für möglich hält.

Erste Hilfe ist für deutsche Staatsangehörige kostenlos.

Die Versorgung durch **Apotheken** ist gut. Über das ganze Stadtgebiet verteilt findet man die *Apteka*-Schilder.

Die polnischen **Optiker** sind von hohem Standard und in der Branche international anerkannt.

Medizinischer Dienst

- **Notdienst** (Krankenwagen), Tel. 999
Św. Łazarza 14, Tel. 4222999;
Krowodrza, Tel. 6333999
Rynek Podgórski, Tel. 6565959;
ul. Sieroszewskiego 66, Tel. 6444999
- **Telefonische Information über Ärzte und Apotheken,**
Tel. 4220511
- **Telefonische Information über private Ärzte und Praxen,**
Tel. 9439

Private Ärzteverbände

Diese Verbände verfügen über Ärzte aus allen medizinischen Bereichen.

- **Medicover,** ul. Krótka 1, Tel. 6861412, 24 Std. geöffnet, man spricht Englisch.
- **Centrum Medyczne Sofia,** Rynek Główny 34, Tel. 4217021 oder 4219583
- **Ärzteverband,** Rynek Główny 37, Tel. 4228821, 4222933 und 4222953.
- **Kinderarzt Dr. Strózik,** ul. Kosocicka 60d, Tel. 6591282.

Zahnärzte

- **Dent America,**
Pl. Szczepański 3, Tel. 4218948.
- **Dr. Anna Prokop,** Al. Pokoju 27a/2a, Tel. 4135673, Öffnungszeiten: Mo., Mi., Do. 15.00–19.00 Uhr.
- **Euro-Dent Centrum Dentystyki,**
ul. Biskupia 18 Tel. 6345148

Apotheken mit 24-h-Dienst

- os. Centrum A Block 3 (Nowa Huta), Tel. 6441736
- **Euro Apteka,**
ul. Krowoderska 31, Tel. 4300035
- **Apteka Prywatna,**
ul. Galla 26, Tel. 6367365
- **Apteka „GALEN" C.H. TESCO,**
ul. Kapelanka 56, Tel. 2964239

Post und Telefon

Post *(Poczta Polska)*

Die polnischen Postgebäude tragen zwar das Schild „Poczta", sind aber oft schwer zu erkennen. Hervorragend dagegen findet man die knallroten Briefkästen, die großzügig in der Stadt verteilt sind. Die Briefkästen sind mit der Aufschrift „Poczta" und dem Wappen der polnischen Post ausgestattet: gelbes Posthorn auf ovalem, blauen Hintergrund mit der Aufschrift „Poczta Polska". Die Postämter sind in der Regel Mo.-Fr. von 8.00 bis 20.00 Uhr geöffnet, die Hauptpost auch sonntags. Bei vielen von ihnen hat man seit neuestem ein Wartesystem eingeführt. So muss man erst eine Nummer ziehen und abwarten, bis diese auf einer Infotafel erscheint. Dann kann man an den Schalter treten. Um den richtigen Schalter zu finden, hier ein paar polnische Postbegriffe:

Przesyłki, Paczki – Päckchen, Pakete
Listy, Pocztówki – Briefe, Postkarten
Znaczki pocztowe – Briefmarken
Karty telefoniczne – Telefonkarten

● **Hauptpost Krakau,** ul. Westerplatte 20, Mo.-Fr. 7.30 bis 20.30, Sa. 8.00 bis 14.00 und So. und Feiertage 9.00 bis 14.00 Uhr.

Portogebühren
(Stand Januar 2004)

● Brief Inland bis 20 g	1,25 zł.
● Postkarte Inland	1,25 zł.
● Brief Ausland bis 20 g	2,10 zł.
● Postkarte Ausland	2,10 zł.
● Eilbrief in Europa bis 20 g	6,10 zł.
● Eilbrief nach Übersee bis 20 g	6,10 zł.
● Einschreiben	7,10 zł.

Telefon

Aufgrund der **Erneuerung des Telefonnetzes** in Krakau wurden vor einiger Zeit aus normalen sechsstelligen Telefonnummern siebenstellige.

Liegt noch die alte Nummer vor, gilt folgende Faustregel: Telefonnummern mit der Anfangszahl 1 oder 2 muss eine 4 vorangestellt werden; bei den Anfangszahlen 3, 4 und 5 die Zahl 6; bei den Anfangszahlen 6, 7 und 8 ist die Zahl 2 voranzustellen.

Man findet überall in den Städten **Telefonzellen.** Auch Restaurants, Hotels und Cafés verfügen über öffentliche Apparate. Telefoniert wird fast ausschließlich mit Telefonkarten *(Karta Telefoniczna).* Diese bekommt man bei den Poststellen, Ruch-Kiosken sowie in Hotels und an manchen Garderoben der Restaurants und Cafés.

Die Telefonkarten sind mit einem Punktesystem ausgestattet. Die 15-Punkte-Karte kostet 9 zł, 30 Punkte 15 zł und für die 60-Punkte-Karte zahlt man 24 zł. Bei einem Gespräch innerhalb Krakaus wird jede dritte Minute ein Punkt (Impuls) abgezogen. Für ein Gespräch nach Deutschland braucht man ca. 5 Punkte/Impulse pro Minute. Die Angaben gelten von 8.00 bis 22.00 Uhr (Januar 2004). Im Frühjahr 2003 begann die Telefongesellschaft die Telefonkarten von Magnetstreifen auf das bekannte Chipsystem umzustellen. Daher sind zurzeit beide Arten der Karten im Umlauf. Wichtig zu wissen ist, dass die neuen Chips in beide Telefonautomaten passen, die Magnetkarten jedoch nur in die alten geschoben werden können. Kauft man noch die Karte mit dem Magnetstreifen, so muss vor dem Einschub in den Telefonapparat eine perforierte Ecke abgerissen werden. Nur so kann die Karte funktionieren. Das Telefonieren

Vorwahl innerhalb Polens:

• Krakau	012
• Tschenstochau	034

Ländervorwahl von Polen:

• Deutschland	0049
• Österreich	0043
• Schweiz	0041
• Niederlande	0031

Ländervorwahl von Deutschland:

• Polen	0048

013kr Foto: cr

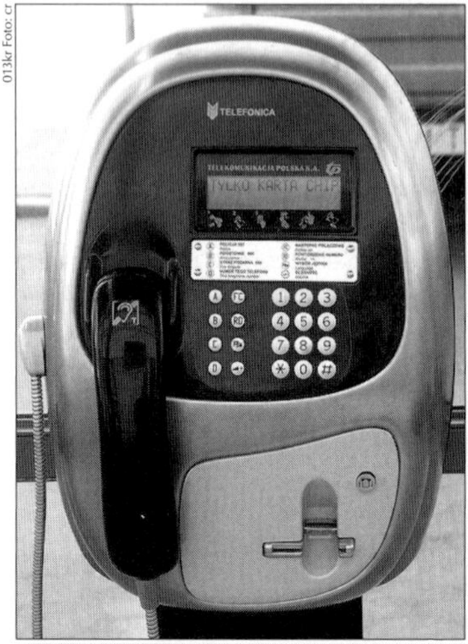

So sehen sie aus,
die neuen Telefone für die Chipkarten

wird durch Bilder auf den Telefonautomaten erklärt.

Die *Telekommunikacja Polska S. A.* (die polnische Telefongesellschaft) errichtete in Krakau **Telepunkte,** in denen man neben dem Telefonkartenverkauf auch Telefonapparate in Kabinen, Faxgeräte und Internetanschlüsse vorfindet. Die Telepunkte sind in der Regel Mo.-Fr. von 10.00 bis 18.00 und Sa. von 10.00 bis 14.00 Uhr geöffnet.

In Krakau: ul. Królewska 57; ul. Wielopole 2 sowie Rynek Główny 19; Öffnungszeiten: 8.00–22.00 Uhr.

Fax *(Biurofaksy)*

Faxgeräte in Hotels stehen leider nur den Hotelgästen zur Verfügung. Bei der Post und in den Telepunkten kostet die erste DIN-A4-Seite ca. 2 zł, jede weitere 1,20 zł. Nach drei Minuten wird die Verbindung neu berechnet.

Internet

Die Internetanbindung ist in der Stadt gut ausgebaut. So bieten viele Hotels ihren Gästen diesen Service an. Da es für einen Polen noch nicht selbstverständlich ist, einen Rechner zu Hause zu haben, befinden sich in fast jedem Stadtteil von Krakau mehrere Internetcafés und Internetläden. Die Adressen von Internetcafés und -läden befinden sich im Kapitel „Kultur im Überblick“. Die polnische Telefongesellschaft bietet in ihren Telepunkt-Läden ebenfalls Internetbenutzung an (siehe oben).

Reisen in Polen

Um Krakau zu bereisen, ist ein Auto nicht unbedingt ratsam. In der Stadt ist die Sicherheit des Fahrzeugs nicht gewährleistet, und bewachte Parkplätze sind nur ungenügend vorhanden und zumindest in der Innenstadt sehr teuer (bis zu 50 € pro Tag). Als Alternative bieten sich Bahn und Flugzeug an. Die Bahn stellt täglich Nachtzüge nach Krakau bereit und das zu relativ günstigen Preisen. Der Bahnhof liegt so zentral, dass man seine Unterkunft u.U. auch bequem zu Fuß erreichen kann.

Kommt man mit dem Flugzeug an, ermöglichen genügend Taxis und öffentliche Verkehrsmittel die Fahrt zur Stadtmitte bzw. zur Unterkunft. Außerdem besteht die Möglichkeit, zu den allgemein gültigen internationalen Bedingungen einen Wagen zu mieten (siehe „Ankunft")

Mit dem Auto unterwegs

Hat man sich dennoch für den PKW entschieden, muss man längere Wartezeiten an den **Grenzübergängen** einplanen, da besonders polnische Einreisende sehr genauen Kontrollen unterzogen werden. Ca. 100 km vor den Grenzübergängen informiert der **Verkehrsfunk** regelmäßig über die Wartezeiten und gibt Autobahnabfahrtsempfehlungen, falls sich schon ein Stau gebildet hat.

Da es besonders am Hauptgrenzübergang von **Frankfurt/Oder** nach **Świecko** häufig zu langen Wartezeiten kommt, empfehlen wir die innerstädtische Grenzstation **Frankfurt/Oder – Słubice.** Dieser kleine Übergang ist ausschließlich für den Touristenverkehr bestimmt. Von der Autobahnabfahrt Frankfurt/Oder orientiere man sich Richtung Zentrum, von dort folge man den Schildern bis zum Grenzübergang Słubice.

Seit über 10 Jahren findet eine stetig voranschreitende Modernisierung der Autobahnen und Landstraßen statt. Grundsätzlich muss man aber in Polen mit schlechten Straßenverhältnissen rechnen. Relativ gut ausgebaute Straßen befinden sich vor allem auf den Transitwegen. Es gibt auch einen **gebührenpflichtigen Autobahnabschnitt** kurz vor Krakau. Für die Strecke Kattowitz – Krakau (80 Kilometer) werden 2,50 € verlangt. Es ist ratsam, in Złoty zu zahlen (10 zł für PKW und Kleinbusse, 16 zł für Autos mit Anhänger). Es werden neuerdings auch Geldkarten akzeptiert.

Autofahrer müssen den **nationalen Führerschein,** den Kraftfahrzeugschein und eine Grüne Versicherungskarte mit sich führen. Für Wohnwagenanhänger wird eine zusätzliche Versicherungskarte benötigt. Beides erhält man bei der jeweiligen Kraftfahrzeugversicherung. Fehlt diese Karte bei der Einreise, wird man verpflichtet für die Dauer des Aufenthaltes eine private Haftpflichtversicherung abzuschließen. Bei einer Kontrolle innerhalb des Landes winken hohe Bußgeldforderungen, sollte man es ohne Versicherungskarte über die Grenze geschafft haben. Ist das Auto geliehen, ist eine amtlich beglaubigte Benutzungsvollmacht erforderlich, die als Vordruck in den ADAC-Geschäftsstellen vorliegt und dort ausgefüllt werden kann.

Höchstgeschwindigkeiten in Polen (km/h)

	Lkw	Pkw*
Landstraße, 1 Fahrbahn	70	90
Landstraße, 2 Fahrbahnen	80	100
Schnellstr., 1 Fahrbahn	80	100
Schnellstr., 2 Fahrbahnen	80	110
Autobahnen	80	130
geschlossene Ortschaften	60	60

* Pkw mit Anhänger wie Lkw, Motorräder wie Pkw

Verkehrsregeln

Die Polizei führt auf den Transitwegen sehr häufig Kontrollen durch, besonders bei Wagen mit Westkennzeichen. Es ist ratsam, Warndreieck und Verbandskasten immer griffbereit zu haben, denn auch in Polen gehören sie zur Pflichtausrüstung eines Wagens. Die Polizisten achten verstärkt darauf, dass Fahrzeuge in den Wintermonaten (1. Okt. – 1. März) auch tagsüber mit **Licht** fahren. Motorräder müssen dies ohnehin das ganze Jahr über tun.

Es herrscht allgemeine **Anschnallpflicht** und die **Promillegrenze** liegt bei 0,2 ‰!

Die meisten Landstraßen verfügen rechts und links über einen **Seitenstreifen,** der das Überholen auch bei Gegenverkehr ermöglicht. Das langsamere Fahrzeug weicht auf diesen Streifen aus. Sowohl auf den Landstraßen als auch manchmal auf den Autobahnen (!) bewegen sich verhältnismäßig viele Fahrräder, Landwirtschaftsfahrzeuge und sogar Pferdefuhrwerke, die u.U. unzureichend oder gar nicht beleuchtet sind. In den Dörfern und auf Landstraßen muss man besonders auf Fußgänger und Tiere am Straßenrand achten.

Die **Bahnübergänge** sollten mit extrem niedriger Geschwindigkeit überquert werden, da der Höhenunterschied zwischen Asphalt und Schienen beträchtlich sein kann. Ebenso sind **Schlaglöcher** auf Polens Straßen keine Seltenheit. Das **Parken** ist in der Dunkelheit nur mit Standlicht erlaubt.

Folgendes muss ein Polenreisender ebenfalls beachten: Das Überholen im Bereich von Kreuzungen ist verboten. Straßenbahnen haben an Kreuzungen und gleichrangigen Straßen Vorfahrt und es besteht ein Halteverbot 100 m vor und nach Bahnübergängen. Das Telefonieren mit Mobiltelefonen während der Fahrt ohne Freisprechanlage ist auch in Polen verboten. Hinweis: Jeder Unfall muss grundsätzlich der örtlichen Polizei gemeldet werden (997). Verlangen Sie für die spätere Schadensregulierung eine Kopie des Unfallprotokolls. **Bußgeldforderungen** liegen zwischen 12,5 € und 125 €. Ab 25 € darf die Polizei das Geld nicht mehr bar entgegennehmen. Man erhält eine Rechnung, die innerhalb einer Woche bezahlt werden muss. Von deutschen Touristen begangene Verkehrsvergehen werden dem Zentralregister in Flensburg gemeldet.

Sicherheitshinweis: Leider muss man sich auf den Transitstrecken besonders vor Wegelagerern in Acht nehmen. Vor allem auf den ersten 50 km nach der Grenzüberschreitung ist Vorsicht geboten. Es ist auch schon vorgekommen, dass durch eine vorgetäuschte Autopanne Wagen mit ausländischem Kennzeichen zum Anhalten gebracht und ausgeplündert wurden (siehe Kapitel „Sicherheit".

Benzin *(stacje benzynowe)*

Die Benzinversorgung in Polen ist ausreichend. Wer nicht ohne Reservekanister reisen möchte, ist an die zollfreie Höchstmenge von 10 Litern gebunden. Die **Tankstellen** sind ausreichend gekennzeichnet. Die meisten Tankstellen an den Touristenstrecken und in den Großstädten sind rund um die Uhr geöffnet. Die übrigen sind im Sommer in der Regel wochentags von 6.00 bis 22.00 Uhr und an Sonn- und Feiertagen von 7.00 bis 17.00 Uhr geöffnet. Das polnische Zeichen für bleifreies Benzin ist „Pb" mit einem Schrägstrich, der durch beide Buchstaben gezogen ist.

Kraftstoffpreise

	Farbe:	
Super bleifrei 98	rot	2,62 zł
Normal bleifrei 95	grün	2,55 zł
Ekodiesel Plus („ON")	grün	2,16 zł

(Stand Januar 2004; geringe regionale Schwankungen sind möglich)

Pannenhilfe

Der polnische Motorverband *PZM* befasst sich mit Autoreparaturen und leistet Pannenhilfe: **Polnischer Motorverband PZM,** ul. Pulawska 28, 02-513 Warszawa, Tel. 022 8496904, Fax 022 8496915 oder landesweit unter der Notrufnummer 981. Die Pannenhilfsdienste sind vorwiegend von 7.00–22.00 Uhr geöffnet.

ADAC-Mitglieder erhalten umfassende Reiseinformationen im Internet unter www.adac.de. Es gibt in Polen eine ADAC-Auslands-Notrufstation (Tel. 022 6222060 oder 8259734). Sie bietet ADAC-Mitgliedern und Inhabern eines ADAC-Auslandskranken- und Unfallschutzes Hilfeleistungen bezüglich Hotels, Mietwagen, Fahrzeug- oder Krankenrücktransporten.

Bei einem **Autounfall** ist die örtliche Polizeistation unter der Nummer 997 zu erreichen. Mit dem Handy muss man die 112 wählen.

Die polnischen Behörden ziehen unter Umständen bei schwereren Autounfällen den Reisepass, die Kraftfahrzeugpapiere und manchmal sogar den Pkw ein bis die Unfallursache geklärt ist. Es ist ratsam, sich vor Antritt der Reise ein Unfallmerkblatt (erhältlich bei allen Automobilklubs) zu besorgen, um im Ernstfall keine Fehler zu machen. In der Hauptreisezeit vom 1.7. bis zum 31.10. bietet die Polnische Organisation für Tourismus eine **kostenlose telefonische Beratung** in Notsituationen an. Diese erfolgt in deutscher Sprache und vermittelt u.a. auch telefonisch bei Sprachproblemen. Täglich von 8.00 bis 24.00 Uhr erreicht man die freundlichen Helfer polenweit im Festnetz unter 0800 200300 und unter der Handynummer 0048 22 6015555. Für Telefonate mit dem Handy werden die üblichen Verbindungskosten mit dem Ausland berechnet.

Notrufnummern

Polizei 997
über Handy 112

Feuerwehr 998
Unfallrettung 999
Pannenhilfe PZM (allgemein) . . .981

Notruf in
deutscher Sprache . . .0800 200300
über Handy 0048 226015555

Mit dem Auto in der Stadt

Reist man mit dem eigenen Pkw nach Polen, so ist es auf jeden Fall ratsam, eine Diebstahlversicherung abzuschließen (siehe Kapitel „Versicherungen"). Auch wenn die Versicherungsfrage geklärt ist, sollte man versuchen, das Auto möglichst nur auf einem **bewachten Parkplatz** abzustellen, denn der Ärger mit zerschlagenen Scheiben kann den Urlaub schnell verderben. Der Preis pro 24 Stunden auf einem bewachten Parkplatz liegt zwischen 15 € am Stadtrand und 50 € in der Innenstadt. Die meisten Hotels bieten den Gästen solche Parkplätze an. (siehe auch Kapitel Sicherheit)

Achtung! Manche Parkplätze in der Innenstadt sind trotz einer Gebühr nicht bewacht. So sollte man auf Schilder mit der Aufschrift „nie strzeżony" (nicht bewacht) achten.

Die **Höchstgeschwindigkeit** in den Städten beträgt 60 km/h. Um das eigene Auto zu schonen, empfiehlt es sich, diese Geschwindigkeit zu unterschreiten, denn Schlaglöcher und Unebenheiten sind keine Seltenheit auf polnischen Straßen.

Das **Rechtsabbiegen** ist auch bei roten Ampeln gestattet. Teilweise weist ein grüner Pfeil darauf hin.

Autovermietung

Wer sich **in Polen** ein Auto zu günstigeren Preisen (10–15 %) mieten möchte, findet im Kapitel „Ankunft" nähere Informationen.

Anreise mit der Bahn

Für die Reise **nach Krakau** werden Direktverbindungen von Berlin (9,5 Std./einfache Fahrt 50,20 €), Hamburg (13 Std.) und Wien (6 Std.) angeboten. Frankfurt (15 Std./einfache Fahrt 99,60 €) und München (14 Std.) bieten Verbindungen mit Umsteigen.

Die meisten Züge sind reservierungspflichtig. Es gibt die Möglichkeit, über Plan & Spar Europa **Fahrpreisermäßigungen** zu erhalten. Dies gilt aber nur, wenn man sich frühzeitig festlegen will. Auskünfte über weitere Sparmöglichkeiten gibt es in den Reisezentren der Bahn oder telefonisch unter 11861.

014kr Foto: cr

ist nicht übertragbar und nur in Verbindung mit dem Reisepass gültig. Reisende unter 26 Jahren zahlen günstige Juniorpreise.

Eine weitere Möglichkeit, in Polen preiswert mit der Bahn zu reisen, bietet der **Euro Domino.** Seine Geltungsdauer beträgt 3 Tage innerhalb eines Monats, zu denen noch 5 Zusatztage gegen einen Aufpreis von je 10 € hinzugefügt werden können. Auch dieser Pass wird in Verbindung mit dem Reisepass ausgestellt und ist nicht übertragbar. Informationen über die aktuellen Preise sind nur bei der Bahnauskunft erhältlich. Innerhalb Polens bezahlt man für den Pass für 3 Tage in der 2. Klasse 48 € (unter 26 Jahre) und 56 € (über 26 Jahre). Jeder Zusatztag kostet 10 bzw. 12 Euro.

Innerhalb Polens existieren sehr preiswerte und problemlose Reiseverbindungen mit der Bahn. Die Fahrkarten sind direkt am Bahnhof oder in allen *Orbis*-Büros des Landes gegen Złoty erhältlich. Es ist empfehlenswert, besonders in der Hauptreisezeit, eine **Platzreservierung** vorzunehmen.

Die Polnische Staatsbahn bietet einen **Polrailpass** an, der in einem bestimmten Gültigkeitszeitraum zu einer unbegrenzten Anzahl von Fahrten berechtigt. Der Pass, der in den POLORBIS-Büros im Ausland erhältlich ist,

Nostalgisch und modern zugleich: Der Krakauer Hauptbahnhof

Bahnfahrpreise

Krakau – Warschau	21,60 €
Krakau – Tschenstochau	12,00 €
Krakau – Berlin	50,20 €

(Stand Januar 2004)

In allen Zügen mit Gepäckwagen (im Fahrplan mit „B" gekennzeichnet) können **Fahrräder** mitgenommen werden. Die Fahrradkarte, die man am Schalter erhalten hat, muss man am Rad befestigen und dieses dann am Gepäckwagen abgeben. Sollte nur ein Gepäckabteil vorhanden sein, muss man sich selbst um sein Gefährt kümmern. Ist beides nicht vorhanden, besteht die Möglichkeit, mit Zustim-

Polrailpass
(Stand Januar 2004)

Gültigkeitsdauer	1. Klasse unter 26	über 26	2. Klasse unter 26	über 26
8 Tage	114 €	162 €	76 €	108 €
15 Tage	135 €	192 €	90 €	128 €
21 Tage	152 €	216 €	101 €	144 €
30 Tage	191 €	273 €	127 €	182 €

mung des Zugpersonals sein Fahrrad in einem Abteil der 2. Klasse mitzunehmen. Auskünfte zu den aktuellen **Reisebedingungen** mit der Bahn erhält man bei der

- **Vertretung der Polnischen Staatsbahnen PKP,** Panoramastr. 1, 10178 **Berlin,** Tel. 030 2423453, Fax 24729998.
- **Deutsche Bahn:** Fahrplanauskunft bundesweit unter der Telefonnummer 11861 oder unter www.bahn.de.

Anreise per Flugzeug

Das Flugzeug ist die bequemste Art, Krakau zu erreichen. Leider gibt es nach Krakau nur wenige Direktverbindungen (Frankfurt, Wien). Von Berlin, Hamburg, Düsseldorf und München erreicht man die Stadt über Warschau. Hier müssen Wartezeiten beim Umsteigen in Kauf genommen werden. Die **Flugzeit** beträgt von Frankfurt nach Krakau knapp zwei Stunden.

Die **Preise** für einen Hin- und Rückflug bewegten sich im Januar 2004 zwischen 200 Euro (Berlin), 294 Euro (Frankfurt) und 405 Euro (Wien). Alle Fluggesellschaften bieten Sparpreise zu bestimmten Bedingungen an, beispielsweise erhält man deutliche Vergünstigungen im Flugpreis, wenn eine Übernachtung von Samstag auf Sonntag während des Krakauaufenthalts erfolgt.

Die **Flugverbindung Krakau – Warschau** dauert ca. 1 Stunde und kostet 74€. Leider kann es vorkommen, dass ein Flug ausfällt, wenn zu wenige Fluggäste buchen. Nähere Auskünfte erhält man im Reisebüro oder in den **LOT-Büros.**

Der **Krakauer Flughafen Balice** liegt 16 km vom Zentrum der Stadt entfernt und verfügt über eine regelmäßige Busverbindung zur Innenstadt. Auch stehen genug Taxis zur Verfügung (Achtung Touristenpreise!).

- **Polnische Fluggesellschaft LOT**
Bundesweite Servicenummer in deutscher Sprache: Tel. 01803 000366; Fax 01803 000440, Informationen im Internet unter www.lot.com

Auskünfte erteilen außerdem

- **Lufthansa:** Bundesweite Service-Nummer 01803/803803 und im Internet unter www.lufthansa.de
- **Eurowings:** Bundesweite Reservierungsnummer 01803/876946 und im Internet unter www.eurowings.de

Reisen mit dem Bus

Die Reisebusverbindungen sind recht gut ausgebaut. Busse fahren überwiegend täglich aus verschiedenen Städten Deutschlands nach Krakau. Die Buspreise sind deutlich günstiger als die Bahnpreise. Die Verbindung von Berlin nach Krakau kostet einfach 46 € und mit Rückfahrt 78 € und die Fahrt von Frankfurt nach Krakau 62 € und mit Rückfahrt 95 € (Stand von Januar 2004), aber die Ankunftszeiten sind nicht so verlässlich. So kann es schon mal vorkommen, dass der Bus aufgrund von Verzögerungen an der Grenze einen halben Tag später ankommt als geplant.

Regelmäßige Busverbindungen von Deutschland bietet die **Deutsche Touring GmbH.** Diese gehört zur deutschen Bahn Gruppe und verkauft Tickets unter anderem in den DB Reisebüros der Deutschen Bahn oder in den DER Reisebüros.

- **Informationen:** Deutsche Touring GmbH, Am Römerhof 17, 60486 Frankfurt/M., Tel. 069 7903250, Fax 7903219 und im Internet: www.deutsche-touring.com

Weitere Informationen über die Vielzahl der Angebote erteilt das Reisebüro **Polorbis** in Deutschland (siehe „Informationsstellen").

Innerhalb Polens fahren die Busse des Staatlichen Autoverkehrs (PKS). Es gibt neben dem innerstädtischen Busverkehr auch **Städteverbindungen** im Schnellverkehr. Die Fahrkarten erhält man auf den Busbahnhöfen, in Reisebüros und evtl. direkt beim Busfahrer, falls noch Plätze vorhanden sind. Kinder bis zu 4 Jahren können gratis mitfahren, wenn sie keinen separaten Sitzplatz belegen. Bis zu 10 Jahren erhalten sie 50 % Ermäßigung.

Busbahnhof in Krakau

- **PKS Kraków,** Pl. Kolejowy (Nähe Hbf)

Busbahnhof Tschenstochau

- **PKS Częstochowa,** ul. Orzechowskiego (Nähe Hbf)

Behindertengerechtes Reisen

Polen hat erst in letzter Zeit seine Aufmerksamkeit auf Reiseerleichterungen für Behinderte gerichtet. So findet man bei den neu errichteten oder renovierten öffentlichen Gebäuden ausreichende behindertengerechte Einrichtungen. Auch die moderneren Hotels bieten die notwendigen Rahmenbedingungen. Die öffentlichen Verkehrsmittel sind jedoch kaum auf Behinderte eingestellt, und so empfehlen wir Rollstuhlfahrern, mit dem eigenen PKW anzureisen. Das polnische Reisebüro Vitae-Tour bietet behindertengerechte Reisen in Polen an. Es wurde von dem Verein Vitae, der sich für Menschen mit Behinderungen einsetzt, gegründet. Man kann einen Katalog auf Deutsch anfordern. Die Internetseite www.vitae-tour.com.pl informiert u.a. auf deutsch.

Der Verein Integracja bietet ebenfalls Informationen zu dem Thema an, Telefon: 0048 226351330 (aus Deutschland). Internet, leider nur auf polnisch: www.integracja.org.

Reisezeit und Klima

Krakau kann man zu jeder Jahreszeit bereisen. Das gemäßigte Klima unterscheidet sich kaum von dem Deutschlands. Die Lage im Übergang vom ozeanischen Klima Westeuropas zum Kontinentalklima Osteuropas bewirkt jedoch ein recht wechselhaftes Wetter.

Durchschnittlich gibt es 150 **Regen- und Schneetage** im Jahr.

In den Sommermonaten Juni bis August gibt es viele warme, aber auch **heiße Tage bis zu 30 °C.**

Der relativ kurze **Winter** (Dezember bis Februar) kann bis zu **-20 °C** kalt sein und bringt vor allem im Osten und Süden viel Schnee.

Der sonnige und warme **Frühling** sowie der **Sommer** werden von den meisten Städtereisenden als bevorzugte **Reisezeit** genutzt. Dabei erschwert leider die Sommerpause in vielen Theatern und Museen die ausführliche Stadtbesichtigung.

Aber auch im **„goldenen polnischen Herbst"** lässt sich Krakau gut bereisen. Die sonnigen und meist trockenen Monate September und Oktober bieten sich für den Städtereisenden an, der sich die Stadt außerhalb der Hochsaison mit etwas mehr Ruhe erschließen will. Im Winter kommen die Wintersportler, für die Krakau eine Zwischenstation auf der Reise in die Berge ist.

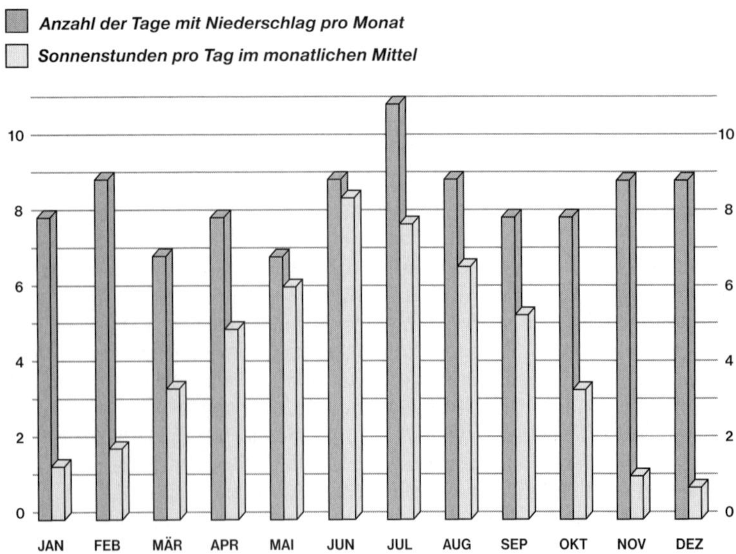

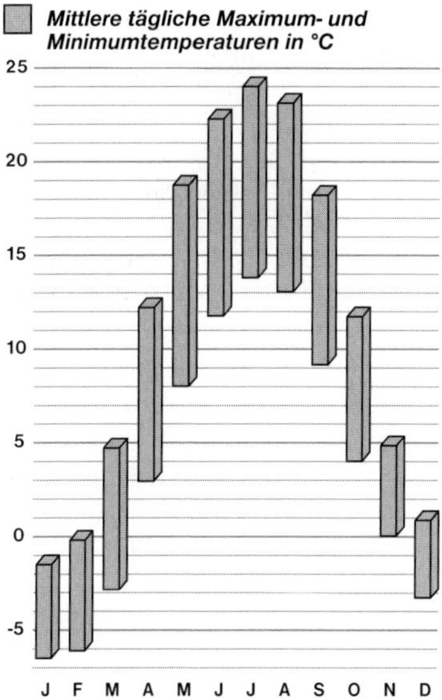

In Krakau wird das Klima von einem böigen warmen Wind, der aus der Hohen Tatra herüberzieht, bestimmt. Dieser *Halny* (Föhn) führt zu einem plötzlichen Luftdruckabfall und verursacht starke Temperaturschwankungen. Er tritt überwiegend im Herbst, Winter und zu Beginn des Frühjahrs auf.

Unter **www.wetteronline.de** sind zu Krakau, aber auch zu jeder anderen polnischen Stadt die aktuellen Wetterdaten abrufbar.

Rund ums Geld

Die **polnische Währung** ist der *Złoty* (gesprochen: Zwote mit kurzem stumpfen e), der sich in 100 *Groszy* teilt (gesprochen: Grosche mit kurzem stumpfen e). Mit der Inflation in den 1980er und frühen 1990er Jahren wurden die Groszys wertlos und Scheine mit 3–7-stelligen Zahlen bestimmten den Geldverkehr. Im Zuge einer Währungsreform wurden 1995 beim „alten" Geld vier Nullen gestrichen. So sind beispielsweise alte 1000 zł zu 10 Groszys oder 10.000 zł zu 1 zł geworden. Um zu vermeiden, dass „ahnungslosen Touristen" alte, wertlose Złotys angedreht werden, bilden wir die neuen Münzen und Scheine ab. Es gibt in der **„neuen Währung"** Münzen zu 1/2/5/10/20/50 Groszy; 1/2/5 Złoty; Banknoten zu 10/20/50/100 und 200 Złoty. Die Bezeichnung der polnischen Währung ist nicht eindeutig. So findet man für Złoty die Abkürzungen PLZ, PLN oder auch zł. Wir benutzen im Folgenden zł als Währungszeichen.

Die **Ein- und Ausfuhr** des polnischen Geldes ist verboten. Umtauschmöglichkeiten gibt es an der Grenze und im Landesinneren in Banken, Hotels und Wechselstuben *(Kantor)*. In den Wechselstuben erhält man den günstigsten Kurs und es wird keine Gebühr erhoben. An der Grenze, an Bahnhöfen und Flugplätzen sowie in den Hotels muss man hingegen mit ungünstigen Wechselkursen rechnen. Ausländischen Touristen kann man von inoffiziellen Tauschangeboten (z.B. auf der Straße oder im Hotel) nur abraten. Es empfiehlt sich, grundsätzlich nur dort zu tauschen, wo man auch eine **Quittung** *(Rachunek)* bekommt.

Der **Wechselkurs** lag im Januar 2004 bei 4,68 zł für 1 Euro. 1 zł entspricht also 21 Cent. Die polnische Währung ist mittlerweile stabil. Die Inflationsrate lag im Frühjahr 2003 unter 1 %. Für Touristen aus den Euro-Ländern ist der Kurs zurzeit recht günstig, da sich der Złoty am momentan recht schwachen US-Dollar orientiert. Den aktuellen Wechselkurs kann man unter *www.wechselkurs.de* abrufen. Der deutsche Polenreisende wird wohl noch ein wenig warten müssen, bis das lästige Geldwechseln der Vergangenheit angehört. Der Staat will bis 2007 die wirtschaftlichen Voraussetzungen für die Währungsumstellung schaffen. So kann man dann im darauf folgenden Jahr mit der Einführung des Euros in Polen rechnen.

Das **Kreditkartensystem** ist in den polnischen Städten ausreichend ausgebaut. Es werden in den Hotels und den meisten Restaurants sowie in den teureren Geschäften die gängigen Karten (American Express, Visa, Diners Club, Eurocard, Mastercard) akzeptiert. Um sicher zu gehen, sollte man sich aber vorher informieren. Im Stadtzentrum sind genügend Automaten für EC-, Visa- und American-Express-Karten vorhanden.

Travellerschecks nehmen Banken und die Orbis-Büros an.

Postschecks hingegen sind in Polen wertlos.

Bis der Euro kommt,
dreht sich in Polen alles um den Złoty

Sicherheit

Aufgrund der schwierigen wirtschaftlichen Lage Polens ist eine hohe **Diebstahlkriminalität** besonders in den größeren Städten zu beobachten. Wenn der Besucher Krakaus auch noch nicht mit der gleichen Kriminalitätsrate wie in Amsterdam, Rom oder New York konfrontiert wird, ist auf jeden Fall eine verstärkte Aufmerksamkeit auf die persönlichen Wertgegenstände notwendig. In den Städten bemüht sich die Polizei um mehr Präsenz. Sie schickt dort die Straż Miejska (Straßenwacht) auf die Straße. Die Männer in der dunkelblauen Uniform tragen keine Pistole, halten Augen und Ohren offen und sind jederzeit ansprechbar.

Leider ist auch in Polen die organisierte Kriminalität weit verbreitet. Um dieser den Kampf anzusagen, wurde 2000 das Zentrale Ermittlungsbüro der Polizei gegründet, das nach dem Vorbild des FBI arbeitet. Seitdem sind insgesamt 240 Verbrecherbanden zerschlagen worden, von denen 53 auch international tätig waren.

Autodiebstähle, für die Polen lange Zeit berühmt berüchtigt war, haben in den letzten Jahren deutlich abgenommen. Nach einer Untersuchung der polnischen Polizei wurden 2001 in Polen 154 Kraftfahrzeuge pro 100.000 Einwohner entwendet. Im Vergleich zu anderen europäischen Ländern ist das eher wenig (GB 643 KFZ, Frankreich 538 KFZ, Italien 409 KFZ und Deutschland 92 KFZ). Diese positive Tendenz liegt zum einen an der technischen Entwicklung der PKW-Sicherung. Wegfahrsperren und Alarmanlagen, deren Geräusch den Städtebesucher manchmal recht unangenehm verfolgen kann, machen es den Tätern zunehmend schwerer, auf Beutezug zu gehen. Zum anderen hat die polnische Polizei an Erfahrung gewonnen und kommt dem organisierten Autoklau schneller auf die Spur.

Der Inhalt der Fahrzeuge – Autoradios, Kameras, Handys oder Gepäck – kommt aber noch häufig abhanden, und das auch tagsüber mitten im Straßengewühl. Auch beim kurzen Aussteigen ist es ratsam, die Autotüren sofort zu verschließen. Sollte es doch zu einem Überfall kommen, rät die Polizei, die Autoschlüssel wegzuwerfen, denn die potenziellen Täter können sich Zeitverzögerungen nicht leisten. Ist dann alles zu spät und Auto oder Wertgegenstände sind weg, muss unverzüglich die nächste Polizeidienststelle unter der Notrufnummer 997 informiert werden. Diese Tipps sollte man auch auf den Transitwegen beherzigen, denn dort wird besonders häufig versucht, die Touristen auszunehmen. Ein beliebter Trick ist es, eine Panne vorzutäuschen und die hilfsbereiten Opfer dann ihrer Wertgegenstände oder ihres Autos zu berauben. Nicht von ungefähr sieht man ab und zu bei vorbeifahrenden Autos eingeschlagene Seitenfenster. Obwohl die Polski-Fiats und -Trabis das Straßenbild der polnischen Städte nicht mehr beherrschen, fallen die Fabrikate westlicher Automobilfirmen immer noch auf und ziehen das Interesse der Diebe auf sich, vor allem wenn diese Wagen neu sind und ausländische Kennzeichen tragen. Die Kraftfahrzeuge sind auf den bewachten Hotelparkplätzen und auf den relativ wenigen bewachten öffentlichen Parkplätzen in den Innenstädten weitgehend sicher. Nur reichen diese im Sommer oft nicht aus. Alle anderen Parkmöglichkeiten bergen ein gewisses Risiko.

Mit dem Auto in der Stadt sollte man folgende Sicherheitshinweise beachten: Es empfiehlt sich, auch während der Fahrt den Wagen von innen zu verriegeln, denn im Stop-and-go-Verkehr der Großstädte ist der Diebstahl aus dem fahrenden Wagen kein Problem. Sollte jemand sie mit Zeichen darauf hinweisen, dass etwas an ihrem Fahrzeug nicht in Ordnung ist, raten wir dazu, erst an einer überschaubaren Stelle anzuhalten.

Eine Sendung im polnischen Fernsehen wies die Bevölkerung darauf hin, dass **gelernte Diebe** aus ganz Europa, sozusagen die professionelle Weltklasse, auch in Krakau ihren Lebensunterhalt verdienen. Vor ihnen wurde besonders gewarnt, da sie über Tricks verfügten, die man nur schwer durchschauen könne. Um keine Nachahmer zu provozieren, wurde darauf verzichtet, die Künste näher vorzustellen. Aber die **Tricks** der unzähligen kleinen Gelegenheitsdiebe wurden genauestens vorgeführt. Da wurden mit Rasierklingen und scharfen Messern Hosentaschen aufgeschlitzt, Lederrucksäcke aufgeschnitten und Taschenriemen zertrennt. Im Straßengetümmel gaben die Täter das geklaute Diebesgut an ihre Kollegen weiter, die dann unerkannt verschwanden. Oder sie produzierten zu dritt ein Gerangel um das Opfer, das plötzlich ohne Kamera und Brieftasche dastand und niemanden erkannt hatte.

Auch beim Ein- und Aussteigen auf dem Bahnsteig muss der Reisende sorgfältig auf seinen Koffer oder Rucksack achten. Auch hier wird bewusst ein Gedränge produziert, um den Diebstahl zu erleichtern. Die Polizei gab den Hinweis, dass Täter ihr Diebstahlopfer in der Regel längere Zeit beobachten, um herauszufinden, wo seine Wertsachen untergebracht sind.

017kr Foto: cr

Auch er kann nicht alles sehen – deshalb sollte man aufmerksam sein

Man sollte den Passanten um sich herum öfter direkt in die Augen sehen, das erhöht die Befürchtung der Diebe, erkannt zu werden.

In Krakau gilt die Altstadt als Eldorado der **Taschendiebe,** aber auch auf den Bahnhöfen, auf Märkten und in Bussen und Straßenbahnen ist äußerste Vorsicht geboten. Neuerdings wird in Polens Städten dazu übergegangen, kriminelle Brennpunkte mit Kameras zu überwachen. Und so findet man auch in der Krakauer Altstadt ab Mai 2001 ein Überwachungsnetz mit 31 Kameras. Sie sind im Studentenviertel installiert und sollen helfen, die Drogenkriminalität vor Ort zu bekämpfen. Nach Erfahrungen aus anderen polnischen Städten kann man davon ausgehen, dass dieses Ziel erreicht wird. Auch die Diebstahlkriminalität wird höchstwahrscheinlich deutlich abnehmen. Aber die Erfahrungen zeigen auch, dass das Problem damit nicht beseitigt wird, denn die Kriminellen weichen nun auf andere Stadtteile aus. So ist nach wie vor Vorsicht geboten.

Jede Polizeidienststelle nimmt die **Diebstahlmeldung** auf, und es wird auch ein englischsprachiger Dolmetscher gestellt, soweit gerade vorhanden. Das Auffinden der Täter oder sogar der Erhalt der gestohlenen Wertsachen ist aber so gut wie aussichtslos. In den einzelnen Stadtteilbeschreibungen wird auf die jeweiligen **Polizeidienststellen** hingewiesen. Sollte der PKW gestohlen worden sein, muss mit einer nachträglichen **Verzollung** gerechnet werden. Um Kosten und zusätzlichen Ärger zu vermeiden, empfiehlt sich ein Kfz-Auslandsschutzbrief bei einer Versicherung oder einem Automobilklub.

Der **Verlust von Personalunterlagen** muss der örtlichen Polizeibehörde gemeldet werden. Beim Reisepass stellt das deutsche Generalkonsulat in Krakau einen Reiseausweis für die Rückkehr aus, wenn man zwei Passbilder und die Verlustanzeige mitbringt. Der Verwaltungsaufwand wird erheblich vereinfacht, wenn die Registriernummer des Reisepasses angegeben oder eine Fotokopie des Dokuments vorgelegt wird. Bei den Fahrzeugpapieren reicht es, wenn die Verlustanzeige bei der Ausreise vorgezeigt wird.

Umfangreiche Informationen in Notfallsituationen bietet das auswärtige Amt im Internet unter www.auslaendischesamt.de in der Rubrik Länder- und Reiseinformationen.

In der Hauptreisezeit (1.7.–31.10.) ist die kostenlose telefonische Beratung unter Tel. 0800 200300 zu erreichen.

Allein reisende Frauen

In einer Männergesellschaft wie der Polens hatte die Frau bisher eine auf den Mann ausgerichtete, untergeordnete Rolle. Ihre Stellung war ungefähr mit der westeuropäischer Frauen in den 1950er Jahren vergleichbar: Auf der einen Seite wurde sie verehrt, und auf der anderen Seite war sie vom Mann gesellschaftlich abhängig und

Literaturtipp:
Als Frau allein unterwegs, von Birgit Adam, Reise Know-How Verlag, Bielefeld

das ungeachtet der Tatsache, dass sie zum Lebensunterhalt der Familie ebenso beitrug wie der Mann.

Die Öffnung der Grenzen und die damit verbundenen emanzipatorischen Einflüsse bewirkten nicht nur eine höhere Akzeptanz alleinstehender Frauen, sondern erzeugten bei den jungen Polinnen auch den Wunsch nach Eigenständigkeit und unabhängiger Lebensführungkeit.

Dennoch können allein reisende Frauen besonders in der Provinz die Erfahrung machen, dass sie beim Autofahren, in Hotels, Restaurants, Bars und Discos neugierige Blicke auf sich ziehen, die zu fragen scheinen: „Und wo ist ihr Mann?“ oder „Sucht sie vielleicht einen?“.

In den Touristengebieten, also auch in Krakau und Tschenstochau, ist die Akzeptanz jedoch weitaus höher und es macht keinen Unterschied mehr, ob frau sich in Deutschland oder Polen befindet. – Na, vielleicht doch einen kleinen, denn die polnischen Männer beherrschen noch die höflichen Aufmerksamkeiten der „alten Schule“. Und so kann es passieren, dass ihr der Stuhl zurecht gerückt wird, nachdem sie sich niedergelassen hat, oder es wird ihr höflich in den Mantel geholfen. Zum Schluss, wenn auch immer seltener, folgt noch der Handkuss.

Vorsicht ist vor allem auf den Transitwegen geboten. Allein reisende Frauen scheinen einen besonders schwachen Eindruck zu machen und zum Betrügen einzuladen. So sind auch wir schon in unangenehme Situationen geraten.

Unsere Tipps

- Nur an großen und gut beleuchteten Tankstellen halten und auf Tankanzeige und Wechselgeld achten.
- Die Türen während der gesamten Fahrt von innen verriegeln.
- Den Wagen nur verlassen, wenn es sich nicht vermeiden lässt, im Dunkeln möglichst gar nicht.
- Nicht reagieren, wenn Zivilpersonen zum Anhalten auffordern. Auch nicht, wenn diese angeblich Hilfe brauchen.
- Auf Zeichen, dass an ihrem Fahrzeug etwas nicht in Ordnung ist, nicht reagieren und erst in sicherer Entfernung und an einer übersichtlichen Stelle nachsehen.

Als Frau alleine zu **trampen,** ist in Polen (wie in vielen anderen europäischen Ländern auch) nicht zu empfehlen.

Sport und Erholung

Es gibt zwar mittlerweile ein Angebot an Sport- und Fitnessanlagen, diese sind aber meistens sehr klein und nicht ausreichend ausgestattet.

Die Luxushotels haben größtenteils ein eigenes Schwimmbad oder Fitness-Räume mit Sauna und Solarium. Den Hotelgästen stehen auch andere Sportanlagen, die das Hotel für sie reserviert hat, zur Verfügung.

Die Reservierung von **Tennisplätzen** und **Motorbooten** kann über die Touristeninformation in der ul. Pawia 8 erfolgen. Für die Erholung sorgen dagegen mehrere Parks und Gärten der Stadt und die wunderschöne Umgebung Krakaus, die z. B. mit den Fahrrädern gut zu erreichen ist.

Eine Weichselbootsfahrt mit Blick auf den Wawel bietet Erholung pur

018kr Foto: cr

Parks und Grünanlagen

●**Błonia,** im Zentrum westlich der Altstadt, eine 50 ha. große Grünfläche, die auch für Konzerte, Sportverantsaltungen u. a. dient.
●**Park im. Henryka Jordana,** an der Al. 3. Maja, oberhalb von Błonia. Mit mehreren Spiel- und Sportplätzen ist dieser Park ein beliebter Treffpunkt für Kinder u. Studenten.
●**Ogród Botaniczny** (Botanischer Garten), befindet sich östlich vom Zentrum an der Kreuzung der ul. Lubicz und der Al. Powstania Warszawskiego. Die Ursprünge des Gartens gehen bis in 18. Jh. zurück. Hier findet man neben Orangerien und einer Sammlung von verschiedenen Palmenarten eine 500 Jahre alte „Jagiellonen"-Eiche.
●**Skałki Twardowskiego** befindet sich direkt an der Weichsel neben der ul. Tyniecka und ist bequem mit dem Bus 112 und 162 zu erreichen. Es ist ein Reservat, das Kalkfelsen mit unzähligen Höhlen beherbergt. Eine Legende erzählt, dass sich hier die Magierschule von Meister Twardowski, einer sagenumwobenen Persönlichkeit aus Krakau, befand. Vor ein paar Jahren bildete sich hier ein See, der – umgeben von Kreidefelsen – einen besonders malerischen Anblick bietet.

Fahrrad- und Wanderwege

Auch wenn die Fahrradwege nicht genügend ausgeschildert sind und so plötzlich wie sie aufhören wieder beginnen, bietet das 400 ha. große Naturgebiet **Las Wolski** unzählige wunderschöne Fahrradtouren oder aber auch Wandermöglichkeiten (siehe Krakaus Extras).

●Das **Touristenbüro Jordan** in der ul. Długa 9, Tel./Fax 4212125 bzw. 4228226, E-Mail: hotel@jordan.krakow.pl, verleiht Fahrräder und berät bei der Planung der Touren. Es verfügt auch über detaillierte Karten.

Tennis

●**Centrum Sportu i Rekreacji „Escada",**
ul. Szuwarowa 1, Tel. 2627646.
Tennis, Squash, Turbohockey, Tischtennis, Federball sowie die Volleyball- und Basketballhalle sind täglich 24 Stunden geöffnet.
●**KKS Olsza,** ul. Siedleckiego 7,
Tel. 4211069. Unterricht auch für Kinder und Jugendliche. Tennishallen vorhanden.

• **Centrum Tenisowe,** ul. Na Błoniach 1, Tel. 4253171, geöffnet täglich von 7.00 bis 21.00 Uhr.
• **Hotel Piast,** ul. Radzikowskiego 109, Tel. 6364600. Dieser Tennisplatz ist 24 Stunden geöffnet.
• **Alka,** ul. Armii Krajowej (gegenüber vom Hotel Continental), Tel. 6370933.
• **Wieczysta,** ul. Chałupnika 16, Tel. 4129959 u. 4138466. UnterschiedlicheQualität des Bodenbelags.

Schwimmen

Krakau hat endlich ein Badeland bekommen! Auf einer Fläche von 15.000 qm befinden sich mehrere Schwimmbecken, Fitnesscenter, ein Zentrum der biologischen Erneuerung, Polens größte Rutschanlage, Kinderbecken, Kletterwände, 8 Jakuzzi und, und ...

• **Park wodny,** ul. Dobrego Pasterza 126, Öffnungszeiten: 8.00 bis 22.30 Uhr www. Parkwodny.pl.

Darüber hinaus gibt es eine Reihe wenig aufregender Schwimmbäder, die zum Schwimmen aber auf jeden Fall ausreichen.

Hallenbäder

• **Wisła Klub,** ul. Reymonta 22, Öffnungszeiten: Mo.-Fr. 10.00 bis 18.00 Uhr, Sa.-So. 9.00 bis 19.00 Uhr. Das Becken hat 25 m Länge.
• **Klub Korona,** ul. Kalwaryjska 9, Öffnungszeiten: Mo.–So. 19.00–21.15 Uhr.
• **Centrum Sportu i Rekreacji „Escada“,** ul. Szuwarowa 1, geöffnet von Mo. bis Sa. von 9.00 bis 22.00, So. 12.00 bis 22.00 Uhr. Neben Schwimmbecken gibt es hier u. a. Jakuzzi, Tennisplätze, Sauna, Fitnessräume etc.

Freibäder

• **Wisła,** ul. Reymonta 22, Mo.-Fr. 10.00 bis 18.00 Uhr, Sa.-So. 9.00 bis 19.00 Uhr. 50 Meter Becken, Kinderbecken mit Rutsche, auch eine Wasserrutsche für Jugendliche. Grüne Liegefläche unter Bäumen.
• **Krakowianka,** ul. Żywiecka 2, Tel. 26814-17, Öffnungszeiten: Im Sommer 10.00 bis 18.00 Uhr. Das Schwimmbecken hat die Länge von 50 m. Neben dem Schwimmbad befinden sich ein Campingplatz, ein Hotel und 66 Campinghäuschen auf dem Gelände.

Badestrände

• **Kryspinów** (mit Bus Nr. 209 und 269 zu erreichen). Hier kann man sonnen und baden sowie Kajaks, Segelboote und Surfbretter ausleihen. Sandstrand und Wald bieten eine optimale Erholung. Das Wasser ist leider oft mit Abfall verunreinigt.
• **Zakrzówek** (mit der Straßenbahn 18, 19, 22, Haltestelle Kapelanka). Sauberes Wasser, schöne Umgebung. Leider sehr gefährliche Strömungen und Unterwasserfelsen, daher ist das Baden nicht mehr erlaubt. Jeder tut es hier auf eigene Gefahr, ist aber nicht empfehlenswert.
• **Bagry Płaszów,** (Endstation Bus 115, 125 und langer Weg zu Fuß), Geräteverleih für Wassersport.

Wassersport

• **Kajak und Motorboot** (auch Ausbildung), *Przystań Kajakowo Motorowa,* Nadwiślań-Club, ul. Kościuszki 16, Tel. 4223269. Der Verein hat ab Mai geöffnet.
• **Inter-Travel** (Segelzentrum), Zwierzyniecka 29, Tel. 4210847.

Reiten

• **Krakowski Klub Jazdy Konnej,** ul. Niezapominajek 1, Tel. 4252548.
• **Pegaz,** ul. Łowińskiego, Tel. 4258088.
• **Tabun Klub Turystyki Konnej,** ul. Kosmowska, ul. J. Kosmowskiej 12 A, Tel. 012 6238060, geöffnet Di.–Fr. 15.00 bis 18.00 Uhr, Sa.–So. 9.00 bis 18.00 Uhr.
• **Decjusz,** Al. Kasztanowa 1, Tel. 4252421.
• **Przyjaciel Konika, Ognisko TKKF,** ul. Grćbałowska 87, Tel. 6454616,

Öffnungszeiten: Di.–Fr. 15.00 bis 18.00 Uhr, Sa.–So. 9.00–18.00 Uhr. Ponyreiten für Kinder.

Eishallen

• **Lodowisko,** al. Pokoju 44 (hinter dem Plaza-Parkplatz), Tel. 3937434. Ist in der Wintersaison von 9.00 bis 21.00 Uhr (Wochenende bis 23.00 Uhr) geöffnet. Ein Schlittschuhverleih ist vor Ort.

Golf

• **Krakow Valley Golf & Country Club,** Krzeszowice, Paczółtowice 54, Tel. 2829467. Voraussichtlich im Herbst 2003 wurde hier, 5 km nördlich von Krzesowice, ein 80 ha großes Gelände mit 18 Löchern eröffnet. Nähere Informationen auch in englisch unter www.krakow-valley.com.

Für die Familie

• **Fantasy Park,** al. Pokoju 44 (Kraków Plaza), Tel. 2909515, www.fantasypark.pl. Bowling, Billiard, Kinderparadies und, und, und ... Wenn es draußen schneit und stürmt und die Kinder keine historischen Sehenswürdigkeiten mehr sehen wollen, ist dies eine willkommene Abwechslung.

Weichselrundfahrt

Der Hafen *(Przystań Rzeczna)* befindet sich unterhalb vom Wawel (Brücke *Grunwaldzki*). Tel. 4220855. Ab April finden hier in der Woche Weichselfahrten *Wawel-Pychowice-Wawel* (ca. 35 Min.) statt. Am Wochenende werden zweistündige Fahrten *Wawel-Bielany-Wawel* angeboten. Es ist empfehlenswert, sich die Weichselfahrt zum Abschluss eines Rundgangs als Erholungspause zu gönnen, denn die Landschaft ist wunderschön und der Blick auf den Wawel einmalig. Die Fahrten finden alle zwei Stunden statt, allerdings nur, wenn mindestens 35 Personen zusammenkommen.

Tipp: Besser nicht am Samstag- und Sonntagnachmittag buchen, denn dann sind die Familien unterwegs und das Schiff vollkommen überladen! Die Fahrten in der Woche und in den Abendstunden zum Sonnenuntergang sind dagegen sehr entspannend und stimmungsvoll.

Stadtverkehr

Das Nahverkehrssystem von Krakau funktioniert recht gut, wenn man von überfüllten Straßenbahnen und Bussen zur Hauptverkehrszeit absieht.

Bus *(Autobus)*

Busse mit schwarzen dreistelligen Nummern von **100 bis 198** sind die „normalen" Busse. Die Busse mit **500er** Zahlen, z. B. 502 oder 511, gehören zu den Schnellbussen (doppelter Fahrpreis!). **300er** und **400er** Nummern werden bei Ersatz- und Ergänzungsbussen verwendet.

Alle Busse im **200er** Bereich fahren bis in die Randbezirke und in die umliegenden Dörfer.

Nachtbusse sind mit dreistelligen Zahlen im **600er** Bereich gekennzeichnet. Sie fahren von 23.00 bis ca. 5.00 Uhr. Eine Besonderheit bilden Busse mit Buchstaben, die für so genannte Freizeit- oder Sonderstrecken eingesetzt werden. Hier gelten auch Sondertarife.

Straßenbahn *(Tramwaj)*

Haltestellen der Bahnen sind mit einem „T" oder mit einer Straßenbahnabbildung gekennzeichnet. Die Bahn (Zahlen zwischen 1 und 24) verkehrt zwischen 5.00 und 23.00 Uhr, es gibt keine Nachtfahrten.

Fahrkarten *(Bilety autobusowe)*

Fahrkarten für eine einmalige Fahrt kosten 2,20 zł (0,55 €/Stand Januar 2004. Die Euroangaben sind Richtwerte). Sie sind an jedem Zeitungsstand **(Kiosk Ruchu)** und bei jedem Straßenverkäufer erhältlich, der seine Verkaufsstelle mit der Aufschrift **MPK** markiert hat. Neuerdings verkaufen auch die Postämter Fahrkarten. Dort erhält man das ganze Sortiment, wohingegen die anderen Verkaufsstellen häufig nur Einzelfahrkarten vorrätig haben. Es besteht außerdem die Möglichkeit, den Fahrausweis beim Fahrer mit ca. 25 % Aufpreis zu kaufen (nur Einzelfahrkarten!). Die Fahrer sind nicht verpflichtet, Karten herauszugeben. Am besten hat man das Geld passend dabei.

Die Fahrscheine sind nach Antritt der Fahrt in den Automaten, die sich in Bussen und Bahnen befinden, zu entwerten. Für größere **Gepäckstücke** (ab 20x40x60 cm) und **Tiere** braucht man eine zusätzliche Fahrkarte (2,20 zł). Die **Nachtfahrkarte** kostet 4,40 zł.

Es gibt günstige Stunden-, Tages-, Wochen- oder Weekendtickets. Die **Stundenfahrkarte** *(Bilet czasowy 1h)* kostet 2,80 zł (0,70 €) und ist, wie der Name schon verrät, 60 Minuten lang gültig. Außerdem kann man unbegrenzt umsteigen. Die **Tageskarte** *(Bilet dzienny)* kostet 9 zł (2,20 €), die **Wochenkarte** *(Bilet tygodniowy)* 22 zł (5,50 €).

Auf jede von den o. g. Fahrkarten gibt es 50 % Ermäßigung, die allerdings nicht für ausländische Touristen

020kr Foto: cr

Wer kein Ticket hat, braucht passendes Kleingeld

(auch nicht für Studenten, Rentner, Kinder etc.) gilt. Das Fahren ohne Fahrausweis kostet 120 zł (30 €), das nicht bezahlte Gepäckstück wird mit 40 zł (12 €) Strafe belegt.

Umfassendere Informationen erhält man am Telefon unter der Nummer 910 sowie im Internet auf polnisch und eingeschränkt auf englisch unter www.komunikacja.krakow.pl

Warnung: Man sollte immer daran denken, dass da, wo sich viele Touristen befinden, auch viele Taschendiebe ihren Geschäften nachgehen. Das betrifft vor allem die öffentlichen Verkehrsmittel, die im Zentrum abfahren oder ankommen. Vorsicht ist auch an den Haltestellen, beim Ein- und Aussteigen, in der Umgebung teurer Hotels und in überfüllten Straßen und Geschäften geboten.

Mikrobus

Die Privatkleinbusse (meist Mercedes) fahren alle Sehenswürdigkeiten von Krakau und Umgebung an. Die jeweilige Fahrstrecke oder der Name des Endziels ist an der Seitentür oder der Windschutzscheibe befestigt. Die Mikrobusse stehen am Busbahnhof und sind von hier eine empfehlenswerte Art in die Umgebung von Krakau (Wieliczka oder Auschwitz) zu kommen. In der Stadt kann man sie an jeder Bushaltestelle mit der „Daumenhoch-Methode" anhalten (vorausgesetzt, es gibt noch freie Sitzplätze). Die Fahrkarten gibt es ausschließlich bei dem Fahrer und kosten für den Stadtbereich ca. 1 €.

Taxi *(Taxi)*

Rufnummern der Radiotaxis:

• Radio-Taxi:	919
• Krak-Taxi:	2676767
• Expres-Taxi:	9629
• Grosik-Taxi:	63334-44
• Euro-Taxi:	9664
• Wawel-Taxi:	9666
• Barbakan-Taxi:	9661

Die Taxi-Preise sind sehr unterschiedlich, und es liegt in der Hand der Kunden, die günstigeren Taxis auszuwählen. Jeder Wagen hat am hinteren Seitenfenster die aktuellen Preise angegeben. Diese sind verbindlich. Sicherheitshalber sollte bei Fahrtbeginn darauf geachtet werden, dass der Fahrpreisanzeiger eingeschaltet ist. Die günstigsten Preise haben die nur telefonisch zu bestellenden Radiotaxis. Sie liegen bei 6 zł/ 1,50 € fürs Einsteigen und bei 3 zł/ 0,75 € für jeden angefangenen Kilometer.

Man ist jedoch immer verpflichtet, das Taxi an einem Taxistand zu nehmen, das als Erstes in der Warteschlange steht, auch wenn z. B. das zweite Taxi einen günstigeren Tarif offeriert. Größere Hotels bieten ihren Gästen eigene Taxis an, die allerdings öfters die Fahrt zurück ins Hotel berechnen.

Meleksy

Dies sind kleine Elektrowagen, die in der Hauptsaison durch Krakaus Altstadt, Podgórze, Kazimierz etc. fahren. Sie sind mit einem Fahrer ausgestattet, der gleichzeitig Fremdenführer (auch in englischer Sprache) ist. Die Preise für die Rundfahrten sind an den Autos

Straßenbahnverbindungen in Krakau

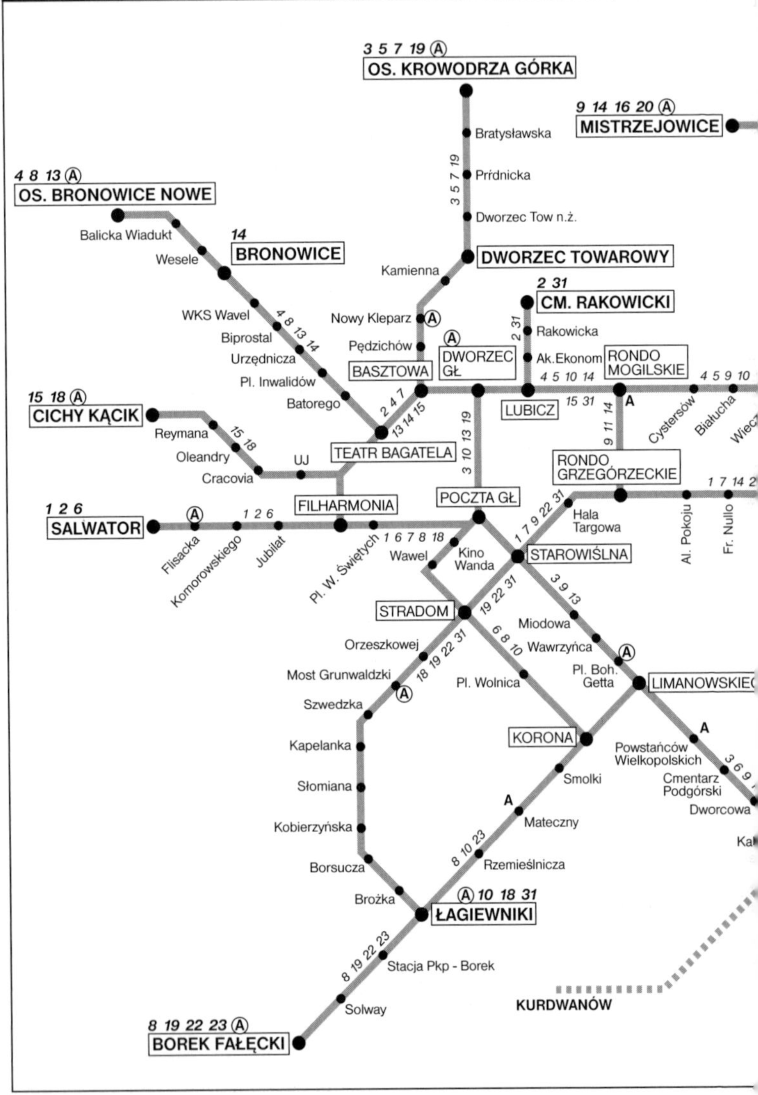

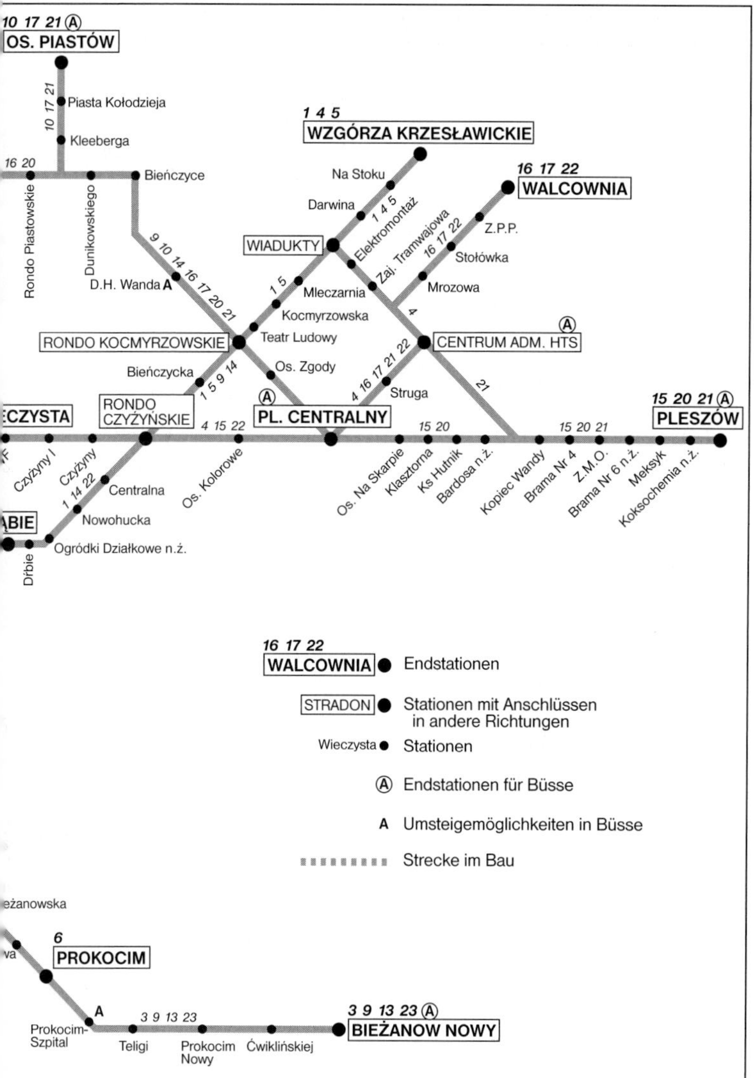

10 17 21 Ⓐ
OS. PIASTÓW
Piasta Kołodzieja
Kleeberga
16 20
Rondo Piastowskie
Dunikowskiego
Bieńczyce
D.H. Wanda A
9 10 14 16 17 20 21
1 4 5
WZGÓRZA KRZESŁAWICKIE
Na Stoku
Darwina
Elektromontaż
WIADUKTY
1 5
Mleczarnia
Kocmyrzowska
Teatr Ludowy
RONDO KOCMYRZOWSKIE
Os. Zgody
Bieńczycka
1 5 9 14
16 17 22
WALCOWNIA
Z.P.P.
Stołówka
Zaj. Tramwajowa
Mrozowa
4
Ⓐ
CENTRUM ADM. HTS
4 16 17 21 22
Struga
21
Ⓐ
PL. CENTRALNY
RONDO CZYŻYŃSKIE
ECZYSTA
4 15 22
Czyżyny I
Czyżyny
1 14 22
Centralna
Nowohucka
Ogródki Działkowe n.ż.
ĄBIE
Dłbie
Os. Kolorowe
15 20
Os. Na Skarpie
Klasztorna
Ks Hutnik
Bardosa n.ż.
15 20 21
Kopiec Wandy
Brama Nr 4
Z.M.O.
Brama Nr 6 n.ż.
Meksyk
Koksochemia n.ż.
15 20 21 Ⓐ
PLESZÓW
16 17 22
WALCOWNIA Endstationen
STRADON Stationen mit Anschlüssen in andere Richtungen
Wieczysta Stationen
Ⓐ Endstationen für Büsse
A Umsteigemöglichkeiten in Büsse
Strecke im Bau
eżanowska
6
PROKOCIM
A
Prokocim-Szpital
3 9 13 23
Teligi
Prokocim Nowy
Ćwiklińskiej
3 9 13 23 Ⓐ
BIEŻANOW NOWY

angeheftet. Die Elektrowagen stehen in der ul. Pijarska (10.00 bis 12.00 und 14.00 bis 16.00 Uhr), auf dem Plac Wolnica im Kazimierz (10.00 bis 12.00 und 14.00 bis 16.00 Uhr) sowie ganztags auf dem Rynek Główny. Information und Ticketverkauf bietet das Touristenbüro JORDAN in der ul. Długa 9, Tel. 4212125. Man kann sie aber auch direkt mieten.

Mit dem Pferd

Die stilvollere Fortbewegungsart ist natürlich eine **Droschke.** Diese stehen auf dem Rynek Główny. Die Fahrt zum Wawel und zurück kostet ca. 10 €, die Rundfahrt durch die Altstadt ca. 15 € und der Weg nach Kazimierz wird ca. 30 € betragen.

Unterkunft

Krakau verfügt zwar über eine ausreichende Zahl an Unterkünften, aber besonders in der Sommersaison ist die Kapazität voll ausgeschöpft. Aufgrund dessen empfiehlt sich eine **rechtzeitige Reservierung** (mindestens 1 Monat, in der Hauptsaison 3 Monate vorher). Da sich das touristische Interesse an Krakau auf den historischen Stadtkern konzentriert, ist es sinnvoll, seine **Unterkunft in der Nähe** zu wählen. Alle Sehenswürdigkeiten sind von dort aus zu Fuß bequem zu erreichen. Im Zentrum befinden sich auch die meisten Hotels. Am schönsten wohnt man in der Altstadt. Es gibt viele sehr geschmackvoll eingerichtete Hotels, die sich gut in die historische Atmosphäre der Stadt einfügen und die mitten im Geschehen liegen.

Günstige Unterkünfte sind hier leider kaum vorhanden. Die findet man eher außerhalb der Innenstadt. Diese bieten den Vorteil, dass die angrenzenden bewachten **Parkplätze** meist kostenlos zur Verfügung gestellt werden. Die Unterkünfte außerhalb der Altstadt liegen häufiger an verkehrsreichen Straßen und man muss Straßenlärm in Kauf nehmen.

Mit der **Vermittlung** der Hotelzimmer beschäftigen sich die Touristeninformationen und der Polnische Hotelverband, al. Ferdynanda Focha 1, 30-111 Kraków, Tel. 012 4226057, Fax 012 4211218, E-Mail: phz@hotel.pl. Umfassende Informationen kann man auch im Internet unter www.polhotels.com oder www.hotelspoland.com abrufen. Dort findet man **die aktuellsten Preisangebote** für Hotelzimmer. Besonders außerhalb der Saison bieten hier viele Luxus- und Mittelklassehotels Nachlässe bis zu 40 Prozent an.

Die Hotelpreise beziehen sich im Folgenden auf das Jahr 2003.

Kategorie 1	bis 8 €
Kategorie 2	8–25 €
Kategorie 3	25–40 €
Kategorie 4	40–80 €
Kategorie 5	80–120 €
Kategorie 6	über 120 €

Wir haben auf Grund der Preisschwankungen innerhalb der Hotels die Unterkünfte in Krakau in 6 Kategorien eingeteilt, die jeweils eine Preisspanne angegeben. Sie dienen einer groben Orientierung. Die Preise beziehen sich auf ein Zimmer für 2 Personen mit Frühstück:

Pensionen der Preiskategorie 3 befinden sich hauptsächlich in der Nähe des Zentrums. Sie sind günstiger als die Hotels und bestechen durch ihre private Atmosphäre und ihre einfache Ausstattung, die aber durchaus ausreichend ist.

Mittlerweile werden in Krakau geschmackvoll eingerichtete **Apartments** in zentraler Lage angeboten. Die Größe der Wohnungen, die teilweise sogar in der Altstadt liegen, variiert zwischen 1 und 3 Zimmern. Die Preise bewegen sich zwischen 60 und 150 €. Verglichen mit den Hotels sind das echte Alternativen. Informationen bekommt man bei Old Town Apartments, Rynek Starego Miasta, 00-272 Warszawa, Tel. 022 8879800/01, Fax 022 8314956 und im Internet unter www.warsawshotel.com sowie bei Warsaw City Apartments, ul. Nowowiejska 1/3, 00643 Warszawa, Tel./ Fax 022 8253912 und im Internet unter www.hotelinwarsaw.com.

Gästezimmer *(Kwatery prywatne)* in Privatquartieren ermöglichen den direkten Kontakt mit der polnischen Bevölkerung und gehören zu den preiswertesten Unterbringungsmöglichkeiten (Kategorie 2–3). Sie werden vor Ort in den Touristeninformationen oder speziellen Privatzimmervermittlungen angeboten. Da die Wohnverhältnisse der Krakauer sehr beengt

021kr Foto: cr

Geschichte und Moderne elegant vereint: das Copernicus Hotel

sind, darf man keinen Komfort erwarten. Das heißt, dass die sanitären Anlagen in der Regel mit den Vermietern geteilt werden und die kleinen Zimmer nur mit dem Nötigsten ausgestattet sind. Die meisten Privatzimmer befinden sich im Zentrum. In der ul. Długa 9 in der Nähe der Altstadt bietet die Agentur Jordan gut ausgestattete und recht günstige Zimmer (Preiskategorie 4) direkt über dem Büro an.

Rasthäuser *(Gościniec* oder *Motel)* befinden sich an den internationalen Verkehrsstraßen und sind in Baustil und Speisenangebot den regionalen Gebräuchen angepasst. Sie sind relativ preisgünstig (ca. 20–40 €) und selten voll belegt.

Touristenherbergen (Preiskategorie 2) ermöglichen es den Besuchern, zu sehr günstigen Preisen in überwiegend großen Häusern in sehr einfachen, aber akzeptablen 1- bis 4-Bett-Zimmern zu übernachten. Die meisten Touristenherbergen liegen recht nah am Zentrum.

Rucksacktouristen können in den Sommermonaten auf **einfache studentische Unterkünfte** zurückgreifen, die in der Regel von Juli bis September geöffnet sind. Bei den so genannten **Studentenhotels** (Preiskategorie 2) handelt es sich um Wohnheimplätze, die normalerweise von polnischen Studenten belegt werden. Im Sommer (Juli bis September) stellen sie ihre Zimmer bzw. ihr Bett für die Zeit zur Verfügung, in der sie selber verreist sind. Die günstige Unterbringung, die nicht nur Studenten in Anspruch nehmen können, erfolgt in **Mehrbettzimmern.** Das Angebot ist vor allem denjenigen zu empfehlen, die Kontakte suchen und Geld sparen wollen. Im Gegensatz zu den Jugendherbergen ist hier eine Unterbringung von Pärchen möglich. Die meisten Studentenhotels liegen in der Nähe des Zentrums. Es gibt kein Frühstück. Das Reise- und Touristikbüro Polnischer Studenten Almatur vermittelt diese Unterkunftsmöglichkeit. Almatur Travelshop: ul. Zwierzyniecka 15, 31-103 Kraków, Tel. und Fax 12 4284520, krakow@almatur.pl

Die einfach eingerichteten **Jugendherbergen** (Preiskategorie 1) bieten vor allem jungen Rucksacktouristen eine günstige Bleibe. Sie können aber auch von jeder anderen Altersgruppe genutzt werden. Die Unterbringung erfolgt in sehr einfach eingerichteten 2-, 3-, 4-, 6- und 8-Personen-Zimmern. Es gibt auch größere Schlafsäle mit bis zu 14 Betten. Die meisten Häuser sind ganzjährig geöffnet. In den Monaten Juli und August (Sommerferien in Polen) werden die Schulturnhallen der Städte und Gemeinden als zusätzliche Schlafunterkünfte genutzt, um die Jugendherbergen zu entlasten. Mit einem **Internationalen Jugendherbergsausweis** bekommt man eine Preisermäßigung von 25 %. Nähere Informationen bietet die Polnische Gesellschaft für Jugendherbergen (PTSM), ul. Chocimska 28, 00-791 Warszawa, Tel. 022 8494251.

Für Camper stehen in Krakau mehrere **Zeltpätze** (Preiskategorie 2-3) zur Verfügung, die sich größtenteils in den Randbezirken der Stadt befinden. Campingplätze *(Pole Namiotowe* oder *Camping)* sind in Polen sind je nach Standort und Dienstleistung in 3 Kategorien unterteilt. In der 1. Kategorie findet man fließendes Wasser, Elektrizität und sanitäre Einrichtungen vor. Die 2. Kategorie bietet zusätzlich Waschräume an und in der 3. Kategorie wird das Angebot durch warmes Wasser und ein Restaurant ergänzt. Häufig kann man auch kleine Campinghäuschen mieten. Die Campingsaison beginnt am 15. Juni und endet am 30. September.

Wild Campen ist verboten. Nähere Informationen bei Polorbis oder beim Polnischen Campingverband Polska Federacja Campingu I Caravaningu, ul. Grochowska 331, 03-838 Warszawa, Tel./Fax 022 8106050. Auch im ADAC-Campingführer sind einige polnische Campingplätze aufgeführt.

In Polen sind Reisende **anmeldepflichtig.** Die Meldung muss innerhalb von 48 Stunden nach Überschreiten der polnischen Grenze (in grenznahen Gebieten innerhalb von 24 Stunden) im entsprechenden Aufenthaltsort erfolgen. Diese Meldung wird von den Hotels, Campingplätzen usw. automatisch übernommen. Bei einer privaten Unterbringung müssen Besucher und Gastgeber die Anmeldung gemeinsam bei einem Privatquartiervermittlungsbüro oder bei der zuständigen Meldebehörde des Ortes vornehmen lassen.

Hotels

Neben den internationalen **Hotelketten** wie z.B. *Holiday Inn, Interkontinental, Novotel* oder denen der polnischen Touristikunternehmen *Orbis* und *Syrena* entstehen immer mehr **Privathotels.** Diese sind mitunter besonders empfehlenswert, da sie sich durch eine gute Standortwahl und eine individuelle und zum Teil sehr originelle Atmosphäre auszeichnen.

In Klammern ist die jeweilige Preiskategorie angegeben. Hotels, die direkt in der Altstadt liegen, sind mit einem * gekennzeichnet.

Zentrum

4-Sterne-Hotels

- **Amadeus* (6),** ul. Mikołajska 20, Tel. 4296070, Fax 4296062, www.hotel-amadeus.pl
- **Copernicus* (6),** ul. Kanonicza 16, Tel. 4243400, Fax 4243405, www.hotel.com.pl
- **Grand* (6),** ul. Sławkowska 5-7, Tel. 4217255, Fax 4218360, www.grand.pl
- **Holiday Inn (6),** ul. Wielopole 4, Tel. 6190000, Fax 6190005, www.holidayinn.pl/krakow
- **Wentzel* (6),** Rynek Główny 19, Tel. 4302664, Fax 4302665, www.wentzel.pl

3-Sterne-Hotels

- **Atrium (5),** ul. Krzywa 7, Tel. 4300203, Fax 4300196, www.hotelatrium.com.pl
- **Batory (5),** ul. Sołtyka 19, Tel. 2943030, Fax 2943033, www.hotel-batory.pl
- **Classic*(6),** ul. św. Tomasza 32, Tel. 4240303, Fax 4293680, www.hotel-classic.pl
- **Cracovia (5),** Al. Focha 1, Tel. 4228666, Fax 4219586, www.orbis.pl
- **Elektor* (6),** ul. Szpitalna 28, Tel. 4232317, Fax 4232327, www.hotelelektor.com.pl
- **Floryan *(5),** ul. Floriańska 38, Tel. 4311418, Fax 4312385, www.floryan.com.pl
- **Fortuna (5),** ul. Czapskich 5, Tel./Fax 4223143, www.hotel-fortuna.com.pl
- **Fortuna Bis (5),** ul. Piłsudskiego 25, Tel./Fax 4301025, www.hotel-fortuna.com.pl
- **Francuski* (6),** ul. Pijarska 13, Tel. 4225122, Fax 4225270, www.orbis.pl
- **Logos (5),** ul. Szujskiego 5, Tel. 6323333, Fax 6324210, www.hotel-logos.pl
- **Maltański (6),** ul. Straszewskiego 14, Tel. 4310010, Fax 4310615, www.maltanski.com.pl
- **Novotel (6),** ul. Kościuszki 5, Tel. 2992900, Fax 2992999, www.orbis.pl
- **Pod Ró'ą* (6),** ul. Floriańska 14, Tel. 4221244, Fax 4243351, www.hotel.com.pl
- **Polonia (5),** ul. Basztowa 25, Tel. 4221233, Fax 4221621, www.hotel-polonia.pl
- **Polski "Pod Białym Orłem"* (5),** ul. Pijarska 17, Tel. 4221144, Fax 4221426, www.podorlem.com.pl
- **RT Rezydent* (5),** ul. Grodzka 9, Tel. 4295495, Fax 4295576, www.rthotels.com.pl
- **Secesja (5),** ul. Paulińska 24, Tel. 4307464, Fax 4307405, www.hotelsecesja.krakow.pl
- **Senacki* (6),** ul. Grodzka 51, Tel. 4227686, Fax 4227934, www.senacki.krakow.pl

- **Warszawski (5),** ul. Pawia 6, Tel. 4242100, Fax 4242200
- **Wit Stwosz*(5),** ul. Mikołajska 28, Tel. 4296026, Fax 4296139, www.wit-stwosz.hotel.krakow.pl

2-Sterne-Hotels

- **Wawel-Tourist* (4),** ul. Poselska 22, Tel. 4241300, Fax 4241333, www.wawel-tourist.com.pl
- **Campanile*(5),** ul. św. Tomasza 34, Tel. 4242600, Fax 4242601, www.campanile.com.pl
- **Europejski (5),** ul. Lubicz 5, Tel. 4232510, Fax 4232529, www.he.pl
- **Ibis (5),** ul. Przy Rondzie 2, Tel. 4218188, Fax 4229858, www.ibishotel.com
- **Pollera* (5),** ul. Szpitalna 30, Tel. 4221044, Fax 4221389, www.pollera.com.pl
- **PTTK Wyspiański (5),** ul. Westerplatte 15, Tel. 4229500, Fax 4225719, www.hotel-wyspianski.pl
- **Royal (4),** ul. św. Gertrudy 26-29, Tel. 4213977, Fax 4215857, www.royal.com.pl
- **Saski* (4),** ul. Sławkowska 3, Tel. 4214222, Fax 4214830, www.hotelsaski.com.pl

1-Stern-Hotel

- **Mistia (4),** ul. Szlak 73A, Tel. 6332926, Fax 6335154, www.mistia.org.pl

In Kazimierz

3-SterneHotels

- **Eden (5),** ul. Ciemna 15, Tel. 4306565, Fax 4306767, www.hoteleden.pl
- **Ester (5),** ul. Szeroka 20, Tel. 4281188, Fax 4291233, www.hotel-ester.krakow.pl
- **Kazimierz (5),** ul. Miodowa 16, Tel. 4216629, Fax 4222884, www. hk.com.pl
- **Klezmer-Hois (5),** ul. Szeroka 6, Tel. 4111245, Fax 4111245, www.klezmer.pl
- **RT Regent (5),** ul. Boýego Giała 19, Tel. 4306234, Fax 4305977, www.rhotels.com.pl
- **Appart (6),** ul. Izaaka 7, Tel. 4306550, Fax 4306488, www.alacarte.pl, (3 Appartments)
- **Alef (4),** ul. Szeroka 17, Tel. 4213870, alef@alef.krakow.pl, (5 Appartments)

Zentrumsnah

4-Sterne-Hotels

- **Demel (5),** ul. Głowackiego 22, Tel. 6361600, Fax 6364543, www.demel.com.pl
- **Sofitel (6),** ul. Konopnickiej 28, Tel. 2619212, Fax 2690080, www.accorhotels.pl

3-Sterne-Hotels

- **Best Western Piast (6),** ul. Radzikowskiego 109, Tel. 6364600, Fax 6364774, www.hotelpiast.pl
- **Niebieski (6),** ul. Flisacka 3, Tel. 4312711, Fax 4311828, www.niebieski.com.pl
- **Novotel Kraków-Bronowice (5),** ul. Armii Krajowej 11, Tel. 6375044, Fax 6375938, www.orbis.pl
- **Pod Kopcem (5),** al. Waszyngtona 1, Tel. 4270355, Fax 4270101, www.hotel.fm.pl
- **Polonez (4),** ul. Reymonta 15, Tel. 2928294, Fax 2928293, www.hotel-polonez.krakus.net
- **Wanda (5),** ul. Armii Krajowej 15, Tel. 6371677, Fax 6378518, www.orbis.pl

2-Sterne-Hotels

- **Ibis (5),** ul. Syrokomli 2, Tel. 2993300, Fax 2993333, www.ibishotel.com

Außerhalb

4-Sterne-Hotel

- **Orient (5),** ul. Sołtysowska 25a, Tel. 6469100, Fax 6469202, www.hotel-orient.krakow.pl

3-Sterne-Hotels

- **City SM (4),** ul. Gajowa 16, Tel. 2666021, Fax 2671886, www.hotelcity.cracow.pl
- **Justyna (5),** al. Jana Pawła II 70, Tel. 6498000, Fax 6430222, www.hoteljustyna.pl
- **RT Galicja (4),** ul. Rzemieślnicza 4, Tel. 2690772, Fax 2691560, www.rthotels.com.pl
- **Ruczaj (4),** ul. Ruczaj 44, Tel. 2691000, Fax 2692030, www.ruczajhotel.pl

2-Sterne-Hotels

- **Bona (4),** ul. Tyniecka 167b, Tel./Fax 2675987, www.hotelbona.com.pl

- **Felix (4),** os. Złota Jesień 15b, Tel. 6491331, Fax 6480602, www.puhit.com.pl
- **Florian (4),** ul. Czerwony Prądnik 19, Tel. 4133737, Fax 4136868, www.hotel-florian.pl
- **Kontrast (4),** ul. Forteczna 22, Tel. 2623050, Fax 2623052, E-Mail: res@hotel-kontrast.pl
- **Krakus (4),** ul. Nowohucka 35, Tel. 6520202, Fax 6565478, www.hotel-krakus.com.pl
- **Petrus (4),** ul. Pietrusińskiego 12, Tel. 2692946, Fax 2692937, www.petrus.net.pl
- **Rokk (4),** ul. Rzemieślnicza, Tel./Fax 2691566, www.rokk.pro.onet.pl
- **System (4),** Al. 29 Listopada 189, Tel./Fax 6340508, www.hotelsystem.pl

1-Stern-Hotels

- **Alf (3),** ul. Klimeckiego 24, Tel. 6561942, Fax 5651355, www.hotelalf.pl
- **Perła (4),** ul. Zakopiańska 180b, Tel./Fax 2674027, www.hotelperla.com.pl

Pensionen

- **Wrona (3),** ul. Piwna 7, Tel. 6563292, Fax 2630761, www.pensionatwrona.krakow.pl
- **PTHU « Trans-Express » (3),** ul. Montwiłła Mireckiego 71, Tel./Fax 2663520, www.pensjonat.bis.pl

- **Daisy (3),** ul. Morelowa 26a, Tel. 4252797, Fax 4253169, www.pensjonat.jrp.pl
- **Dom Kultury Kolejarza (2),** ul. św. Filipa 6, Tel. 6243363, Fax 6345950, www.pkp.krakow.pl/ktk
- **Voyage (4),** ul. Szeroka 7/8 (Kazimierz), Tel. 4310451, Fax 4310442, www.voyage.travel.pl
- **Finger (3),** ul. Warszawska 18, Tel. 4234024, Fax 6341016, www.finger.krakow.pl
- **Tournet (4),** ul. Miodowa 7 (Kazimierz), Tel. 2920088, Fax 2920089, www.nocleg.krakow.pl
- **Monica (4),** ul. Langiewicza 6, Tel. 4138480, Fax 4127739, www.hotelmonika.w.pl

Universitätshotels
(Hotele uniwersyteckie)

- **Pokoje gościnne *,** ul. Floriańska 49, Tel. 4291787, Fax 4211225.
- **Bursa,** ul. Garbarska 7, Tel. 4223008, Fax 4226766.
- **Instytut Polonijny,** ul. Jodłowa 13 (Przegorzały), Tel. 4299211, Fax 4299351. Ohne Frühstück.

Studentenhotels
(Hotele studenckie)

- **Bydgoska,** ul. Bydgoska 19, Tel. 6374433, www.hotele.studenckie.pl
- **Nawojka,** ul. Reymonta 11, Tel. 6335205, Fax 6335548, www.nawojka.bratniak.krakow.pl.
- **Piast,** ul. Piastowska 47, Tel. 6223300, Fax 6372176, www.piast.bratniak.krakow.pl.
- #fehlt ein Buchstabe?#**żaczek,** Al. 3 Maja 5, Tel. 6335477, Tel./Fax 6331914, www.hotele.studenckie.pl.

Touristenherbergen

- **Alf,** ul Klimeckiego 24, Tel. 6561942, Fax 5651355.

Krakauer Weihnachtskrippen *(Szopki Krakowskie)*

Die Weihnachtskrippen aus Krakau entstammen der Tradition der Weihnachtsaufführungen, die im Laufe der Jahrhunderte vielfältige Wandlungen erfahren haben. Gegen Ende des 13. Jh. wurden sie vom Franziskanerorden nach Polen gebracht. Diese Aufführungen fanden in den Kirchen statt. Die Bühne bestand aus einer südländischen Landschaft mit statischen Figuren, die Maria, Josef, das Jesuskind und Tiere darstellten und zu Texten und Liedern bewegt wurden.

Im 14./15. Jh. entstanden Weihnachtsbühnen mit beweglichen Marionetten, die die Geschichte der Geburt Jesu erzählten.

Im 18. Jh. bekam die Weihnachtskrippe den Charakter eines Volksspiels. Tradition und Probleme der Bevölkerung wurden in den neuen Stücken verarbeitet, mit denen die Puppenschauspieler in die Dorf- und Kleinstadtkirchen zogen.

Ende des 18. Jh. entstand eine neue Art der Weihnachtskrippen. Sie besaßen oft eine originelle Architektur, doch meistens stellten sie jetzt statt der südländischen Landschaft den Eingang einer Kirche dar. Diese Form der Krippen entwickelte sich, weil die Kirchenoberhäupter das Weihnachtsspiel in den Kirchen verboten. So mussten die Weihnachtsspieler vor die Fassaden der Gotteshäuser ziehen, und die Krippenbauer zogen einfach mit.

Der Bau von Weihnachtskrippen nahm besonders in Krakau sehr ausgeprägte Formen an. Den Schöpfern fehlte es nie an Anregungen, denn die Vielfalt der Krakauer Kirchen, Schlösser und anderer Gebäude bot genug Stoff für immer neue Ideen.

Neben der Architektur der Krippen spielte auch die Bühne mit ihren sprechenden

022kr Foto: cr

023kr Foto: cr

Marionetten eine sehr wichtige Rolle. Die Texte waren meistens witzig, politisch und mit satirischem Spott vermischt. Es entstanden immer wieder neue, und bald bildeten sie eine umfangreiche Textsammlung.

Gegen Ende des 19. Jh. bis in die ersten Jahre des 20. Jh. wurden die Weihnachtskrippen vor allem von Maurern gebaut, die ihren eigentlichen Beruf nur in den Sommermonaten ausüben konnten. Im Winter bauten sie ganze Serien von Krippen und verkauften sie vor Weihnachten auf dem Markt vor den Tuchhallen. Die größeren Krippen (bis zu zwei Meter hoch) trugen sie bei Weihnachtsprozessionen, welche am Heiligabend stattfanden. Bunt, glänzend, mit Gold- und Silberpapier und farbenprächtigen Glasfenstern geschmückt, bildeten sie einzigartige Meisterwerke der Weihnachtskunst.

Während des Ersten Weltkrieges wurden die Weihnachtsspiele verboten. Die österreichische Regierung befürchtete, dass die vorgetragenen Texte Kritik an ihrer Herrschaft beinhalten könnten.

Aber auch nach dem Ersten Weltkrieg wurde die Tradition der Weihnachtskrippen nicht wiederbelebt. Der Konkurrenz von Theater, Kino und Kabarett konnten sie nicht standhalten.

Erst 1937 und 1938 fanden auf Initiative der Krakauer Akademiker die ersten Wettbewerbe der Weihnachtskrippenbauer statt.

Der Zweite Weltkrieg stoppte erneut die Veranstaltungen und erst im Jahre 1947 konnte die Krakauer Tradition einen festen Platz in dem Veranstaltungskalender der Stadt einnehmen. Seither ist das Bauen von Weihnachtskrippen wieder zu einer Beschäftigung quer durch alle Bevölkerungsschichten geworden. In vielen Familien wurde diese Kunst von Generation zu Generation weitergegeben.

Heute werden die Wettbewerbe jährlich am ersten Donnerstag im Dezember vor dem Historischen Museum der Stadt Krakau abgehalten. Die Krippen können im Dezember vor dem Mickiewicz-Denkmal bewundert werden oder nach der Weihnachtszeit zwei bis drei Wochen im Historischen Museum. Wer im Sommer nach Krakau kommt, muss auf die Originale nicht verzichten, denn mehrere der alten Krippen sind in einer Stammausstellung des Ethnographischen Museums (Pl. Wolnica) zu besichtigen.

Heute werden die Weihnachtskrippen zunehmend von der Technik beherrscht: Glockenspiele, Spieldosen, aufwendige Beleuchtungen und Bewegungsmechanismen werden eingebaut.

Szopki Krakowskie entwickelten sich zu einer eigenständigen und typischen Kunst für diese Region. Zur Weihnachtszeit bilden sie eine sehenswerte Attraktion.

024kr Foto: cr

Die Weihnachtskrippen von 1980

- **Czyżyny,** ul. Centralna 32, Tel. 6446700, Fax 6436566, www.czyzyny.pl
- **Junior-Krakus,** ul Nowohucka 33, Tel. 6560229, Fax 5665478, www.turystyka-krakus.pl
- **Lipsk,** os. Albertyńskie 1-2, Tel. 6483789, Fax 6482004, www.hotellipsk.com.pl
- **Retro,** ul. Barska 59, Tel. 2660708, Fax 2693584, www.retrohotell.republika.pl

Jugendherbergen

- **PTSM,** ul. Orlandry 4, Tel. 6338822, www.smkrakow.pl, zentrumsnah
- **Szkolne PTSM,** ul. Grochowa 21, Tel./Fax 6532432, www.ssm.com.pl, zentrumsnah
- **Strawberry Youth Hostel,** ul. Racławicka 9, Tel. 2945363, nur in den Sommermonaten geöffnet, zentrumsnah gelegen
- **Sindbad,** ul. Skotnicka 272, Tel. 2624219, Fax.2624204, www.junior.sindbad.krakow, modernes Haus am Stadtrand

Camping

- **Krak,** ul. Radzikowska 99, Tel. 012 6372122, Fax 012 6372532. Für Rollstuhlfahrer geeignet, geöffnet vom 1.5. bis 30.9.
- **Krakowianka,** ul. Żywiecka Boczna 2, Tel. 4664191, 012 2681133, Tel./Fax 012 2681417, Für Rollstuhlfahrer geeignet, geöffnet vom 1.5.-30.9.. Man kann kleine Campinghäuschen mieten (rechtzeitige Voranmeldung); 6 km bis zur Krakauer Altstadt.
- **Smok,** ul. Kamedulska 18, Tel. 4210255, 012 4297266. Für Rollstuhlfahrer geeignet, ganzjährig geöffnet, deutschsprachige Rezeption; 4 km bis zur Krakauer Altstadt.
- **Korona,** 32-031 Gaj (3km südlich von Krakau), Tel./Fax 012 2701318. Geöffnet vom 1.5.-30.9., 10 km bis zur Krakauer Altstadt; gute Bewertung vom ADAC Campingführer.

Clepardia, 31-223 Krakau, ul. Mackiewicza 14, Tel. 012 4151674, Fax 012 6378063. Geöffnet vom 20.4.-30.9., man kann Campinghäuschen mieten (rechtzeitige Voranmeldung); 3 km bis zur Altstadt.

Versicherungen

Reisekrankenversicherung

Da Polen nicht zu den europäischen Ländern gehört, in denen die gesetzlichen Krankenkassen Deutschlands einen Versicherungsschutz gewährleisten, ist es ratsam, für einen zusätzlichen Krankenversicherungsschutz zu sorgen. Reisebüros bieten günstige Versicherungspakete an (siehe auch Kapitel „Medizinische Versorgung").

Reisegepäckversicherung

Eine Gepäckversicherung wäre zwar sinnvoll, da besonders Touristen willkommene Diebstahlopfer sind, aber die Bedingungen der Versicherungen verschärfen sich zunehmend. Vor dem Abschluss muss man sich im Detail über die Klauseln informieren. Durch die zahlreichen Ausnahmeregelungen sind beispielsweise wertvolle Gegenstände häufig nur zu 50 % versichert und dann nur zu bestimmten Zeiten und unter bestimmten Umständen.

Diese Versicherungen können im Reisebüro einzeln oder als Paket mit weiteren Versicherungen zusammen abgeschlossen werden.

Autoversicherung

Für die Einreise nach Polen mit dem PKW benötigt man die **Internationale Grüne Versicherungskarte,** nach der an der Grenze häufig gefragt wird und die einem im Schadensfall eine Menge Ärger ersparen kann. Die Autodiebstahlversicherung der Reisebüros ist wegen ihrer engen Auflagen nicht gerade empfehlenswert. Viele Versicherungsunternehmen oder Automobilklubs bieten eine Erweiterung der Autohaftpflicht an, die im Falle eines Schadens oder Diebstahls umfassende Hilfen leistet. Ein solcher **Auslandsschutzbrief** garantiert den Rücktransport im Falle eines Autodiebstahls, den Abschleppdienst oder Ersatzteillieferungen bei einem Unfall oder einer Panne. Da man im Falle eines Unfalls selbst dafür sorgen muss, seinen Wagen zurückzuführen und dabei sehr hohe Kosten entstehen (bei Totalschaden z. B. für die Verschrottung!), empfiehlt sich diese Zusatzversicherung.

026kr Foto: cr

027wa Foto: kj

Polen im Überblick

028wa Foto: kj

029wa Foto: kj

Die Heiligen spielen im Land des Papstes eine große Rolle

Blick auf den Sejm, das polnische Parlament

Zu Stein erstarrt, beobachtet der Kaderschüler den Umbau des Landes

030wa Foto: kj

Polen im Überblick

Das Land

Das Land, in dem knapp 39 Mio. Menschen leben, ist in 16 Woiwodschaften (Verwaltungsbezirke) unterteilt. Die größten Städte sind Warszawa (Warschau) mit ca. 1,7 Mio. Einwohnern, Łódź mit 820.000 und die Dreistadt Gdynia/Sopot/Gdańsk (Gdynia/Zoppot/Danzig) mit 800.000, Kraków (Krakau) mit 750.000, Wroclaw (Breslau) mit 660.000, Poznań (Posen) mit 600.000 und Szczecin (Stettin) mit 420.000 Einwohnern. Zwischen 3 und 4 % der Bevölkerung zählen zu nichtpolnischen Minderheiten, von denen die deutsche Gruppe die größte ist (ca. 500.000, es werden aber auch bis zu einer Million geschätzt).

Das Staatsgebiet der Republik Polen beläuft sich auf 312.685 qkm. Nachbarn sind von Nordost nach Nordwest im Uhrzeigersinn: Russland, Litauen, Weißrussland, die Ukraine, die Slowakei, Tschechien und Deutschland.

Aufbau des Staates

Am 30. Dezember 1989 ist mit der Reformnovelle zur polnischen Verfassung der alte Name „Volksrepublik Polen" in Republik Polen umgeändert worden. Der weiße Adler auf rotem Grund im Staatswappen bekam seine angestammte Krone zurück. Nach dem Zweiten Weltkrieg hatte man sie ihm einfach fortgenommen. In farbigen Abbildungen ist das Staatswappen bereits seit 1241 bekannt. Der Adler stammt sogar schon von 1228. *Fürst Leszek der Weiße* soll ihn als erster im Siegel verwendet haben. Die Farben rot und weiß (oder auch silber) tauchen ebenfalls zuerst im 13. Jh. auf, als Zeichen der Militärs. Rot und weiß sind auch die Farben der Nationalflagge, die Polen seit der Gründung der Zweiten Republik 1918 hisst.

Die **Nationalhymne** „Polen gehört uns immer noch auf ewig" geht aus einer Dichtung *Józef Wybickis* (1747–1822) hervor, die polnische Soldaten während der Teilungszeit Polens in Italien erstmals anstimmten: „Noch ist Polen nicht verloren, solange wir leben. Was uns die fremde Übermacht genommen hat, holen wir mit dem Schwert zurück." Auch die Melodie, nimmt man an, stammt aus der Feder Wybickis.

Am 17. Oktober 1992 trat die neue **Verfassung** in Kraft. Seitdem ist Polen ein demokratischer Rechtsstaat. Die Legislative besteht aus einem Zweikammer-Parlament: dem Sejm mit 460 Abgeordneten und dem Senat mit 100 Mitgliedern. Als höchste gesetzgebende Instanz wird der Sejm vom Volk für vier Jahre in freien und geheimen Wahlen gewählt. Er beruft und entlässt den Ministerrat (Regierung). Der Ministerrat unter Leitung des Ministerpräsidenten ist das oberste Organ der Exekutive und dem Sejm gegenüber verantwortlich.

Staatsoberhaupt Polens ist der für eine Amtszeit von sechs Jahren direkt vom Volk gewählte Staatspräsident.

Text: Kristine Jaath

Ein stolzer Vogel:
der Adler im Staatswappen

Geschichte

966 - Mit der Taufe von *Fürst Mieszko I.* und der Vereinigung mehrerer Stämme wird das Land Polen von der deutschen Kirchenmonarchie unabhänig.
1024 - *Bolesław Chrobry* (der Tapfere) wird zum ersten König von Polen gekrönt.
1226 - *Herzog Konrad Mazowiecki* erbittet bei den Kreuzrittern Hilfe für den Kampf gegen die Pruzzen, die bald einen Staat bilden, der Polen bedroht.
1309 - Der Bau der Marienburg beginnt, und damit die Festigung des Ordensstaates der Kreuzritter.
1320 - Nach der Vereinigung der meisten polnischen Gebiete wird *Władysław Łokietek* (Ellenlang) in Krakau gekrönt.
1386 - *Władysław Jagiełło,* der Großherzog von Litauen, wird zum polnischen König gekrönt. Durch seine Vermählung mit *Jadwiga* entsteht eine Union zwischen den Polen und Litauen.
1410 - Sieg über den Deutschen Ritterorden in der Schlacht bei Tannenberg (Grunwald).
1493 - Erste Sejmsitzung (Reichstag).
1505 - Der Sejm beschließt eine Verfassung, die auf den Grundlagen der Adelsdemokratie beruht. Neben dem König ist der Sejm das höchste Machtorgan des Staates.
1552 - Beschluss des Sejms über die Glaubensfreiheit.
1573 - Die erste freie Königswahl und der Beginn der wirtschaftlichen und politischen Krise in Folge der Schwächung der Königsmacht und des wachsenden Einflusses des Hochadels.
1606 - Niedergang der Reformation in Polen.
1652 - Die Einführung des „Liberum-Veto"-Rechts. „Liberum Veto" bedeutet „Freies Wort". Dieses Wort gab einem Abgeordneten die Macht, einen Sejm-Beschluss abzulehen (Veto). Um ein Gesetz herauszubringen, mussten **alle** Abgeordneten ihre Zustimmung geben.
1655 - Der Schwedenüberfall (*Potop* - Die Sintflut) verwüstet das Land und trägt zum Niedergang der Städte bei.
1683 - *Jan III. Sobieski* schlägt vor Wien mit Deutschen und Österreichern den Vormarsch der Türken zurück.
1697 - *Friedrich August von Sachsen* wird polnischer König. Beginn des politischen und wirtschaftlichen Chaos. Wegen des „Veto"-Rechts kommt kein Beschluss mehr zustande. Das führt zur Abhängigkeit Polens von den stärkeren Nachbarn. Es beginnen Auseinandersetzungen zwischen dem Königshaus und dem Adel.
1764 - *Stanisław August Poniatowski* ist der letzte polnische König.
1772 - Die erste Teilung Polens. Teilungsmächte waren Preußen, Russland und Österreich.
1791 - Die Konstitution des 3. Mai. Hier werden die altpolnischen Regierungsformen aufgehoben. Schutz der Bauern und Zulassung des Adels zur Regierung wird beschlossen.
1793 - Eine Intervention der benachbarten-Großmächte zieht die zweite Teilung Polens mit sich, vollzogen von den Teilungsmächten Preußen und Russland.
1795 - Niederschlagung des Aufstandes gegen die Besatzungsmächte unter *Tadeusz Kościuszko* und dritte Teilung Polens. Polen verschwindet von der Europakarte.
1807 - Nach dem siegreichen Kriegszug Napoleons gegen die Preußen wird aus einem Teil der polnischen Gebiete das Großherzogtum Warschau gebildet.
1815 - Der Wiener Kongress macht das Großherzogtum Warschau zum Königreich Polen. Die Macht und Herrschaft bleibt jedoch beim russischen Zaren. Beginn der Germanisierung und Russifizierung.
1914 - Erster Weltkrieg. Jahrelange Kämpfe verwüsten das Land.
1918 - Entstehung eines unabhängigen polnischen Staates.
1920 - Danzig wird „Freie Stadt".
1924 - Einführung des „Złoty".
1934 - Deutsch-polnischer Nichtangriffspakt wird unterschrieben.
1939 - Der Zweite Weltkrieg. Einmarsch der deutschen Truppen. Ende September werden die polnischen Ostgebiete von der Sowjetunion besetzt, der Rest des Landes steht unter deutscher Besatzung.
1945 - Entstehung der Volksrepublik Polen mit einer provisorischen Regierung.

Die Teilungen Polens (1764–1795)

Die **drei Teilungen Polens** bestimmen noch heute das Geschichtsbild und Nationalbewusstsein vieler Polen. Die Teilungsmächte Österreich, Preußen und Russland eigneten sich nicht nur ohne jede historische oder völkerrechtliche Legitimation Gebiete an, sondern lösten ein Staatswesen auf, das in den zwei Jahrzehnten zuvor durch vorsichtige Reformen versucht hatte, sich als Staat zu konsolidieren.

Innenpolitische Instabilität und Unregierbarkeit kennzeichnen das Polen des 17. Jh. Die polnischen Könige mussten sich dem Willen der „Magnaten" – der adeligen Ländereibesitzer – beugen. Durch das Liberum Veto – Vetorecht – sicherten sich diese die Einflussnahme im Sejm (Reichstag) auch dann, wenn nur Einzelinteressen tangiert waren. Mit dem Veto konnten auch bereits ausgehandelte Beschlüsse „zerrissen" werden. Die staatliche Macht fiel an die „Familien-Republiken", die untereinander sehr zerstritten waren und durch wechselnde Allianzen mit den Aufteilungsmächten diesen die Durchsetzung ihrer Interessen in Polen ermöglichten. So scheinen die Auseinandersetzungen um die Thronfolgen häufiger außerhalb Polens stattgefunden zu haben, während das Territorium Polen als militärisches Operationsgebiet und Munitionslager der Großmächte diente.

Noch mit russischer Unterstützung gelangte 1764 *Stanisław August Poniatowski* auf den Thron. Sowohl er als auch die Fraktion der *Czartoryski-Magnatenfamilie* drängten auf Reformen. Es gelang ihnen, die alte Verfassung zu unterlaufen, das *Liberum Veto* auszuschließen und nötige Kommissionen u. A. für das Finanz- und Heerwesen einzusetzen.

Die Großmächte waren aber an einem schwachen Polen interessiert. Besonders Russland bediente sich dabei geschickt des Konfessionsproblems. Die im 16. Jh. herrschende Toleranz gegenüber anderen Konfessionen in Polen schlug im 18. Jh. in eine zunehmende Diskriminierung der orthodoxen Katholiken, Protestanten und Juden um. 1768 diktierte Russland die Unterzeichnung des „Ewigen Vertrages", der neben dem To-

1955 – Gründung des Warschauer Paktes.

Juni 1956 – Posener Aufstand; im Vordergrund stehen Lohn- und Normfragen, aber auch Verbitterung und Wut über die stalinistische Unterdrückung bricht sich in diesen Tagen Bahn. Blutige Auseinandersetzungen beenden diesen Aufstand.

Oktober 1956 – *Gomułka* wird zum Parteichef gewählt. Er hebt die Zwangskollektivierung der Landwirtschaft auf und bemüht sich um einen politischen Weg zum Sozialismus, d. h. um Souveränität und Unabhängigkeit Polens gegenüber der Sowjetunion. Freilassung des seit 1953 in Haft sitzenden Kardinals der katholischen Kirche *S. Wyszyński;* dennoch Einschränkungen im kulturellen und politischen Bereich.

1968 – Studentendemonstrationen für politische und kulturelle Freiheit, die von der Regierung zu einer antisemitischen Hetzkampagne umgedeutet wurden.

Dezember 1970 – Unruhen mit blutigem Ausgang in Danzig, Gdingen und Stettin. Sturz *Gomułkas.*

7. Dezember 1970 – Unterzeichnung des Abkommens über die Normalisierung der deutsch-polnischen Beziehung.

Januar 1971 – Ausbruch von Streiks, wobei der Anlass die Erhöhung von Lebensmittelpreisen ist. Außerdem fordern die Arbeiter lerierungsgebot das *Liberum Veto* wieder einführte und die Reformen beschnitt. Kämpfe zwischen der Katholischen Konföderation und russischen Truppen stürzten das Land für vier Jahre ins Chaos. Österreich und Preußen befürchteten weitere militärische Verwicklungen und auf Betreiben *Friedrichs II.* kam es 1772 zum **ersten Teilungsvertrag** zwischen Österreich, Preußen u. Russland, von dem besonders Preußen profitierte.

Polen war noch immer ein großer Staat. Ungeachtet des Drucks, besonders durch Russland und die polnischen Magnaten, die um den Rückgewinn ihres Einflusses rangen, arbeitete die *Fraktion der Potockis* (der Patrioten) und die „Königspartei" an Reformen, die erstmalig die polnische Nation als Ganzes im Blick hatten. Mit Hilfe eines Überraschungsbeschlusses wurden am 3.3.1791 die Reformen als erste geschriebene Verfassung Europas durchgesetzt. Russische Truppen marschierten alsbald ein, denn *Katharina II.* war nicht bereit, die „französische Pest" an der Weichsel zu dulden. Im September 1793 wurden in „stummer Sitzung" die Abtretungsverträge an Russland u. Preußen ratifiziert. Die **zweite Teilung** war perfekt.

Die Rücknahme aller Reformen und besonders die drastische Reduzierung der polnischen Truppen stieß auf heftige Gegenwehr. Als auf Hilfe durch das revolutionäre Frankreich nicht mehr zu hoffen war, formierten sich Aufständische in Krakau, Warschau, Chełmn und Wilna. Besondere Moral- und Nationalbewusstsein bildende Wirkung erzielte in Krakau der polnische General *Tadeusz Kościuszko*, der den Aufstand als Volkserhebung ausrief. Als selbst ernannter Diktator, bis zur Übergabe der Gewalt an einen frei gewählten Reichstag, gelang ihm und einem Aufgebot von sensenbewaffneten Bauern am 4. April bei Racławice der Sieg über eine russische Abteilung. Eine Weile konnte er auch das von Preußen belagerte Warschau verteidigen. Am 10. Oktober wurden er und die Aufständischen schließlich bei Maciejowice geschlagen.

Kościuszko ging in russische Gefangenschaft, Warschau kapitulierte einen Monat später. Mit der **dritten Teilung** am 3.10.1795 war der „große Raub" vollendet und Polen wieder einmal von der Landkarte verschwunden.

freie demokratische Wahlen in der Gewerkschaft und in den Jugendorganisationen.

1971 – *Edward Gierek* wird neuer Parteichef. Er verspricht Reformen und die Öffnung des Landes gegenüber dem westlichen Europa.

1971–1975 – Staatliche Investitionen bringen wirtschaftliches Wachstum. Gleichzeitig führen Fehlplanung, Misswirtschaft und Korruption zu Auslandsschulden.

1976 – Eine Erhöhung der Preise für Grundnahrungsmittel (durchschnittlich um 60 %) wird angekündigt. Proteste der Arbeitnehmer. Die Regierung nimmt die Preiserhöhung zurück, gleichzeitig ordnet sie die Festnahme der Streikführer an.

1978 – Der Kardinal von Krakau, *Karol Wojtyła*, wird als Johannes Paul II. zum Papst gewählt. Dieses Ereignis steigert das Selbstbewusstsein der Bevölkerung.

Juni 1980 – Tiefe wirtschaftliche Krise. Erneute Preiserhöhung für die ohnehin kaum vorhandenen Lebensmittel.

August 1980 – Streiks der Hafenarbeiter in Danzig.

31. August 1980 – Unterzeichnung eines Abkommens zwischen dem Streikkomitee und Vertretern der polnischen Regierung, das die Freilassung der politischen Gefangenen, unabhängige Gewerkschaften, Meinungsfreiheit und Streikrecht garantiert und

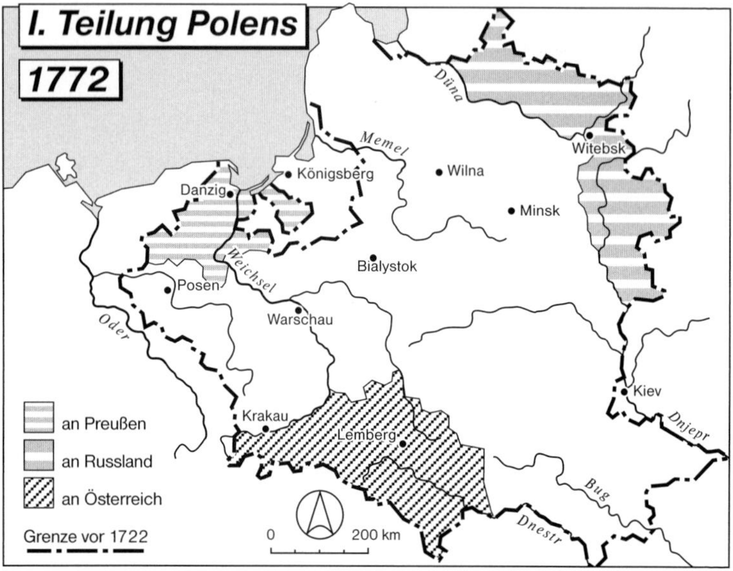
I. Teilung Polens
1772
Düna
Memel
Witebsk
Königsberg
Wilna
Danzig
Minsk
Weichsel
Bialystok
Posen
Oder
Warschau
Kiev
Krakau
Dnjepr
an Preußen
Lemberg
an Russland
Bug
an Österreich
Dnestr
0
200 km
Grenze vor 1722

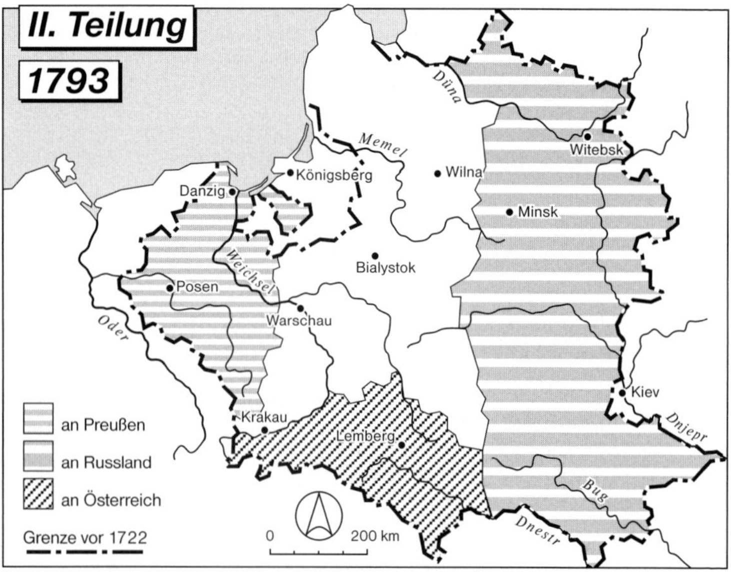
II. Teilung
1793
Düna
Memel
Witebsk
Königsberg
Wilna
Danzig
Minsk
Weichsel
Bialystok
Posen
Oder
Warschau
Kiev
Krakau
Dnjepr
an Preußen
Lemberg
an Russland
Bug
an Österreich
Dnestr
0
200 km
Grenze vor 1722

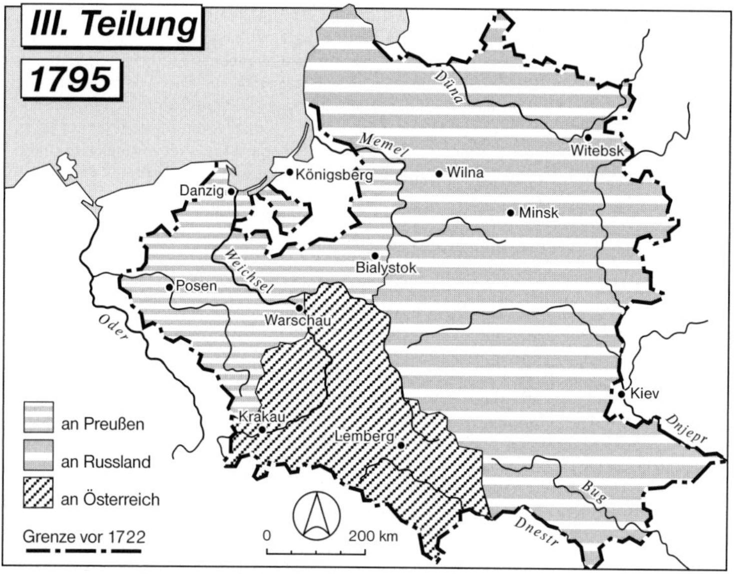
III. Teilung
1795
Düna
Memel
Witebsk
Königsberg
Wilna
Danzig
Minsk
Weichsel
Bialystok
Posen
Warschau
Oder
Kiev
Dnjepr
Krakau
an Preußen
Lemberg
an Russland
Bug
an Österreich
Grenze vor 1722
0
200 km
Dnestr

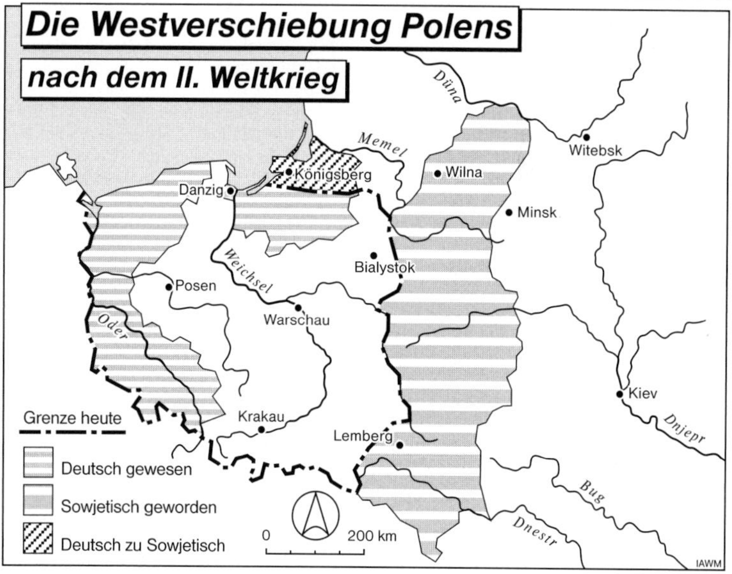
Die Westverschiebung Polens
nach dem II. Weltkrieg
Düna
Memel
Witebsk
Königsberg
Wilna
Danzig
Minsk
Weichsel
Bialystok
Posen
Warschau
Oder
Kiev
Grenze heute
Krakau
Dnjepr
Lemberg
Deutsch gewesen
Bug
Sowjetisch geworden
0
200 km
Dnestr
Deutsch zu Sowjetisch
IAWM

soziale Verbesserungen sowie Wirtschaftsreformen ermöglichen soll. Die Arbeiter werden von Seiten der Intelligenz, der Bauern und der katholischen Kirche unterstützt. Gründung der freien Gewerkschaft Solidarność durch den Arbeiterführer *Lech Wałęsa. Stanisław Kania* wird neuer Parteichef. Daraufhin Aufmarsch der sowjetischen Armee an der polnischen Grenze.

13. Dezember 1981 – Verhängung des Kriegsrechts. Verbot der Gewerkschaft Solidarność; daraufhin Unruhen im Land; Verfolgung und Unterdrückung der Anhänger der Solidarność; Verschlechterung des Lebensstandards. Wirtschaftlicher und politischer Niedergang Polens. Die Kirche wird zum politischen Ventil der Bevölkerung.

Juli 1983 – Aufhebung des Kriegsrechts.

19. Oktober 1984 – Ermordung des Priesters *Jerzy Popiełuszko* durch den Geheimdienst. Dieser Mord ist der Anlass zu Demonstrationen und Protestaktionen der Bevölkerung gegen die Regierung. Der Tote wird zum Symbol des unterdrückten Landes und sein Grab zum Wallfahrtsort.

1988 – Erneute Erhöhung der Lebensmittelpreise. Unzufriedenheit und Radikalismus wächst in breiten Kreisen der Bevölkerung.

6. Februar 1989 – Verhandlungen am Runden Tisch zwischen Regierungsvertretern *(General Kiszczak)* und Vertretern der verbotenen Solidarność *(Lech Wałęsa* und die Bürgerrechtler *Adam Michnik* und *Jacek Kuroń).* Es werden Wirtschaftsreformen ein Wahlsystem mit freien Wahlen beschlossen.

4. Juni 1989 – Erste freie Wahlen mit Erfolgen für die Partei Solidarność.

Juli 1989 – *Jaruzelski* wird zum Staatspräsidenten ernannt

24. August 1989 – *Tadeusz Mazowiecki,* der katholische Publizist und Chefredakteur der Wochenzeitung *Tygodnik Solidarność* wird Ministerpräsident und somit der erste nichtkommunistische Regierungschef des damaligen Ostblocks.

Polen steht vor dem wirtschaftlichen Ruin. Die Inflationsraten betragen mehrere hundert Prozent. Die Auslandsschulden erreichen die 40-Milliarden-Dollargrenze.

Dezember 1989 – Der *Barcelowicz-Plan* wird beschlossen. Zu seinen Hauptpunkten gehören die Stabilisierung der Preise und der Währung, der Übergang vom planwirtschaftlichen zum marktwirtschaftlichen System.

November 1990 – Die wiedervereinigte Bundesrepublik Deutschland schließt mit Polen den Deutsch-Polnischen-Grenzvertrag ab, in dem die Oder-Neiße-Linie endgültig als deutsch-polnische Grenze anerkannt wird.

25. November 1990 – *Lech Wałęsa* gewinnt die Präsidentschaftswahlen mit knapp 75 % der Stimmen. Mazowiecki tritt als Ministerpräsident zurück, da es erhebliche Meinungsverschiedenheiten zwischen ihm und *Wałęsa* über die Wege gibt, die Wirtschaftskrise zu überwinden.

1991 – Polen wird Mitglied des Europarates.

Januar 1991 – Der neue Ministerpräsident *Krysztof Bielecki* führt die von Mazowiecki eingeleiteten Reformen fort.

Oktober 1991 – Parlamentswahlen. Es werden 29 Parteien in den Sejm (Unterhaus mit 460 Abgeordneten) gewählt. Stärkste Partei mit 13,4 Prozent ist die Demokratische Union (DU). Die Solidarność ist zersplittert.

September 1993 – Vorgezogene Neuwahlen. Dank einer 5 %-Klausel sind im Sejm nur noch 8 Parteien vertreten. Stärkste Fraktion wird das Bündnis der Demokratischen Linken (SLD) mit 171 der insgesamt 460 Sitze, gefolgt von der Bauernpartei (PSL) mit 132 Sitzen und der DU mit 74 Sitzen. Die Solidarność ist nicht mehr vertreten. *Waldemar Pawlak* (PSL) wird Regierungschef der SLD/PSL-Koalition.

Ende 1994 – Staatskrise durch einen Konfrontationskurs *Lech Wałęsas* gegen Regierung und Sejm in der Frage der marktwirtschaftlichen Orientierung. Daraus folgt ein Misstrauensvotum gegen Pawlak und im März 1995 die Wahl *Józef Oleksys* (SLD) zum neuen Ministerpräsidenten.

1. Januar 1995 – Die polnische Währungsreform tritt in Kraft. Vom alten Złoty werden vier Nullen gestrichen.

November 1995 – Wahl des postkommunistischen Kandidaten *Aleksander Kwaśniewski* zum polnischen Staatspräsidenten.

Februar 1996 – *Wlodzimierz Cimoszewicz* (SLD) wird neuer Ministerpräsident, nachdem *Oleksy* aufgrund einer Behauptung von

Wałęsa, Oleksy habe für den sowjetischen Geheimdienst gearbeitet, zurücktreten muss. Dies stellt sich später als unwahr heraus.

25. Mai 1997 – Die neue Verfassung tritt in Kraft. Sie sieht eine schwächere Stellung des Präsidenten zugunsten von Parlament und Regierung vor und legt den Staat auf Demokratie und soziale Marktwirtschaft fest.

September 1997 – Parlament- Parlamentswahlen, aus denen die Wahlaktion Solidarność (AWS), ein Bündnis aus 3 Dutzend Gruppen der politisch Rechten, mit 201 Mandaten als stärkste Kraft hervorgeht.

31. Oktober 1997 – Das Mitte-Rechts-Bündnis mit dem neuen Ministerpräsidenten *Jerzy Buzek* übernimmt die Regierung.

März 1999 – Polen wird Mitglied der NATO.

2000 – Krakau erhält neben acht anderen europäischen Städten den Titel „Europäische Kulturstadt".

Oktober 2000 – *Aleksander Kwaśniewski* wird erneut mit großer Mehrheit zum Staatspräsidenten gewählt.

23. September 2001 – Parlamentswahlen: Das Linksbündnis aus der SLD und der UP (Union der Arbeit) gewinnt mit 216 Mandaten die Wahlen. Die AWS verfehlt den Wiedereinzug ins Parlament.

19. Oktober 2001 – *Lesczek Miller* wird als neuer Ministerpräsident vereidigt. Die Koalition aus SLD, UP und PSC (Bauernpartei) verfügt über 258 von 460 Parlamentssitzen.

16. April 2003 – Polens jahrelangen Bemühungen, Mitglied der EU zu werden, tragen Früchte: An diesem Tag wird das EU-Beitrittsabkommen offiziell von den bisherigen EU-Staaten und den Neumitgliedern, zu denen auch Polen gehört, in Athen unterzeichnet. Polen ist das größte der 10 mittel- und osteuropäischen Länder, die die EU im Jahr 2004 erweitern sollen.

013wa Foto: kj

High noon: Wahlplakat der Solidarność

8. Juni 2003 – Die Volksabstimmung über den EU-Beitritt in Polen ergibt bei einer Wahlbeteiligung von fast 59 % eine große Zustimmung (über 77 %) für die EU-Mitgliedschaft.

Mai 2004 – Voraussichtlicher Termin zum EU-Beitritt.

2008/2009 – Geplante Währungsumstellung vom Złoty zum Euro.

Bevölkerung

Die Polen lieben ihre Freiheit über alles. Das haben sie die letzten Jahrhunderte immer wieder bewiesen, und das erklärt auch ihren Umgang mit aktuellen und alltäglichen Problemen. So wehrten sich beispielsweise die Warschauer Geschäftsleute in der Altstadt 1994 erfolgreich gegen die Schutzgelderpressungen der polnischen Mafia. Sie beschlossen gemeinsam, sämtliche Restaurants, Cafés, Bars, Geschäfte und Museen solange nicht zu öffnen, bis die Polizei ihre Präsenz in der Altstadt erhöht. Nachdem die Warschauer und die Touristen über mehrere Tage eine ausgestorbene Altstadt vorgefunden hatten, wurde der geforderte Polizeischutz gewährt.

Bei einem monatlichen Einkommensdurchschnitt von 550 €, Wohnungsknappheit dramatischen Ausmaßes und mit Preisen auf deutschem Niveau versucht jeder, sein kleines Stück Freiheit, so gut es nur geht, zu verteidigen. Die einen suchen es in ihrer Familie, andere in der Kirche und wieder andere im Kapital. Die Zeiten der vereinten Kraft gegen den Staat sind vorbei, jeder sucht seine eigenen Wege, die Vereinzelung der Gesellschaft hat begonnen.

Für die, die nicht durch die vielen kleinen und großen Geschäfte zu Reichtum gelangen – und das ist der überwiegende Teil – sieht es wirtschaftlich und sozial sehr schlecht aus. Die Versorgung ist zwar nun gesichert, nur kann sich der Normalbürger weniger leisten als zuvor. Die meisten sind froh, wenn sie überhaupt satt werden. **550 € Durchschnittseinkommen** reichen bei einer vierköpfigen Familie gerade für die Miete (130–500 € für 50 qm) und für die nötigsten Lebensmittel, denn bis auf wenige Grundnahrungsmittel sind die Preise mit denen in Deutschland zu vergleichen. Ohne das Einkommen des Ehepartners ist das Überleben einer solchen Familie kaum vorstellbar. Und so lebt jede dritte Familie an Rande der Armutsgrenze.

Besonders drastische finanzielle Probleme haben die **Studenten** und die **Rentner.** Mit 200 € Durchschnittsrente ist das Existenzminimum nicht mehr gesichert, und mehr und mehr alte Menschen sind auf die Hilfe ihrer Kinder angewiesen. Man sieht sie mitunter auf den Straßen ihr letztes Hab und Gut verkaufen, um sich davon etwas zu Essen zu kaufen. Die **unzureichende staatliche Krankenversorgung** wird dieser Personengruppe zusätzlich zum Verhängnis, da sie nicht in der Lage ist, die teuren Privatärzte zu bezahlen.

Das Studieren ist ein Luxus geworden, den man sich nur mit Unterstützung der Eltern leisten kann. Es sei denn, man erhält eines der begehrten Wissenschafts- oder Auslandsstipendien durch die vielen Universitätspatenschaften mit dem Ausland.

Die Wohnungsbaugesellschaften sind nach anfänglichem Zögern dazu übergegangen, die Bewohner, die ihre Miete nicht mehr zahlen konnten, kompromisslos auf die Straße zu setzen. Und so wundert es keinen, dass die Zahl der Obdachlosen, die in Polens Städten leben, deutlich gestiegen ist. Armut und Reichtum klaffen weit auseinander.

Im Zuge des allgemeinen Wertewandels brechen auch die Familien auseinander; **1 Mio. alleinstehende Mütter** müssen ums Überleben kämpfen.

Angesichts des Abbaus der Kindergartenplätze und der zunehmenden

032wa Foto: kj

Anna

Anna ist eine 24-jährige Frau. Sie ist gelernte Krankenschwester, verheiratet und hat ein Kind. Damit entspricht sie dem Idealbild vieler polnischer Eltern von ihrer Tochter. Doch was denkt die mittlerweile drei Jahre verheiratete Frau selbst darüber? Was erzählt sie über die Situation der polnischen Frau?

Die alten Wertvorstellungen (verheiratet sein und zwei Kinder haben) verändern sich langsam. Eine alleinstehende Frau mit Kind ist bei der jüngeren Generation vor allem in der Stadt kein Tabu-Thema mehr. „Heute würde ich auch nicht mehr heiraten", sagt Anna. „Auch ein Kind allein zu erziehen, ist für mich kein unangenehmer Gedanke, denn mein Mann ist in der Familie keine Entlastung. Die Männer in Polen werden sehr traditionell erzogen, d. h., sie brauchen nicht zu kochen, sauber zu machen oder Wäsche zu waschen. Dies sind Frauenarbeiten. Auch aus der Kindererziehung halten sie sich heraus. Es ist nicht so, dass sie die Kinder nicht lieben, im Gegenteil. Doch endet ihre Verantwortung für die Sprösslinge damit, dass sie das Geld nach Hause bringen. Somit liegen alle Probleme, die mit Haushalt und Kindererziehung zu tun haben, auf meinen Schultern."

Dies wäre vielleicht kein Problem, wenn Anna nicht zusätzlich auch arbeiten würde. Ihren Beruf als Krankenschwester hat sie gegen einen Job als Verkäuferin in einem 24 Stunden-Supermarkt eingetauscht. Hier arbeitet sie dreimal die Woche und verdient mehr als im Krankenhaus. Dieses Geld braucht die junge Familie, um ihr bescheidenes Leben führen zu können. Sie wohnt in einer 46 qm großen Wohnung zusammen mit Annas Eltern. Das heißt, ein gemeinsames Wohnzimmer, ein Schlafzimmer für das junge Paar und das Kind (ca. 11 qm) und ein Schlafzimmer für die Eltern. Zwei Haushalte teilen sich die 6 qm große Küche. Dieser Zustand ist in den meisten polnischen Familien normal oder sogar als luxuriös zu bezeichnen, denn ein Wohnzimmer kann sich nicht jeder leisten.

„Eine Aussicht auf eine eigene Wohnung haben wir nicht. Ich wage es gar nicht zu träumen, in den nächsten fünf Jahren einen selbstständigen Haushalt führen zu können. Es gibt jede Menge Auseinandersetzungen mit meinen Eltern und dadurch auch mit meinem Mann. Doch die einzige Lösung heißt: sich arrangieren. Eine andere Möglichkeit gibt es nicht."

Wünsche für die Zukunft?

„Keine. Mittlerweile bin ich eine viel zu große Realistin geworden, um noch in eine Traumwelt zu fliehen. Vielleicht noch Gesundheit für das Kind und dass das Geld, welches wir verdienen, für unser Leben reicht."

Knappheit der Berufe mit Teilzeitarbeit vollziehen sie einen Drahtseilakt. Unter diesen Bedingungen leiden aber auch Mütter in intakten Verhältnissen. Sie müssen sich am Familieneinkommen wie eh und je beteiligen, um das Existenzminimum der Familie zu sichern, aber unter weitaus schwierigeren Bedingungen als die Männer, denn neben der beruflichen Tätigkeit sind sie allein für Familie und Haushalt verantwortlich. Wer seine Partnerin bei der Arbeit im Haushalt unterstützt, gilt unter den Polen immer noch als Pantoffelheld. Ihre Freizeit verbringen diese Frauen nach einer offiziellen Studie zwischen 23.30 und 0.42 Uhr.

Und was sagen die Humoristen dazu? „Schatz, ich muss nur noch abwaschen, die Kinder ins Bett bringen, die Wäsche einweichen und dann können wir ins Kino gehen." ruft sie. – „Und wer besorgt die Karten?", fragt er, während er den Kopf von der Zeitung hebt.

Dennoch empfinden die polnischen Frauen den politischen Wandel als Chance. Die neuen Verhältnisse geben ihnen das Gefühl von Unabhängigkeit und Selbstvertrauen. Nur 7 % der berufstätigen Frauen würden nach einer Umfrage vom 2000 auf ihre Arbeit zugunsten der Familie verzichten. Seitdem hat sich nichts geändert. Im Gegenteil: Sie nutzen immer mehr die neu gewonnenen Möglichkeiten der Marktwirtschaft, um international anerkannte Ausbildungen zu absolvieren und Karriere zu machen.

Die wachsende finanzielle Unabhängigkeit vieler Frauen, aber vor allem der allgemeine Wertewandel führte zu weit reichenden sozialen Veränderungen. Vor 15 Jahren war es eine Selbstverständlichkeit, mit Anfang zwanzig zu heiraten und Kinder zu bekommen. Heute lassen sich die Paare mehr Zeit. Erst wenn die Ausbildung beendet ist und man ein wenig Geld gespart hat, wird eine Familie gründet. Die Hochzeit ist dabei nicht mehr zwingend notwendig. Schon über 13 Prozent der Kinder wachsen in nichtehelichen Verhältnissen auf. Auch der Kinderwunsch ist nicht mehr so stark wie zu sozialistischen Zeiten. Der Kinderanteil an der Bevölkerung betrug im Jahre 1990 30 %, heute sind es nur noch 23 %. Mit der Jahrtausendwende verzeichneten die Demoskopen erstmalig einen Rückgang der Bevölkerungszahl. Zu diesem Zeitpunkt gab es 38,3 Millionen Einwohner in Polen. Für das Jahr 2050 wird mit nur noch 33 Millionen Polen im Land gerechnet. Die steigende Lebenserwartung trägt ihr übriges dazu bei, dass der Überalterungsprozess nun auch in Polen einsetzt.

Religion

Polen ist ein streng katholisches Land – **95 %** der Bevölkerung sind **Katholiken.** Im Gegensatz zu anderen sozialistischen Ländern waren Parteizugehörigkeit und katholisches Glaubensbekenntnis kein Widerspruch: Bis zu 80 % der Parteimitglieder waren praktizierende Christen. Vom sozialistischen Staat war die Kirche eher geduldet und wurde häufiger in ihre

033wa Foto: kj

Schranken verwiesen (z. B. Verhaftung des Kardinals *Wyszyński*). Der Staat schaffte es jedoch nicht, ihre Position zu schwächen.

Im Gegenteil, die Kirche erlebte durch die Wahl *Karol Wojtyłas* zum **Papst** (1978) einen großen Triumph. Seine Popularität ist bis heute fast ungebrochen. Zu den besten Zeiten der katholischen Kirche wurden allsonntäglich in den Gotteshäusern bis zu 7 Messen (alle überfüllt) abgehalten. In den 1980er Jahren wurden an die 2000 neue Kirchen gebaut.

Diesen Rekord hat kein europäisches Land bisher gebrochen. Die im gleichen Zeitraum sich verstärkende Wohnungsnot, die fehlenden Krankenhäuser, Kindergärten usw. standen in krassem Gegensatz zum **Kirchen-Bauboom.** Viele Polen warteten aber lieber 20 Jahre auf eine Wohnung, als sich gegen den Bau einer Kirche auszusprechen!

Dieser Glaubensbindung geht eine **1000-jährige Geschichte des Christentums** in Polen voraus: Besonders in Krisenzeiten besann man sich auf eine katholische Kirche, die in Verbindung mit einem ausgeprägten Heiligenkult und Wunderglauben ihren Einfluss stetig stärkte. Bis vor wenigen Jahren galt die Kirche als eine moralische Instanz, die noch über der Autorität des Staates lag.

Ein typisches Bild nach dem Gottesdienst

Gläubige Polen haben sich immer wieder für die Einhaltung der Menschenrechte in ihrem Land eingesetzt. Die bekanntesten dieses Jahrhunderts sind der Franziskaner-Pater *Maximilian Kolbe,* der 1941 das Leben eines ihm unbekannten Familienvaters rettete und daraufhin umgebracht wurde. Er wurde inzwischen selig gesprochen. Der junge Warschauer Priester *Jerzy Popiełuszko* wurde der von der Geheimpolizei grausam ermordet, weil er sich für die Solidarność einsetzte.

Dennoch provozierte die katholische Kirche keine offene Konfrontation mit dem Staat. Sie sammelte eher die Gläubigen um sich und vergrößerte ihren Einfluss als Alternativmacht, die ihren Schwerpunkt auf den Erhalt der Moral setzte. Darüber hinaus bot sie den vom Staat enttäuschten Polen Entfaltungsmöglichkeiten. Sogar Nichtgläubige sahen in ihr die einzige Möglichkeit, sich in der Öffentlichkeit relativ frei äußern zu können. Da der Staat zwangsläufig um Kooperation bemüht sein musste, erhielt die Kirche Sonderrechte. So blieb sie z. B. im Kriegszustand der 1980er Jahre vom Versammlungsverbot verschont. In dieser Zeit wandten sich viele Intellektuelle der Kirche zu, um den dort gebotenen Entfaltungsspielraum zu nutzen.

Heute büßt die katholische Kirche Polens zunehmend an Macht ein, da die Öffnung des Landes eine Flut **westlicher Einflüsse** nach sich zieht. In den Buchhandlungen stehen zunehmend Bücher mit Titeln wie z. B. „Wie werde ich Millionär?“, „Zen-Buddhismus für Europäer“ oder „Happy Sex“. Der allgemeine **Verfall katholischer Moralvorstellungen** geht damit unaufhaltsam einher. Selbst der Papst verliert an Popularität. Besonders die junge Generation, die mehrere Fremdsprachen beherrscht, das Ausland bereist und Kontakte zu anderen Religionen knüpft, kann mit dem patriarchalischen System der Katholischen Kirche immer weniger anfangen.

Anstatt sich unter diesen neuen Zeitzeichen mehr zu öffnen, geht der Klerus den entgegengesetzten Weg. Es wird die Manifestierung der christlichen Werte und Moralvorstellungen betrieben.

So hat die Kirche Anfang der 1990er Jahre dem Staat ein generelles Abtreibungsverbot abverlangt (obwohl 70 % der Frauen dagegen waren) und erreicht, dass das Fach Religion ein Abiturpflichtfach wird. Und es wundert kaum, dass es unter den Katholiken viele gab, die vehement gegen die EU-Erweiterung waren, da sie die europäischen Einflüsse für den christlichen Werteverfall verantwortlich machen. Dies sind allerdings Versuche, die die gegenläufige Entwicklung in der Gesellschaft kaum aufhalten können.

Mittlerweile stößt das Bemühen der Kirche, Einfluss auf die Privatsphäre der polnischen Bürger zu nehmen, auf Protest. Noch sind die Kirchen voll und noch würde niemand offen gegen den Klerus opponieren, aber die Zahl der praktizierenden Christen ist deutlich gesunken: nur noch 45 % würden sich als solche bezeichnen. Im Zuge dieser Entwicklung hat der Staat den **Abtreibungsparagrafen** unter heftigen Protesten seitens der Kirche im Jahre 1996 vorsichtig **liberalisiert.**

Dennoch ist Polen ein Land, in dem der katholische Glaube seinen selbstverständlichen Platz im Leben der Menschen hat. So werden z. B. die kirchlichen Feste sehr traditionell gefeiert, die **Heiligenverehrung** ist groß und die Nonnen sind im Straßenbild nicht wegzudenken. Und wenn eine Brücke eingeweiht wird, wie zuletzt die Most Siekierkowski in Warschau, dann erhält sie und alle, die sie betreten werden, selbstverständlich den Segen der Katholischen Kirche. Der Papst, der 2002 das erste Mal seit 1978 seine alte Heimatstadt Krakau bereiste, hielt unter freiem Himmel eine Messe ab, die immerhin 1,5 Millionen Menschen besuchten.

Das moderne Polen wird aber immer mehr von den **Gesetzen des Marktes** beeinflusst. Diese sind jedoch nicht gerade sinnstiftend. So böte sich gerade jetzt die Chance, den Menschen in Lebenskrisen eine spirituelle Orientierung zu geben, die nicht dogmatisiert, sondern verständnisvoll begleitet. Es bleibt die Frage offen, wie sich die katholische Kirche in einer pluralistischen Gesellschaft definieren wird. Die großen Jubiläen, die vor kurzem auf dem Kalender der polnischen Kirche standen – 1000 Jahre Christentum in Polen, 20-jährige Regierungszeit des Papstes und die Geburt Jesus Christus vor 2000 Jahren – wurden jedenfalls groß gefeiert.

Feste und Feiertage

Die polnische Bevölkerung besitzt eine reiche Palette an traditionellen Feiern und Bräuchen, von denen hier die bedeutendsten genannt werden.

Besonders das **Weihnachtsfest** hat für viele Polen einen wichtigen Stellenwert. An diesem Tag findet sich die ganze Familie zusammen, hier werden Traditionen gepflegt. Natürlich haben sich im Laufe der Zeit Unterschiede zwischen den Feierlichkeiten auf dem Land und in der Stadt entwickelt. Doch obwohl der Tannenbaum in der Stadt mit elektrischen Lichterketten statt mit Kerzen geschmückt wird, müssen genau wie auf dem Land

034wa Foto: kj

Traditionell zum Osterfest: süße Babka

zwölf traditionelle, fleischlose Heiligabend-Gerichte aufgetischt werden. Auch während der wirtschaftlichen Engpässe der 1970er und 1980er Jahre bemühten sich die polnischen Frauen, diese Kostbarkeiten und Leckereien zu servieren. Man stand in der größten Kälte manchmal bis zu acht Stunden in einer Schlange, um beispielsweise einen Karpfen zu bekommen (was in Polen als fleischlos gilt). Doch dieses Opfer musste gebracht werden, denn Heiligabend ohne Karpfen, Tannenbaum und Mohnkuchen war und ist undenkbar.

Feiertage in Polen

1. Januar	Neujahr
März/April	Ostern (Ostermontag: gesetzl. Feiertag)
1. Mai	Tag der Arbeit
3. Mai	Tag der Verfassung
Mai/Juni	Fronleichnam (50 Tage nach Ostern)
15. August	Mariä Himmelfahrt
31. August	Solidaritätstag (Gründung der Solidarność)
1. November	Allerheiligen
11. November	Tag der Unabhängigkeit
25./26. Dezember	Weihnachten

Heute gibt es zwar keine Versorgungsschwierigkeiten, doch haben die Frauen dafür eher mit Problemen finanzieller Natur zu kämpfen. Eine offizielle Studie von 1999 ergab, dass ein bescheidenes Weihnachtsfest für eine Durchschnittsfamilie mit zwei Kindern ca. 600 € kostet! Dabei wurde nur die Hälfte der traditionellen Gerichte, lediglich kleine Geschenke für die Kinder und ein Tannenbaum mit etwas Schmuck berechnet.

Zurück zur **Tradition des Heiligen Abends.** Da man am 24. Dezember tagsüber fasten sollte (manche verzichten auch nur auf das Fleisch), setzt man sich um ca. 18.00 Uhr sehr hungrig an den Weihnachtstisch. Unter die Tischdecke wird nach altem Brauch Stroh gelegt, damit man nicht vergisst, dass Jesus in einem Stall geboren wurde. Man legt auch ein Gedeck mehr auf, um auf einen Gast, der zufällig an die Tür klopfen könnte, eingestellt zu sein. Doch es wird nicht sofort gegessen, denn zunächst muss die ganze Familie eine Oblate teilen. Beim Zerbrechen werden persönliche Wünsche für das nächste Jahr ausgetauscht.

Erst jetzt kann mit dem Essen begonnen werden. Da wird Karpfen in Aspik, Nudeln mit Mohn, Eier, *Barszcz* (Rote-Beete-Suppe), *Pierogi* (Maultaschen mit Kraut und Pilzen gefüllt), *Kutia* (Weizen mit Mohn und Honig) und zum Kaffee *Makowiec* (Mohnkuchen) serviert. Spätestens beim Kuchen fängt die Familie an, Weihnachtslieder zu singen. Die Bescherung wird individuell gestaltet. Nach dem Abendessen gesellen sich meistens auch Freunde und Nachbarn dazu. Spätestens dann kommt der Wodka auf den Tisch. Den Abschluss des Heiligen Abends bildet dann der mitternächtliche Gang zur Kirche *(Pastorka)*.

Der Kater und das Völlegefühl werden in den nächsten zwei Tagen mit *Bigos* (Sauerkrauteintopf) und weiteren Familienfeiern auskuriert.

Die Feierlichkeiten zu **Ostern** werden sehr traditionell begangen. Der Karfreitag ist kein Feiertag, doch jeder gute Katholik besucht am diesem Tag die Kirche, um dem Kreuzweg zu gedenken. Eine besondere Rolle spielt dabei das Grab von Jesus, das in jeder Kirche individuell und anspruchsvoll dargestellt wird. Erst am Abend findet die Enthüllung statt. In den 1980er Jahren waren die Gräberdarstellungen in einer versteckten Form politische Botschaften an das freie Polen. In den heutigen Zeiten weisen sie in ihrer Gestaltung auf unterschiedliche Missstände, Stimmungen oder Trends in der Welt oder im Land hin. Die Art der Gestaltung reicht von modern-abstrakt bis kitschig-naiv. Es gehört zur Tradition, dass am Freitagabend unzählige Warschauer in die Altstadt pilgern, um die Gräber in den Kirchen anzuschauen. Der **Ostersamstag** ist dann dem Bemalen von Eiern und dem Körbchen packen gewidmet. In den Körbchen (Święconka) muss ein Stück Brot, Salz und Pfeffer, ein Lämmlein aus Zucker, ein Stück Wurst, Kuchen und Eier gelegt werden. Mit ein wenig Dekoration aus Weidenkätzchen und Buchsbaumzweigen werden diese von allen Familienmitgliedern zum Segnen in die Kirche getragen. Mit dieser Tradition sorgt man dafür, dass diese Nahrungsmittel nächstes Jahr nicht im Haus fehlen werden.

Das gesegnete Ei aus dem Körbchen wird am **Ostersonntag,** ähnlich wie die Oblaten zu Weihnachten, mit der kompletten Familie vor dem Festessen geteilt.

Das Essen ist je nach Region unterschiedlich, jedoch eins darf auf dem Ostertisch nicht fehlen und das sind auf jeden Fall die Eier, der Mazurek und die Babka. Während man die Babka mit einem Gugelhupf vergleichen kann, ist Mazurek ein flacher, harter Tortenboden, der auf kunstvolle Art und Weise verziert wird. Aufwendige Ornamente aus bunter Zuckermasse, Schokoladenperlen, glasierten Früchten und das obligatorische Alleluja (zu deutsch Halleluja), das in kaligrafischer Schrift mit Buttercreme auf die Oberfläche geschrieben wird, sind die wesentlichen Bestandteile des Kuchens. Mazurek ist eher als Dekoration gedacht, denn er ist so süß, dass er kaum genießbar ist. Die Kinder aber freuen sich jedes Jahr darauf, verbotenerweise an ihm zu knabbern.

Śmingus-Dingus ist ein Brauch, der am Ostermontag vollzogen wird. An diesem Tag werden die Sünden weggewaschen, was im wahrsten Sinne des Wortes durch das Übergießen mit Wasser geschieht. Unter den Familienangehörigen und Verwandten geht es recht gesittet zu. Ein Glas Wasser auf den Kopf erfüllt die Tradition. Auf der Straße hingegen werden von den vielen Jugendlichen volle Eimer verschüttet. Nur ganz Mutige wagen an diesem Tag einen Spaziergang, denn keiner wird verschont.

Achtung: Am **Ostersonntag** sind wirklich alle kulturellen Einrichtungen, Restaurants, Bars, Cafés, Kinos u.s.w. **geschlossen.** Eine Ausnahme bilden hier nur Hotels, die mit knapper Belegschaft arbeiten. Erst am Ostermontag werden zur Mittagszeit die Lokale wieder geöffnet.

Am 1. November zu **Allerheiligen** werden auf den meisten Friedhöfen Kerzen und Fackeln angezündet. Dies geschieht den ganzen Tag lang, unabhängig von Wind und Wetter. An diesem Feiertag unternehmen die meisten Familien einen Spaziergang zum Friedhof, um dort die Gräber ihrer verstorbenen Verwandten und Freunde zu besuchen. Diesen Tag nutzt man aber auch, um fremde und vergessene Gräber zu pflegen. Am Abend verbreiten die Kerzenlichter auf den Grabmälern eine unvergessliche Stimmung. Bis spät in die Nacht schicken sie ein faszinierendes Licht über die Friedhöfe.

Nichts mit der kirchlichen Tradition zu tun haben die Feierlichkeiten am **Andrzejki-Abend** (dem Namenstag des Andreas) am 29.11. Dann wird im Kreis von Freunden mit verschiedenen Methoden (Pendel, Kartenlegen) die Zukunft vorausgesagt. Das Wachsgießen gehört dabei zu den Pflichtritualen. In kaltes Wasser gegossen ergibt sich eine Form, deren Schatten an der Wand anschließend vielfältige Deutungen zulässt.

Die Traditionsstadt Krakau feiert noch drei besondere Feste. **Lajkonik** ist ein farbenfrohes Ereignis, das an **Fronleichnam** stattfindet. Der Umzug erinnert an die Verteidigung der Stadt gegen die Tataren im 13. Jh. So reitet ein Maurer aus Zwierzyniec, einem Stadtteil Krakaus, als Tatar verkleidet (der Lajkonik) auf einem Holzpferd mit großem Gefolge durch die Straßen von Krakau, an der Philharmonie (ul. Zwierzyniecka) vorbei, zum Rathaus (Pl. Wszystkich Świętych) und durch die ul. Grodzka zum Hauptmarkt. Er wird von Folkloregruppen begleitet, die mit Tänzen und Gesängen Stimmung verbreiten. Der Lajkonik selbst fordert von den entlang der Trasse versammelten Krakauern ein Lösegeld. Ein Ereignis, welches man sich nach Möglichkeit nicht entgehen lassen sollte.

Die **Mittsommernacht** (23.6.) ist eine der beliebtesten traditionellen Feste in Krakau. In der kürzesten Nacht des Jahres wird an den Weichselufern das Fest der Kränze – **Wianki** gefeiert. Die Ursprünge gehen auf den heidnischen Brauch zurück, demzufolge die unverheirateten Mädchen ihre Blumenkränze gegen Mitternacht zusammen mit einer Kerze in die Weichsel warfen. Riss die Strömung den Kranz schnell mit sich in die Ferne, dann nahm sie das als Zeichen für eine baldige Hochzeit. Sollte der Kranz jedoch im Schilf hängen bleiben, musste sie sich auf eine längere Wartezeit einstellen. An diese Tradition erinnert das farbenfrohe Fest mit Konzerten, Tänzen, Theateraufführungen und Jahrmarktbuden. Höhepunkte zum Ende der Veranstaltung

066kr Foto: cr

sind ein riesiges Feuerwerk und das Werfen der Kränze (Kunstwerke des polnischen Blumenhandwerks) in den Fluss.

Ein weiteres Krakauer Fest findet am Ostermontag am Fuße des Krakushügel im Stadtteil Podgórze statt. Das **Ärmelfest – Rękawka** erinnert an eine Sage. Als der heldenhafte Fürst Krak im 7. Jh. n. Chr. starb, haben seine Untertanen ihm zu Ehren einen Hügel aufgeschüttet. Sie schafften die Erde alleine in ihren langen Rockärmeln herbei. Danach wurde es Brauch, dass die reichen Krakauer zu Ostern an diesem Ort die Reste ihrer Feiertagsgerichte an die Armen verteilten. Heute wird an der kleinen Benediktinerkirche ein Jahrmarkt veranstaltet.

Solche Lajkonik-Puppen führt jeder Volkskunstladen in Krakau

Wirtschaft

Polen hat die Wandlung von der sozialistischen Planwirtschaft zur freien Marktwirtschaft von Anfang an kompromisslos vollzogen und damit in den letzten 13 Jahren weitreichende wirtschaftliche Erfolge erzielt. Heute präsentiert es sich als das kapitalistische Vorzeigeland Osteuropas.

Das 1990 eingeführte **Reformprogramm** des damaligen Finanzministers *Leszek Balcerowicz*, das die Umwandlung der zentral gelenkten Planwirtschaft in eine soziale Marktwirtschaft vorsieht, war der entscheidende Schritt in diese Richtung. Das oberste Ziel des Programms, das heute noch gültig ist, ist eine stabile Währung, verbunden mit der Privatisierung der Wirtschaft und der Hoffnung, dass ausländische Investoren das dringend benötigte Geld zum Aufbau des Staates bereitstellen. Staatliche Hilfen bei Existenzgründungen und Steuervergünstigungen für Handel- und Dienstleistungsbetriebe bewirkten innerhalb von wenigen Jahren ein völlig verändertes Wirtschaftsbild. Für den polnischen Arbeitnehmer bedeutet dieser radikale Wirtschaftsumschwung jedoch bis heute in erster Linie Verzicht oder gar existenzielle Not. Jeder fünfte hat keine Arbeit. Aber auch denen, die zu den Glücklichen gehören und in Lohn und Brot stehen, geht es nicht besonders gut.

Bei eingefrorenen **Löhnen,** sie liegen im Durchschnitt pro Monat bei 550 €, stiegen die Preise für Konsumgüter nach der Aufhebung der staatlichen Subventionen auf ein Niveau, das dem in Deutschland ähnlich ist. Während er früher mit seinem Geld nichts kaufen konnte, steht der Pole heute mit leeren Taschen vor prall gefüllten Schaufensterauslagen.

Mit staatlichen Reformen, die soziale Gerechtigkeit im Visier haben, ist begonnen worden. Das dringend notwendige Sozialversicherungssystem wird aufgebaut. So müssen die Unternehmen ihren Arbeitnehmern eine Sozialversicherung garantieren. Auch die Arbeitnehmerschutzgesetze sind dem EU-Modell angeglichen. Die Realität sieht allerdings noch anders aus. Die 7-Tage-Woche ist in Polen kein Tabuthema. Um den Arbeitsplatz nicht zu verlieren, ist man zu vielem bereit. Auf der anderen Seite stehen die Gewinner der wirtschaftlichen Umstrukturierung. Wer risikobereit war und sich selbstständig gemacht hat, hatte die Möglichkeit, in den ersten Umschwungjahren eine Karriere nach dem Motto „Vom Tellerwäscher zum Millionär" zu machen. Die sozialen Gegensätze sind in Polen sehr krass.

Ausländische Investoren, die sich anfänglich noch zurückgehalten haben und die Entwicklung der polnischen Wirtschaft beobachteten, fassten zunehmend Vertrauen in das Reformkonzept der Regierung. Joint-Venture-Programme brachten Kapital und das nötige Know-how nach Polen, woraus sich sich eine **westlich orientierte Unternehmensstruktur** entwickelte. So flossen im Jahr 2002 60 Milliarden US-Dollar ins Land. Das größte finanzielle Engagement zeigte Frankreich mit 12 Mrd. US-Dollar, gefolgt von den USA mit 8,7 Mrd. US-Dollar und Deutschland mit 7,8 Mrd. US-Dollar. Dabei ist Deutschland mit der weit aus größten Anzahl an Unternehmen (231) in Polen vertreten. Es wird vor allem im Produktionsbereich investiert. Die Schwerpunkte liegen hier in der Lebensmittelproduktion, in der Energieversorgung, in der Bergbau- und Hüttenindustrie, bei Maschinen, elektrischen Geräten, Fahrzeugen sowie Textilien und Bekleidung. Dicht folgen der Handels- und Finanzsektor und die Bauwirtschaft. So lassen Firmen wie Siemens, Henkel, Balsen, Coca Cola, Ford, VW und viele mehr im Billigland Polen produzieren.

Der Anteil der Industrie am BIT (Bruttoinlandsprodukt) beträgt 24 %, die Landwirtschaft ist mit 3 % beteiligt. Den größten Anteil aber hat der **Dienstleistungssektor** mit über 50 %.

Nach langen Jahren positiver Wirtschaftsbilanzen, trat vor drei Jahren ein **Stillstand** ein. Die Wachstumsentwicklung des BIP verlangsamte sich (1 % 2001) und die **Arbeitslosenquote** stieg deutlich (18,1 % 2002). Aber auch diese Zahlen charakterisieren das Jahr 2002: die Inflationsrate sank auf 1,9 %, die **Industrieproduktion** lag um real 1,5 % höher als im Vorjahr und die polnischen Ausfuhren erhöhten sich um 9 % auf fast 33 Mrd. US-Dollar. Ein Drittel des Exports ging nach Deutschland.

Nun scheint die Talsohle durchschritten, denn die Prognosen für das Jahr 2003 sehen recht gut aus. Wirtschaftsforscher erwarten einen realen BIP-Zuwachs von 3 %. Mit einer Belebung der Investitionstätigkeit und einer Steigerung des Exports (bis 7,8 %) wird gerechnet. Nur die Bauindustrie, die nach vielen fetten Jahren nun Umsatzeinbußen von 10 % im letzten Jahr verzeichnen musste, rechnet erst zum EU-Beitritt 2004 wieder mit schwarzen Zahlen. Besonders Warschau erlebte einen **Bauboom** sondergleichen. Die Nachfrage nach Geschäfts- und Büroräumen war dermaßen groß, dass rund um die Uhr gebaut wurde. Heute hat sich die städtebauliche Entwicklung der Stadt verlangsamt. Aber immer noch prägen zahlreiche Baustellen das Stadtbild.

Mit dem **EU-Beitritt Polens** im Mai 2004 soll sich nun vieles ändern. Die Regierung rechnet mit mehr Wachstum, mehr Handel und Investitionen der anderen Mitgliedstaaten in Polen, einer größeren Wettbewerbsfähigkeit, einer rascheren Modernisierung des Landes und Finanzspritzen aus Brüssel. Kürzlich wurde ganz Polen von der EU zum Fördergebiet erklärt. Denn in allen polnischen Regionen (Woiwodschaften) beträgt das Pro-Kopf-Bruttoinlandsprodukt weniger als 75 % des EU-Durchschnitts. Aber es kommen auch Kosten auf die polnische Regierung zu, denn die **Erfüllung der EU-Normen** erfordern Investitionen. Und es profitieren nicht alle Wirtschaftsbereiche von dem Beitritt. So ist die Fischindustrie neuerdings gezwungen, EU-Zölle zu entrichten. Früher befanden sich ihre Fanggebiete in einer zollfreien Region. Besonders in der **Landwirtschaft** wird die EU-Mitgliedschaft mit großer Sorge erwartet. Dieser Wirtschaftszweig ist geprägt durch einen hohen Anteil an kleinen Betrieben (80 % unter 10 ha), die mit großem Personalaufwand arbeiten. Die völlig veralteten Produktionsmethoden und die mangelhafte Infrastruktur im ländlichen Bereich tragen ebenfalls dazu bei, dass die polnischen Landwirte kaum in der Lage sein werden, mit dem europaweiten Wettbewerb Schritt zu halten. Zwar ist mit dem EU-Eintritt ein grundlegender Strukturwandel zu erwarten, aber er wird langsam und schmerzhaft vollzogen werden. Die Landwirte können anfangs nur mit 25 % der in den Altländern gezahlten Direkthilfen rechnen. Der vollständige Satz wird erst über 10 Jahre hinweg angeglichen. Und die Arbeitslosenrate, die jetzt schon im ländlichen Bereich sehr hoch ist, wird weiter steigen. Diese Aussichten sind für die Beteiligten nur mit dem Bewusstsein zu ertragen, dass es keine Alternativen gibt.

Umweltschutz

Dem Umweltschutz wird in Polen seit der Wende zur Marktwirtschaft zunehmend Aufmerksamkeit geschenkt. Und das ist auch bitter nötig. Das Land stand am Anfang der 1990er Jahre des letzten Jahrhunderts vor einer katastrophalen ökologischen Gesamtsituation. Fast drei Viertel des Baumbestandes war durch sauren Regen geschädigt. Die mangelnde Wasserqualität, besonders durch den Einsatz von Düngemitteln und Pestiziden in der Landwirtschaft verursacht, bedrohte die Gesundheit der Menschen. Auch die Belastung der Luft durch hohe Konzentration an Ruß- und Staubpartikeln sowie Schwefelverbindungen machten den Menschen, den Tieren und Pflanzen, aber auch den Städten schwer zu schaffen. Besonders die historischen Gebäude der Krakauer Altstadt hatten sehr zu leiden. Regelmäßig musste der Putz der seit dem 14. Jahrhundert erhaltenen Bürgerhäuser erneuert werden. Die Skulpturen aus Sand- oder Kalkstein sind besonders gefährdet, da sie den Immissionen schutzlos ausgeliefert sind. Die Stadt musste sie mancherorts schon durch Duplikate ersetzen, so wie die 12 Apostel vor der Peter-und-Paul-Kirche. Verursacher war unter anderem die große Konzentration der Schwerindustrie in der näheren und weiteren Umgebung Krakaus.

Vor allem in der 2. Hälfte der 1990er Jahre wurde eine **spürbare Verbesserung** der ehemals großen Belastungen (Luft, Wasser, Boden) registriert. Und auch wenn vor allem in Südpolen die Immissionswerte noch recht hoch sind, kann man davon ausgehen, dass auch hier eine stetige Verbesserung der Lebensqualität gesichert ist. Die Gründe für diese positive Bilanz sind vielschichtig. Einerseits haben sich die Industrieschwerpunkte in den letzten 10 Jahren verlagert. Die im Sozialismus staatlich bevorzugte Schwerindustrie in Warschau, Krakau und Kattowitz sowie die Steinkohle und Braunkohleförderung war lange Zeit der Umweltverschmutzer Nr. 1 in Polen. Mittlerweile sind einige Betriebe geschlossen und die Übrigen wurden und werden mit modernen Immissionsfiltern, Entschwefelungsanlagen und anderen Schutzmaßnahmen ausgestattet. Die modernen Industrieanlagen erhalten von vornherein einen entsprechenden Umweltschutzstandard. Da die Werte der Autoabgase nun den westeuropäischen Auflagen unterliegen, ist auch in diesem Bereich eine spürbare Besserung der Luftbelastung eingetreten. Heute ist es eher die private Braunkohleverfeuerung mit ihrem hohen Schwefelgehalt, die für ungünstige Immissionswerte sorgt. Und auch die Wasserqualität lässt noch zu wünschen übrig.

Die **Tourismusbranche** ist sehr daran interessiert, den Polenreisenden eine gute Umweltbilanz zu garantieren. Ein Vorteil des Landes sind die großen **Bereiche unberührter Natur.** Fast 10 % der Landesfläche steht unter Naturschutz. Es gibt über tausend Naturreservate und insgesamt 17 Naturparks wie zum Beispiel den berühmten Puszcza Białowiecka, in Nordostpolen, in dem unter anderem Wisente leben. Auch hier kommt es darauf an, die Qualität des Bodens, des Wassers und der Luft zu garantieren, um die Artenvielfalt erhalten zu können bzw. sie zu erweitern.

Als neues Mitglied in der EU muss Polen die entsprechenden **Umweltauflagen umsetzen.** Dieses scheint mittlerweile kein Problem mehr zu sein, denn der Staat ist bereit, die nötigen finanziellen Mittel dafür bereit zu stellen. Auch die Bevölkerung ist sich der Problematik bewusst. Nach einer Umfrage des Allensbach-Instituts in Brasilien, Polen, Japan, USA und Deutschland haben die Polen im Vergleich zu den anderen Ländern mit 97 % das stärkste Interesse am Umweltschutz. Zugleich waren 83 % der Befragten der Meinung, dass ihre Umwelt ziemlich zerstört sei. Trotz dieser beeindruckenden Zahlen scheint die Verantwortung für den eigenen Anteil an der Verschmutzung nicht allzu hoch zu sein. So ist die staatlich geförderte Mülltrennung, die auf einer freiwilligen Beteiligung basiert, nicht besonders populär.

Tourismus

Ein wachsender Wirtschaftszweig in Polen ist die **Tourismusbranche.** Der unbekannte Nachbar Polen, der noch vor wenigen Jahren aufgrund von Visa- und Umtauschzwang, sozialistischer Planwirtschaft und Kontrolle kaum von touristischem Interesse war, findet sich immer öfter auf dem Wunschzettel des Europareisenden. Besonders die Städte Warschau, Danzig, Breslau und allen voran die Kulturstadt Krakau erfreuen sich stetig wachsender Besucherzahlen. Die polnische Ostseeküste, die Masurische Seenplatte und im Süden die Karpaten sowie die Tatra sind beliebte Reiseziele und ermöglichen vielseitige und beeindruckende Naturerlebnisse. Auch viele Gebiete in Ostpreußen, Schlesien und Pommern werden viel bereist. In den letzten 13 Jahren hat Polen es geschafft, eine gut organisierte touristische Infrastruktur aus dem Boden zu stampfen. Hotels, Restaurants, Cafés, Kunstgalerien und vieles mehr entsprechen dem internationalen Standard und sind in den Tourismusgebieten in großer Zahl vorhanden. International verständliche Orientierungssysteme erleichtern vor allem in Warschau die Suche nach Sehenswürdigkeiten usw. Die Touristeninformationen sind gut ausgestattet und Stadtmagazine auf englisch und manchmal auch auf deutsch bieten eine Menge Tipps und Hintergrundinformationen.

Fast **60 Millionen Touristen** bereisen jährlich Polen. Davon sind ein Drittel Deutsche und damit ist Deutschland Polens wichtigster Auslandsmarkt in der Tourismusbranche. Diese Bilanz der jährlich ins Land strömenden Menschen weist auf den ersten Blick erfreuliche Tendenzen auf. Sie ist durchaus mit der von Frankreich zu vergleichen. Das verwundert ein wenig, da das Image unseres westlichen Nachbarlandes doch weit höher anzusiedeln ist als das Polens. Auch Tourismusforscher bestätigen, dass Polen als Reiseland immer noch ganz unten auf der Beliebtheitsskala liegt. Auf den zweiten Blick sieht man dann auch, dass die Besucherzahlen der ehemaligen ostdeutschen Gebiete im Verhältnis sehr viel höher liegen als für das restliche Land. Die im Jahre 2000 gegründete Polnische Organisation für Touristik (POT) hat sich zum Ziel gesetzt, das Land für eine breitere Schicht potenzieller Besucher interessant zu machen. Dort sind Vertreter des polnischen Staates, der Woiwodschaften (Länder) und der Tourismuswirtschaft vertreten. Sie wollen in Zukunft das reichhaltige kulturelle Angebot des Landes verstärkt repräsentieren. Auch sehen sie noch **Wachstumspotenzial** im grenznahen Tourismus. Polen hofft auf 500 Millionen Euro von der EU für die dringend notwendige Verbesserung der Infrastruktur vor allem im ländlichen Bereich. Auch das würde dem Tourismus zugute kommen. Es ist unserem Nachbarland sehr zu wünschen, dass es in Zukunft das Interesse und das gute Image bekommt, das es verdient.

Kunst

Die Begegnung mit polnischer Kunst wird jedem Besucher in Erinnerung bleiben. Sie trägt deutliche Züge des Eigenständigen. Vom Westen bis in die 1980er Jahre unbeeinflusst, ist sie Träger des ausgeprägten polnischen Charakters und ist in Westeuropa immer bekannter und geschätzter. Die Kunst war besonders in den Jahren der Unterdrückung Träger der (verbotenen) Traditionen und des starken Nationalgefühls.

So lässt sich auch die große Vorliebe der Polen für die **Romantik** erklären. Die Künstler dieser Zeit, wie *Jan Matejko* (Historienmaler), *Adam Mickiewicz* (Dichter) und *Frédéric Chopin* (Komponist) werden noch heute als Nationalhelden verehrt. Die Philosophie der Romantik wurde in diesem Land zur Weltanschauung und prägte die polnische Kunst bis in dieses Jahrhundert hinein.

Auffallend an der **modernen polnischen Kunst** ist, dass sie ihre eigenen Nischen entdeckt hat. So sind die polnischen Interpretationen in der Plakat- und Medaillenkunst, im experimentellen Theater und im Jazz in der Kunstwelt hoch geschätzt. Das Besondere ist wohl die „polnische Seele“, die tiefgründig und mystisch, aber auch verspielt und lebensfroh, doch immer

037wa Foto: kj

sehr authentisch und originell ihren Ausdruck in der Kunst findet.

Auch die **Experimentierfreudigkeit** der Künstler ist bemerkenswert. Leder, Holz, Metall, Textilien, Keramik, Kunststoffe und Edelmetalle werden in vielfältigster Form verwendet und kombiniert, um zu ungewöhnlichen Kreationen zu gelangen. Diese werden dann in den zahlreichen privaten Galerien in Warschau und Krakau zum Verkauf angeboten. Zu sozialistischen Zeiten brauchten die Künstler sich weniger existenzielle Sorgen zu machen. Die Kunst wurde vom Staat großzügig gefördert. Eine Festlegung auf den Stil des sozialistischen Realismus erfolgte nur in den 1950ern; danach hatten die Künstler die Möglichkeit, ihre Ideen frei zu entfalten, solange sie damit keine klaren politischen Aussagen gegen das System machten.

Heute aber herrschen die **Gesetze des freien Marktes,** und nur, wer Käufer findet, kann überleben. Es bleibt die Hoffnung, dass soviel Eigenständigkeit, Witz, Gefühl und Ideenvielfalt Bewunderer und Förderer findet.

Absurdes Theater in Krakau:
„Die Unterrischtsstunde" von E. Ionesco

Das polnische Plakat

Nach dem Zweiten Weltkrieg entwickelte sich Polen zu einer einzigartigen und eigenständigen Plakatnation, die eine neue Richtung in dieser Kunstform einschlug. Im Vergleich zu den Plakaten westlicher Prägung ist das polnische Plakat mehr ein geistiger Botschaftsträger und weniger ein Werbemittel, was zweifellos auf der historischen und politischen Entwicklung des Landes basiert. Es darf aber nicht mit dem Plakat des Realsozialismus verwechselt werden.

Breiten Bevölkerungsschichten zugänglich, erfüllte es besser als irgendein anderes Medium eine **Informationsfunktion.** So wurde es nach dem Zweiten Weltkrieg von Seiten der Regierung besonders gefördert.

Die Künstler und Gebrauchsgrafiker wurden angeregt, sich in dieser Kunstform wirkungsvoll auszudrücken. Durch Plakatwettbewerbe und -ausstellungen lenkte man das allgemeine Interesse auf das Plakat als künstlerische Ausdrucksform.

Doch die Qualität der polnischen Plakate wurde nicht nur durch die öffentlichen Förderungen begünstigt, sondern auch durch das Fehlen des wirtschaftlichen Wettbewerbs. So stand auch nicht der Werbewert des Warenplakates im Vordergrund. Man konnte sich dem Inhalt, der Botschaft hingeben, und so gestaltete sich das Plakat viel verschlüsselter und dimensionsreicher, in Detail und Feinheit von hohem Niveau.

Der wirtschaftlichen Konkurrenz entflohen, entwickelte sich das polnische Plakat vorrangig im Bereich des **Veranstaltungsplakates** für Theater, Konzerte, Ausstellungen und den Zirkus. Bei letzterem sollten Namen wie *Hubert Hilscher, Bohdan Bocianowski* und *Jan Młodożeniec* erwähnt werden, die durch ihre spielerischen Zirkusplakate bestechen. Doch Künstler wie *Jan Lenica* und *Frańciszek Starowieyski* oder *Stasys* verdienen nicht weniger Anerkennung. Die Plakate der oben genannten Künstler sind in allen **Plakatgalerien** zu erwerben und bilden die Grundausstattung jeder Ausstellung.

039wa Foto: kj

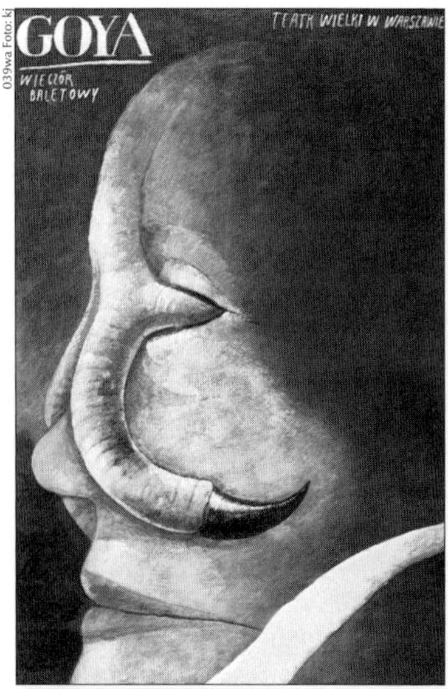

Plakat für den Ballettabend „Goya“ (Walter Sadowski, 1984)

Die polnischen Plakate haben, trotz der thematischen Einschränkung, viele Gesichter. Es bleibt zu hoffen, dass ihre Originalität durch den starken westlichen und marktorientierten Einfluss nicht verloren geht und der zunehmende Computereinsatz die Kreativität insbesondere in typografischen Bereich nicht vertreibt.

Ausstellungskunst

Die Gabe der Polen für das Atmosphärische, die sich sehr eindrucksvoll auf den Theaterbühnen des Landes ausdrückt, aber auch in vielen anderen Bereichen zu erkennen ist, kommt auch den Museen, Ausstellungen sowie Restaurant- und Kneipeneinrichtungen zugute. So kann ein Museumsbesuch, der vielleicht nur wegen des schlechten Wetters erfolgte, zu einem besonderen Erlebnis werden. Beim Betrachten der Ausstellungsgegenstände empfindet der Besucher häufig eine ungeahnte Leichtigkeit. Sei es wie im Ethnographischen Museum in Krakau, wo die Exponate der Wanderausstellung über den Schmuck der Bronzezeit frei im abgedunkelten Raum schweben, nur mit dünnen Fäden fixiert. Oder wie in der Ausstellung über die frühe Geschichte des Wawels, in der der Besucher durch die Ausgrabungsstätte über eine scheinbar frei schwebende, sich schlängelnde Brücke geführt wird.

068kr Foto: cr

Ausstellung im Hinterhof

Manchmal muss man sich bücken oder auf die Zehenspitzen stellen, um ein Bild im Nationalmuseum in Warschau genau betrachten zu können. Aber eben dieses Bemühen weckt Aufmerksamkeit. Häufig führen gerade Aussparungen dazu, interessante Akzente zu setzen und dem Einzelnen mehr an Gewicht zu verleihen. Aber auch die Häufung ist ein wichtiges Stilmittel der polnischen Ausstellungskunst. Im Militärmuseum in Warschau halten große Ansammlungen von

038wa Foto: kj

Gawrons sinnliche Träume

Im Schaufenster der Galerie Zapiecek in der Altstadt in Warschau steht sie. Nein, sie liegt eigentlich, und zwar auf einem Himmelbett – und sie streckt ihren runden, prallen Hintern uns genüsslich entgegen. Und dann diese süßen Farben! Der Künstler nennt sie Rummelplatzfarben. Die Dame in ihrem Bett schimmert rosarot und himmelblau. An soviel Frivolität kann man nicht einfach vorübergehen. Und so erfahren wir in der Galerie den Namen des Künstlers. *Piotr Gawron* heißt er und ist Professor an der Kunstakademie Warschau. Ein paar seiner Werke werden hier zum Verkauf angeboten. Alle in rosarot und himmelblau, alle mit wollüstigen Frauen im Bett, auf dem Bett, unter dem Bett oder anderswo. Der Künstler hat Sinn fürs Sinnliche.

Nun könnte man meinen, diese Plastiken seien nichts weiter als Kitsch oder gar eine sexistische Provokation. Aber das ist wirklich weit gefehlt. Das Thema heißt Genuss und wird immer wieder spielerisch neu variiert. Man kann sich förmlich vorstellen, mit welch sinnlichem Vergnügen Piotr den Wachs, die Grundlage seiner Plastik, formt.

In einem Gespräch, das er freundlicherweise auf deutsch mit uns führt, erfahren wir mehr über ihn, seine Arbeit und sein Leben. Mit Stolz zeigt er uns alle seine Arbeiten. Leider nur auf Schwarz-Weiß-Fotos, denn die meisten sind verkauft oder stehen in Galerien. So erfahren wir von der Medaillenkunst, in der sein künstlerischer Ursprung liegt. Literarische Vorlagen und Familiengeschichten boten ihm hier die Motive für seine fantasievollen Kreationen. Nun darf man sich die Medaille aber nicht als flache Scheibe vorstellen. Unter seinen Händen nimmt sie Kontur an, wird plastisch, wächst und lebt. Und dann? „Es gibt ein polnisches Sprichwort", sagt er, „Alle vier Jahre wechselt ein Mensch die Haut." Bei ihm fand die Häutung statt, nachdem er bei Lutz Holland, einem Ostberliner Künstler, die Wachstechnik kennen lernte. Er verkürzte den Vorgang, modellierte direkt mit dem Bienenwachs, der mit Paraffin und Colofonium gemischt ist, und entwickelte seine charakteristischen Bronzeplastiken. Die romantischen Inhalte von früher wechselten in lebensfrohe und sinnliche, denn sie entsprechen seiner Natur viel eher – er ist ein lustiger Mensch.

Auf die Frage nach seinen Hauptmotiven: wollüstige Frau – Bett – Hintern – Brüste, antwortet er: „Ich forme das, was mir das Liebste ist". Zwangsläufig konnte er mit seinen ersten Skulpturen in dunkler Patina nicht so recht zufrieden sein, sie waren ihm zu bescheiden. Erst als er die „Rummelplatzfarben" entdeckte, hatte er den Ausdruck gefunden, nach dem er suchte. Daraufhin war seine Ideenflut kaum noch zu bremsen. So wachsen seine Kunststücke auch nicht über 30 cm hinaus, zu viele hat er noch im Kopf, die verwirklicht werden möchten.

Ein Blick durch die Titel seiner Sammlung lässt den Grundtenor erkennen. „Für Rudolph Valentino", „Ich warte auf dich mit dem Abendbrot", „Miss Caravan", „Kleines Ferkel", „Und erwecke uns nicht in Versuchung", „Amor und Psyche", „Verführung der Europa", „Die Prinzessin auf der Erbse" und „Das große Fressen" erzählen von Liebe, Lust und Leidenschaft. Seine Werke finden auch über die Grenzen Polens hinaus Anerkennung. Für seine Medaillen, die international sehr geschätzt sind, hat er mehrere Auszeichnungen bekommen, und auch für die Plastiken hat er schon manchen Preis erhalten.

Zur Zeit unseres Gesprächs war er als einziger Pole in der Ausstellung „Kunst des 20. Jahrhunderts" im Britischen Museum, London, vertreten. Obwohl ihn das sehr ehrt, scheint es aber nicht das Wichtigste in seiner künstlerischen Laufbahn zu sein. Vielmehr zählt für ihn, dass er seine Erfahrungen an die jüngere Generation weitergeben kann. Seinen pädagogischen Auftrag als Professor an der Kunstakademie Warschau im Bereich Bildhauerei nimmt er sehr ernst. Er träumt davon, den mittelalterlichen Künstlerwerkstätten gleich, mit seinen Schülern gemeinsam den ganzen Tag über im Atelier zu arbeiten. „Das Lernen macht so viel mehr Spaß und geht auch schneller", sagt er. Am Ende des Semesters zeigen seine Studenten in einer kommerziellen Galerie ihre Arbeiten, denn auch das Verkaufen muss ein Künstler in diesen Zeiten lernen.

Speeren, Ritterrüstungen und Satteln den Blick in Bann. Das, was in anderen Museen im Keller unbeachtet gestapelt wird, lässt in diesem Museum neben dem starken visuellen Erleben Vergleiche zu und Prinzipien erkennen.

Ein weiteres atmosphärisches Stilmittel ist das Verdunkeln bestimmter Räume oder Ecken, in denen der Betrachter durch akzentuierte Lichtquellen zu bestimmten Ausstellungsgegenständen hingezogen wird. So wie z. B. im Städtischen Museum Warschau, das die Fotos der zerstörten Stadt auf diese Weise hervorhebt. Neben den Hell-Dunkel-Effekten kann es dem Besucher auch passieren, dass er innerhalb eines kleinen Museums mit einer wohldurchdachten Raumaufteilung durch Gänge geführt, um Ecken geleitet wird und, über Gemäuer schwebend, den Ausgang stark beeindruckt erreicht. Der Block 27 im Museum Auschwitz mit dem Thema „Das Martyrium der Juden" ist dafür ein gutes Beispiel. Der Besucher kann neben den Bildern und Informationen, die das Museum bietet, auch ein wenig das Leiden der Menschen spüren.

Auch akustische Reize ermöglichen immer wieder, sich in die Welt der Ausstellung fallen zu lassen, sei es nun die sanfte klassische Musik in den Räumen des Krakauer Königsschlosses oder die sakrale Musik in der Altarausstellung im Nationalmuseum Warschau. Neben der Akustik schaffen die aufgestellten Blumenarrangements eine bewohnte Atmosphäre, die den historischen Ausstellungsstücken einen lebendigen Glanz verleiht.

Musik

Nur für wenige Westeuropäer ist „polnische Musik“ ein Begriff. Die modernen Musiker und Gruppen wurden im westlichen Fernsehen bis vor kurzem kaum vorgestellt, die Klassiker sind nur für Insider bekannt. Sogar die Tatsache, dass *Chopin* ein polnischer Komponist ist, nehmen die meisten mit Erstaunen zur Kenntnis.

Polen besitzt eine Reihe von exzellenten Musikern, die in der internationalen Musikerszene sehr gefragt sind. Dies gilt besonders für **Jazz-Musiker,** die sich durch ihren eigenen Stil hervorgehoben haben: z. B. *Michał Urbaniak, Zbigniew Namysłowski, Urszula Dudziak, Hanna Banaszak* oder *Krystyna Prońko.*

Ihre Eigenart entstand durch die **Isolierung von westlichen Einflüssen.** So klingt polnischer Jazz (aber auch Rock, Blues, Soul, Punk oder Rap) irgendwie anders, eigenwillig, polnisch. Hinzu kommt, dass die meisten Musiker eine sehr umfangreiche und intensive akademische Ausbildung (vom Staat unterstützt) genießen konnten.

Seit neuestem tritt die polnische Popmusik aus dem Dunkel des Unbekannten heraus. Sender wie MTV oder VIVA senden von Zeit zu Zeit Videoclips von polnischen Interpreten. Auch mit der erstmaligen Teilnahme am Grand Prix Eurovision de la Chanson 1994 zeigte Polen mit der Sängerin *Edyta Górniak* seine Kompetenz in Sachen Musik.

Neben der modernen Musik spielt in Polen der **musikalische Vortrag** und die Interpretation von Gedichten eine wichtige Rolle. In dieser schwierigen und anspruchsvollen Art des Gesangs haben sich vor allem Interpreten wie *Ewa Demarczyk* (die polnische Edith Piaf), *Marek Grechuta, Leszek Długosz* oder seit neustem auch *Justyna Steczkowska* hervorgetan.

Einer der wichtigsten Vertreter der **klassischen Musik** ist *Stanisław Moniuszko* (1819–1872), ein Komponist, der in seinen Werken polnische Folklore und Bräuche auf die Opernbühne brachte. Er wurde zum Schöpfer der polnischen Nationaloper. So entsprangen seiner Feder Opern wie „Halka“ (Mädchenname) oder „Straszny Dwór“ (Das unheimliche Schloss), die regelmäßig an der Warschauer und Krakauer Oper aufgeführt werden.

Auch viele andere Komponisten verarbeiteten **polnische Folklore** in ihren Werken. So benutzte beispielsweise *Karol Szymanowski* Motive der traditionellen Musik aus den Bergen und *Frédéric Chopin* die Musik der ländlichen Umgebung von Warschau in seinen Mazurkas. Auch in der Gegenwart wird die klassische Musik nicht vernachlässigt. Der Komponist *Henryk Mikołaj Górecki* gehört jetzt schon zu den bekanntesten in seiner Branche. Seine Musik stürmt die klassischen „Hitlisten“ auf der ganzen Welt.

Ein zweiter bekannter Komponist ist *Wojciech Kilar,* der in der Filmmusik sein Talent zeigt. So hat er neben der Musik von mehreren *Wajda*-Filmen beispielsweise auch den Soundtrack zu dem „Dracula“-Film von *F.F. Coppola* oder „Portrait of a Lady“ geschrie-

041wa Foto: kj

042wa Foto: kj

ben. Auch *Krzysztof Penderecki* machte sich in dieser Branche als Komponist und Dirigent einen Namen. In den 1960er Jahren des letzten Jahrhunderts sorgte er mit seinen ungewöhnlichen fast schockierenden Klangvariationen für große Aufmerksamkeit. Trotz seiner stark expressionistischen musikalischen Sprache hatte er eine außergewöhnliche Breitenwirkung, die weit über die avantgardistischen Musikkreise hinaus ging. In den 1970er Jahren wandte er sich wieder mehr den konventionellen Gattungen der Musik zu (Oper, Sinfonien und Konzert) und benutzte zunehmend Elemente der Harmonie und Melodik für seine Kompositionen. Er ist ein vielgefragter Komponist, der schon frühzeitig Weltberühmtheit erlangte und zu den bedeutendsten Repräsentanten seines Landes zählt.

Einer der ganz großen: Frédéric Chopin; rechts einige Souvenirs

Frédéric Chopin

„Der Geburt nach ein Warschauer,
dem Herzen nach Pole,
seinem Talent nach Weltbürger."
(Cyprian Kamil Norwid)

Der polnische Pianist und Komponist *Frédéric Chopin* wird in dem in der Nähe von Warschau gelegenen Ort Żelazowa Wola am 22. Februar 1810 geboren.

Chopins Vater Nicolas, ein gebürtiger Franzose, war im Jahre 1802 dorthin übersiedelt und auf einem Gutshof als Hauslehrer tätig geworden. Dort heiratet er die polnische Adelige *Justyna Krzyżanowska*.

Im Herbst 1810, nach der Geburt Frédérics, verlässt Nicolas mit seiner Familie den Gutshof, um am Warschauer Gymnasium eine Stelle als Lehrer für Französisch und Literatur anzunehmen.

Ein geräumiges Haus, das die mittlerweile sechsköpfige Familie bewohnt, dient auch als Pension für Gymnasiasten aus wohlhabenden Familien. Deren Anwesenheit und das im Hause Chopin herrschende kultivierte Klima wirkt ohne Zweifel auf die Entwicklung des frühreifen Frédéric.

1816, im Alter von 6 Jahren, erhält er seinen ersten Klavierunterricht. Die Fortschritte, die der kleine Chopin macht, sind so verblüffend, dass bald der renommierte Warschauer Musikpädagoge *Wojciech Żywny* engagiert wird.

Er versucht, seinen neuen Schüler für das klassische deutsche Repertoire zu begeistern *(Bach, Haydn, Mozart, Beethoven)*, doch die Werke zeitgenössischer Komponisten, wie z. B. *Hummel,* nehmen stärkeren Einfluss auf die Entwicklung Chopins und seiner Kompositionen. Im November 1817 erscheint die „Polonaise g-Moll", die erste Komposition des Siebenjährigen.

1821 schreibt er eine Abschiedspolonaise für seinen Lehrer Żywny, der ohne Scham zugibt, seinem Schüler nichts mehr beibringen zu können. Chopins neuer Lehrer wird *Joseph Elsner,* Leiter des Warschauer Konservatoriums.

Chopin, das Wunderkind, wird zur Attraktion in den aristokratischen Salons von Warschau. Die plötzliche Aufmerksamkeit schüchtert den sensiblen Frédéric ein und prägt seinen ängstlichen Charakter. Seine Menschenscheu begleitet ihn durch das Leben. Seine seelische Zartheit drückt sich körperlich in einer Lungenerkrankung aus, die zahlreiche Ausflüge in die Umgebung Warschaus erfordert. Dort lernt er polnische Volksmusik kennen, verstehen und lieben. Sie begleitet seine Werke von diesem Zeitpunkt an und wird zu einem typischen Merkmal seiner Kompositionen. Mit 15 Jahren schreibt er die ersten Mazurken.

Seine musikalische Weiterbildung verdankt Chopin einer Reise nach Berlin, wo er zahlreiche Konzerte besucht und den schon damals berühmten Komponisten Mendelssohn trifft.

Eine zweite Reise, diesmal nach Wien (1829), ermöglicht ihm seinen ersten großen öffentlichen Auftritt. Er wird ein Erfolg und eröffnet Chopin die Möglichkeit, als Musiker und Komponist außerhalb Polens zu leben. Am 2. November 1830 verlässt Chopin Warschau, um sich in London niederzulassen. Zunächst jedoch bleibt er in Wien, wo er einen achtmonatigen Aufenthalt zum Komponieren nutzt. Es entstehen Mazurken, Walzer, das „Scherzo in h-Moll" und die „Grande polonaise in Es Dur op. 22." Im September 1831 siedelt Chopin nach Paris über. Die Nachricht vom polnischen Aufstand, der von den Russen blutig niedergeschlagen wird, und von der Besetzung Warschaus prägt die nächsten Monate seines Lebens. Das Bewusstsein, nicht mehr nach Warschau zurückkehren zu können, entwickelt in ihm ein starkes Einsamkeitsgefühl. Unter dem Einfluss dieser tragischen Ereignisse schreibt er die „Revolutionsetüde op. 10 Nr. 12."

Erst fünf Monate nach seiner Ankunft in Paris fängt sich der Komponist wieder, tritt öffentlich auf und spielt das „Klavierkonzert in f-Moll". Er engagiert sich aktiv für die polnischen Emigranten, unterstützt sie mit Wohltätigkeitskonzerten und macht die Pariser Bevölkerung auf die dramatische politische Lage Polens aufmerksam.

Durch seine Konzerterfolge wird er über Nacht zu einem der gefragtesten Klavierlehrer der Stadt. Er findet schnell Freunde, u. a. die führenden Köpfe der romantischen Bewegung *(Liszt, Mendelssohn, Osborne und Hiller)*, die seine großzügige, geduldige und aufrichtige Art zu schätzen wissen.

Auch seine finanzielle Lage stabilisiert sich. Doch seine Erfolge verstärken auch seine innere Unruhe. Um an seinen Werken konzentriert schreiben zu können, muss Chopin regelmäßig die Stadt verlassen. Seine Scheu gegenüber dem Publikum vertieft sich, und weder sein Temperament noch die körperliche Verfassung eignen sich für ein Leben als berühmter Konzertpianist. So ist sein Erfolg nicht von Dauer, und schon bald quittiert das Publikum seine Konzerte nur noch mit zurückhaltendem Applaus.

Im Oktober 1836 lernt Chopin im Hause von *Franz Liszt* die extravagante Romanschriftstellerin *George Sand* kennen, eine starke und energische Frau. Sie führt ihn in die Kreise um *Heinrich Heine, Alfred de Musset,* den Maler *Delacroix* und den polnischen Dichter *Adam Mickiewicz* ein.

1838 beginnt zwischen George, die sich die Attribute der Männerwelt zu Eigen macht, und Chopin eine Romanze, die zu einer tiefen Beziehung wächst. Chopin, der in seiner Innenwelt zu Hause ist, ist nicht in der Lage, den alltäglichen Anforderungen des Lebens standzuhalten. In George findet er eine Frau, die ihm diese Probleme abnimmt und ihn vor der Außenwelt schützt. Neben dem Komponieren und dem Klavierunterricht findet er Ausgleich im Familienleben mit George und ihren zwei Kindern, die sie in die Beziehung mitbringt. Meinungsverschiedenheiten um das Erwachsenwerden der Kinder bringen jedoch Konflikte, die letztendlich nach neun Jahren zur Trennung führen. Damit endet eine Verbindung, die nicht immer einfach, aber von gegenseitiger Inspiration und Kraftgebung gekennzeichnet war.

Chopins Gesundheits- und Gemütszustand verschlechtert sich weiter. Trotzdem unternimmt er eine Reise nach London, wo er noch einmal Wohltätigkeitskonzerte zugunsten polnischer Emigranten gibt. Nach siebenmonatigem Aufenthalt in Großbritannien kehrt er nach Paris zurück. Dort entstehen zwei Mazurken, die nach seinem Tod als „Opus 68 Nr. 2" und „Opus 68 Nr. 4" veröffentlicht werden.

Im Sommer 1848 erfolgt der Zusammenbruch des Komponisten. Geschwächt wird Chopin von seinen Freunden in die ländliche Umgebung von Paris gebracht. Dort stirbt er am 17. Oktober 1849 an den Folgen von Tuberkulose. Die Beerdigung findet auf dem Friedhof Pere Lachaise statt, doch das Herz Chopins (seinem letzten Willen entsprechend) wird nach Warschau gebracht, wo es im Jahre 1880 in der Heilig-Kreuz-Kirche *(Kościół Świętego Krzyża)* beigesetzt wird.

Chopin wurde 38 Jahre alt. Er schuf 12 Polonaisen, 4 Balladen, 19 Nocturnen, 56 Mazurken, 25 Preludien, 15 Walzer, Klavierkonzerte e-Moll und f-Moll, Etüden, Scherzos und Sonaten.

Ist Chopin allen Nicht-Polen ein großer Romantiker unter vielen, welcher schöne und gefühlvolle Musik schuf, so hat er für Polen eine herausragende Bedeutung. Im 19. Jh. und während des Zweiten Weltkrieges, als die polnische Sprache verboten und die polnische Kultur auf das höchste bedroht waren, sprach er mit seiner Musik polnisch. Ihre starke Ausrichtung auf folkloristische Elemente bündelte die Sehnsüchte und Hoffnungen des bedrängten Volkes, hielt das Nationalbewusstsein am Leben und stützte so die Widerstandsbewegung im Kampf um ein freies Polen.

Neben dem Dichter *Mickiewicz* und dem Maler *Matejko* ist Chopin unter den vielen polnischen Künstlern, die sich dieser patriotischen Aufgabe widmeten, die herausragendste Gestalt. Ohne diesen Aspekt seines Werkes kann ein Außenstehender die Liebe der Polen zu ihrem großen Komponisten nur zum Teil verstehen.

Literatur

Ähnlich wie die Musik ist die polnische Literatur zu Unrecht in Deutschland nach wie vor relativ unbekannt. Dabei gehört sie zum Kreis der europäischen Literatur, die immer wieder Dichter hervorbrachte, deren Bedeutung über die eigenen Landesgrenzen hinauswuchsen.

Mikołaj Rej ist der erste bedeutende Schriftsteller Polens, der im 16. Jahrhundert erstmals in polnischer Sprache Prosatexte verfasste. Höhepunkt der Renaissance bildete die Lyrik von *Jan Kochanowski,* die mit satirisch-didaktischen Gedichten noch heute die Gemüter erheitert. Aber auch die Klagelieder auf den Tod seiner Tochter wurden vorbildlich für eine neue literarische Gattung.

Die Aufklärung stand im Zeichen einer geistigen Erneuerung. Satiren, Fabeln und Komödien übten Kritik an den bestehenden Missständen. In diesem Zusammenhang ist *Ignacy Krasicki* zu erwähnen. Der Schöpfer des polnischen Theaters *Wojciech Bogusławski* schuf in dieser Zeit, die von der Folklore beeinflusste Komödie „Die Krakauer und die Goralen".

Die drei großen Romantiker *Adam Mickiewicz, Juliusz Słowacki* und *Zygmunt Krasiński,* deren Werken nach der dritten Teilung Polens die Aufgabe übernahmen, nationale Einheit zu wahren und das Polentum zu erhalten, stehen im Rang von Nationaldichtern. Hierher gehört auch „Herr Thaddäus" *(Pan Tadeusz)* von *Mickiewicz* – eine Pflichtlektüre für jeden Polen.

Zwischen 1864–90, unter dem Einfluss von u. a. *Dickens* und *Tolstoj,* setzte sich der kritische Realismus mit verschärfter sozialer Thematik durch. Daneben gab es historische Romane, die Patriotismus und aktuelle politische Situationen zum Teil verschlüsselt wiedergaben. *Eliza Orzeszkowa, Bolesław Prus* und *Henryk Sienkiewicz,* der für seinen Roman „Quo Vadis" den Literaturnobelpreis erhielt, traten in dieser Zeit hervor.

Ein anderer Literatur-Nobelpreisträger ist *Władysław Stanisław Reymont.* Er erhielt die Auszeichnung 1924 für seinen 4-bändigen Roman „Die Bauern" *(Chłopy),* in dem unter Verwendung symbolistischer Motive das polnische Dorfleben im Wechsel der Jahrzehnte dargestellt wurde. Sein Zeitgenosse *Stanisław Wyspiański* gehört zu den führenden Dramaturgen Polens. Das Theaterstück „Die Hochzeit" *(Wesele)* von Multitalent *Wyspiański* (Dichter, Bildhauer, Maler, Dramaturg, Architekt) bekleidet heute den Rang einer Nationaldichtung.

Die 20er und 30er Jahre des 20. Jahrhunderts galten vorwiegend Literaturgruppen, die Futuristisches, Surrealistisches und Groteskes hervorbrachten. Hier wären u. a. *Stanisław Ignacy Witkiewicz, Bruno Schulz* oder *Witold Gombrowicz* zu erwähnen.

Nach 1945 wurde die Prosa zunächst von Themen wie Kriegszeit, KZ-Erlebnisse und Nachkriegswirren, beherrscht, z. B. *Jerzy Andrzejewski* „Asche und Diamant" *(Popiół i diament).*

Bekannter für die westliche Leserschaft wurde ab den 1950er Jahren

Stanisław Lem mit seiner Science-Fiction-Literatur oder *Sławomir Mrożek* (auch Nobelpreisträger), der mit absurden Theaterdramen Weltrang erwarb. Auch durch die nächsten Literatur-Nobelpreisträger *Wiesława Szymborska* und *Czesław Miłosz,* beide Dichter, wurde die polnische Literatur zum Begriff.

Zu den Klassikern in den polnischen Kinderbuchregalen gehört ohne Zweifel *Jan Brzechwa,* der mit seinen witzigen Reimen immer wieder gerne zitiert wird. Jeder Pole kann mindestens ein Gedicht von ihm auswendig. Auch die Gedichte „Die Lokomotive" *(Lokomotywa)* oder „Die Rübe" *(Rzepka)* von *Julian Tuwim* sind in Polen weit verbreitet. Überhaupt wird in der polnischen Kinderliteratur sehr viel Dichtung verwendet. So ist eine Art polnischer Comic aus den 30er Jahren, in dem es um die Abenteuer von dem Bocklein Matołek *(Przygody koziołka Matołka)* geht, natürlich in Versen geschrieben. *Kornel Makuszyński* und *Marian Walentynowicz* sind hier die Autoren.

Im Jahr 2000 war Polen Schwerpunktthema der Frankfurter Buchmesse. Und so nutzte das Land die Chance, seine Literatur zu präsentieren. Doch neben den unbestrittenen Weltrangklassikern zeigte Polen frisches, undogmatisches und unverbrauchtes literarisches Gesicht. Über 60 polnische Autoren sind nach Frankfurt eingeladen worden.

Neben altbekannten Schriftstellern, wie *Ryszard Kapuszyński* oder *Andrzej Szczypiorski,* wurden hier auch die Shootingstars der letzten Generation vorgestellt. Dazu gehört u. a. *Maria Nurowska* „Tango für drei", Małgorzata Saramonowicz mit ihrem Debütroman „Die Schwestern", der binnen weniger Tage nach der Veröffentlichung ausverkauft war oder Andrzej Stasiuk mit dem Roman „Die Welt hinter Dukla".

Film

Den polnischen Film prägen die Namen *Andrzej Wajda, Krzysztof Kieślowski, Roman Polański,* die auch zu internationaler Anerkennung gekommen sind. *Polański* verließ das Land in jungen Jahren und machte in Amerika Karriere. Die beiden anderen vereint die Suche nach den Wahrheiten des Lebens, und das macht ihre Filme tief und zeitlos. *Wajda* (1926 geboren) entwickelte sich nach dem Zweiten Weltkrieg neben *Polański* zum bekanntesten polnischen Regisseur. Einige seiner preisgekrönten Filme sind auch ab und zu in Deutschland zu sehen. Darunter „Asche und Diamant" (1959) „Der Mann aus Marmor" (1972) und „Der Mann aus Eisen" (1981), in denen es überwiegend um politische Überzeugungen und deren Durchsetzung geht. Auch in seinem vorletzten Werk, der Verfilmung des Nationalepos *„Pan Tadeusz"* von *Adam Mickiewicz* geht es um diese Themen. Für sein Lebenswerk erhielt Wajda im April 2000 den Oscar.

K. Kieślowski (1941 bis 1996), einer aus der jüngeren Generation der polnischen Regisseure, hat mit seinem „Dekalog“ (u. a. „Ein kurzer Film über die Liebe“ und „Ein kurzer Film über das Töten“), einer eigenwilligen Interpretation der Zehn Gebote, ein bedeutendes Filmwerk geschaffen. Den schmalen Grat zwischen gesellschaftlicher Realität und menschlichen Bedürfnissen hat er eindrucksvoll und bewegend auf die Leinwand gebannt. Ebenso bekannt ist seine Trilogie „Drei Farben Rot (bzw. Weiß/ Blau)“, die auch in den deutschen Kinos gezeigt wurde.

Diese beiden, wie auch viele andere bedeutende polnische Regisseure, u. a. *Krzysztof Zanussi,* wurden in der Filmschule in Łódź ausgebildet. Kurz nach dem Zweiten Weltkrieg aufgebaut, wurde sie großzügig ausgestattet, denn der Film galt im neuen sozialistischen Polen als die wichtigste Kunstart. So wurden in den 1950er Jahren vorwiegend Propagandafilme von den Filmemachern erwartet. Nach *Stalins* Tod lockerte sich jedoch die staatliche Kontrolle, und es entwickelte sich eine eigenständige **Polnische Filmschule,** die mit ihrer großen Vielfalt an stilistischen Mitteln beeindruckt. Es waren gerade die gesellschaftskritischen Themen, die voller Symbolkraft umgesetzt werden mussten, um an der Zensur vorbei den Zuschauer zu erreichen. Darin haben die polnischen Regisseure ihr großes Geschick bewiesen, und so zeichnet der anspruchsvolle polnische Film sich auch heute noch durch seine tiefsinnige und symbolbesetzte Umsetzung aus. Mit Beginn des Kriegsrechts in Polen (1981) waren die Ausdrucksmöglichkeiten der Filmregisseure stark eingeschränkt und viele von ihnen emigrierten ins Ausland.

An dieser Stelle ist *Agnieszka Holland* zu erwähnen, die nur so die Möglichkeit bekam, einen Film über die Ermordung des Priesters *Jerzy Popiełuszko* zu verfilmen. Aber nicht nur Regisseure haben sich einen Weltnamen in der Filmbranche erarbeiten können. Der polnische Kameramann *Janusz Kamiński* gehört zu den besten seiner Branche. Für seine Kameraarbeit an den Filmen „Schindlers Liste“ und „Soldat Ryan“ bekam er in Folge den begehrten Oscar.

In den letzten Jahren wurden mehrere Klassiker der polnischen Literatur verfilmt. Darunter u. a. die beiden im Vers geschriebenen Stücke Pan Tadeusz von *Mickiewicz* und Zemsta von *Fredro* (beide Regie *Andrzej Wajda*) sowie Quo Vadis von *Sienkiewicz.* Die Neuverfilmung von „Quo Vadis“ (Kinostart September 2001) bei dem *Jerzy Kawalerowicz* die Regie führte, einer, der schon immer ein Faible für Monumentalfilme hatte (er drehte bereits 1965 in großartiger Ausstattung und Besetzung den Kinofilm „Pharao“), gehört zurzeit zu den teuersten polnischen Filmen aller Zeiten. Demnächst wird er von einem anderen Literaturklassiker überholt: Stara Baśń (Die alte Sage) aus der Feder von *Józef Ignacy Kraszewski* (1812–1887), ein rund 1000 Seiten dicker Wälzer, der von den Anfängen der polnischen Nation handelt und in märchenhafter Art verfasst wurde.

Der polnische Film, egal ob Komödie, Action oder Drama wird hochgeschätzt, hat einen festen Platz beim polnischen Publikum und lockt somit bei jeder Premiere die gesamte Nation in die Kinosäle.

Sprache und Verständigung

Verhaltenstipps – ein paar ungeschriebene Gesetze

- Frauen werden in Polen noch häufig mit Handkuss begrüßt.
- Bei Einladungen bringt man immer eine Kleinigkeit, z. B. Blumen, mit.
- In Restaurants und Cafés wird zuerst die Garderobe abgegeben. Gegen ein paar Złotys erhält man sie beim Gehen zurück. Die neueren Lokale übernehmen diese Tradition nur noch zum Teil.
- In der Kirche trägt jeder etwas zur Kollekte bei, und seien es nur ein paar Groszy.
- Witze über den Papst sollte man nicht erzählen!!!
- In Bussen und Straßenbahnen bietet man älteren Personen und Schwangeren unaufgefordert seinen Platz an.
- Am Ostermontag sollte man das Zentrum der Städte meiden. An diesem Tag wird nach einem alten Brauch (Śmingus Dingus) jeder mit Wasser übergossen. Das kann zu wahren Wasserschlachten ausarten!

Der Polenreisende, der den Ehrgeiz entwickelt, die Landessprache lernen zu wollen, muss sich viel Mühe geben. Ist die polnische Sprache schon für ein deutsches Ohr kaum nachvollziehbar, so wollen die deutschen Lippen erst recht nicht so richtig, wenn es darum geht, z. B. *cześć*, was sowohl „Tschüss" als auch „Hallo" bedeutet, auszusprechen. Will man die Laute in Buchstaben ausdrücken, kommt dabei ungefähr *tscheischtsch* heraus. Auch wenn er gerade dieses Wort oft zu hören bekommt, bleibt der Deutschsprachige doch lange unsicher, ob er es nun richtig ausgesprochen hat.

Eine weitere Schwierigkeit ist, dass die polnische Sprache einige Buchstaben hat, die in unserem Alphabet nicht zu finden sind. So z. B. das „ł", was viele fälschlicherweise als „l" lesen. Man sagt aber **nicht „Zloty", sondern „Zwoty",** wobei dieses „w" weich (wie im Englischen) und das „o" kurz gesprochen wird. Auch *Wałęsa* („Wawensa", mit weichem „w") ließ manchen deutschen Nachrichtensprecher anfangs stolpern.

Es kann aber auch durchaus Spaß machen, die polnische Aussprache zu lernen. Im **Anhang** gibt es eine kleine **polnische Sprachhilfe.** Dort sind die gebräuchlichsten Begriffe, Redewendungen und Sätze aufgezeigt, die dem Reisenden eine erste Hilfe bei der Verständigung im Land ermöglichen.

Den anderen, denen das zu mühsam erscheint, sei angeraten, bei der Frage nach einer Straße beispielsweise, den Namen lieber zu zeigen als auszusprechen. Denn der Versuch, nach der Straße *Krakowskie Przedmieście* zu fragen, muss an dem verständnislosen Ausdruck im Gesicht eines Polen scheitern, wenn man das Wort wie im Deutschen auszusprechen versucht. Erfreulicherweise gibt es aber auch ein paar Ähnlichkeiten der beiden Sprachen, die sich aus ihrem gemeinsamen indo-europäischen Ursprung ergeben (das betrifft vor allem den grammatikalischen Aufbau). Lehnwörter aus anderen Sprachen wie *bank, telefon, hotel, student, bar* können das Verständnis und den Gebrauch erleichtern. Aber auch hier ist auf die Aussprache zu achten. *Europa* beispielsweise wird im polnischen „e-uropa" gesprochen, da die Polen das deutsche „eu" nicht kennen. Auch die polnischen Endungen tragen dazu bei, dass diese Wörter nicht mehr verstanden werden können. Bei der Frage: „Wollen wir uns im Pub treffen?", wird aus dem englischen Wort „Pub" *Pubie.*

Wer es genauer wissen will, dem sei der Sprachführer „Polnisch – Wort für Wort" aus der Kauderwelsch-Reihe des REISE KNOW-HOW Verlages Peter Rump empfohlen.

Es ist nicht unbedingt zu erwarten, dass man sich in Polen (außerhalb von Oberschlesien) mit der **deutschen Sprache** verständigen kann. Aber es ist doch erstaunlich, wie gut manche Polen Deutsch sprechen. Die erste **Fremdsprache** in Polen war bis Anfang der 1990er Russisch. Den meisten Polen war es früher nicht möglich, weitere Sprachen zu erlernen; für einen Englischkurs beispielsweise musste man einen durchschnittlichen Monatsverdienst zahlen, ein nicht zu finanzierender Luxus für die meisten. Heute ist Englisch unter den Fremdsprachen jedoch an die erste Stelle gerückt.

Die Polen, die mit Touristen zu tun haben, sprechen alle **Englisch.** Auch **Französisch** wird häufiger als Deutsch gesprochen, aufgrund einer lang andauernden polnisch-französischen Verbundenheit.

Dolmetscher in Krakau

- **Tłumacz Przysięgły Renata Burzmińska-Meres** (nur Deutsch), ul. Pokoju 45, Tel. 4118758.
- **Eurokrak,** ul. Karmelicka 45/9, Tel. 6323458.
- **Lingua,** ul. Czarnowiejska 47B, Tel./Fax 6323347.

Für den ausländischen Besucher interessante **Informationen** und **Publikationen** (wie Reiseführer, Museumsführer, Geschichtsdokumentationen etc.) sind zum überwiegenden Teil auf Englisch, aber auch teilweise auf Deutsch erschienen.

Museale Führungen und Stadtrundgänge werden ebenfalls in erster Linie in englischer Sprache kommentiert, auf Wunsch bekommt man aber auch Stadtführungen in Deutsch, Spanisch, Französisch, Russisch, Tschechisch, Slowakisch, Rumänisch und auch in Japanisch.

Bei besonderen Problemen können deutschsprachige Dolmetscher weiterhelfen, die ihre Dienste teilweise rund um die Uhr anbieten. Jedes größere Hotel führt eine Liste mit Dolmetschern. Das gleiche gilt auch für Touristenbüros und Polizeireviere.

Alles, was man zwischendurch braucht, gibt es am Ruch-Kiosk

Medien

Presse *(Gazety)*

Noch **vor ca. 20 Jahren** gab es an einem Zeitungsstand in Polen lediglich drei Tageszeitungen, zwei Frauen-, zwei Kinder-, zwei Jugendzeitschriften, zwei Satire-Magazine (*Karuzela* und *Szpilki*), zwei Kulturblätter und eine politische Zeitung, die wöchentlich erschien *(Polityka)*. Sie alle waren äußerst schwer zu bekommen (besonders die Frauenzeitschriften und *Polityka*), obwohl die Qualität von Papier und Druck sehr schlecht und die Preise relativ hoch waren. So teilten sich oft mehrere Nachbarsfamilien eine Zeitung.

Heute ist die Situation anders. Fast jeden Monat erscheint eine neue Zeitung auf dem Markt. Politische Tageszeitungen und Wochenblätter, wie *Gazeta Wyborcza, Polityka, Rzeczypospolita,* aber auch Modemagazine, wie *Elle, Vogue, Cosmopolitan,* oder Jugendmagazine, wie *Bravo* und *Mädchen,* sind mittlerweile ohne Probleme am Zeitungsstand zu bekommen.

Auch der deutsche Verlag *Gruner und Jahr* hat sich einen festen Platz auf dem polnischen Pressemarkt gesichert. **Deutsche Blätter,** wie *Tina, Naj* oder *Claudia,* zählen mittlerweile zu den populärsten Frauenzeitschriften in Polen. Komplett ins Polnische übersetzt (nur die wirklich typisch deutschen Artikel werden ausgetauscht),

043wa Foto: ki

erscheinen sie auf qualitativ hochwertigem Papier im Vierfarb-Druck und machen mit vergleichbar niedrigen Preisen den polnischen Frauenzeitschriften (z. B. *Kobieta i Życie*) starke Konkurrenz.

Doch nach wie vor gehören die alt eingesessenen Blätter *Życie Warszawy* (Das Warschauer Leben) und *Express Wieczorny* (Der Abend-Express) zu den beliebtesten Zeitungen Warschaus, und es bleibt zu hoffen, dass sie auf dem großen polnischen Pressemarkt nicht verdrängt werden.

044wa Foto: kj

Für den Warschaubesucher sind die **kostenlosen Monatsbroschüren** *Warszawa What- Where- When, The Warsaw Voice, Welcome to Warsaw,* sowie *Warsaw in your Pocket* (für 6 zł) sehr empfehlenswert. Der auf Englisch erscheinende *Warsaw insider* gehört ebenfalls dazu. Neben praktischen Tipps findet man in den bunten Heften Kulturtipps, Geschichtsexkurse, Besichtigungsbeschreibungen und aktuelle Öffnungszeiten. Die Zeitschriften erscheinen in englischer und teilweise in deutscher Sprache und liegen in größeren Hotels, Buchhandlungen, in Touristeninformationen und anderen Touristenorten aus oder werden in Lokalen verteilt.

Internationale Presse erhält man an großen Kiosken und in Bahnhöfen.

Radio *(Radio polskie)*

Das polnische Radio sendet auf vier Kanälen. Sie alle bieten den polnischen Hörern ein recht gemischtes und vielseitiges Programm. Es wird von klassischer Musik über Jazz bis hin zu Rock und Pop alles geboten. Eine besondere Rolle spielen Lesungen, Interviews, Märchen für Kinder und Hörspiele für Erwachsene.

Zu den berühmtesten Hörspielen gehört die Familiensaga *„Matysiakowie“* („Familie Matysiak“), die schon seit 40 Jahren erfolgreich wöchentlich gesendet wird. Eine nicht mehr wegzudenkende Tradition des polnischen Radios (öffentlich-rechtlich) stellt der *Hejnał Mariacki* dar. Jeden Tag um 12.00 Uhr mittags wird das Trompetenspiel von der Marienkirche in Krakau live in ganz Polen übertragen.

Noch in den 1970er und den 1980er Jahren hörte man jeden Abend das verbotene Programm **„Radio Freies Europa“** *(Wolna Europa)*, welches in polnischer Sprache aus London gesendet wurde. Dieser Sender ermöglichte den Menschen in Polen, Nachrichten zu hören, die die offiziellen Medien im Lande aus politischen Gründen nicht veröffentlichen konnten oder wollten.

Die Qualität des Empfangs war meistens sehr schlecht, und so saßen die Familienmitglieder dicht um das Radio gedrängt und versuchten, aus dem Knacken und Rauschen die Stimme des Sprechers herauszuhören. Heute ist das „Radio Freies Europa" mit verbesserter Empfangsqualität ein fester Bestandteil des Programms. Die Nachrichten werden stündlich gesendet.

In vielen Städten Polens gibt es **Regional-Privatsender,** die sich mit viel Witz, Popmusik und Werbung nach westlichem Vorbild präsentieren. In Warschau zählt *Radio Z* zu den ersten.

Bis 1991 stand in Warschau der im Guinness-Buch der Rekorde verzeichnete **höchste Radioturm der Welt,** welcher es den Polen im Ausland ermöglichen sollte, polnische Sendungen hören zu können. Leider ist er aufgrund mangelhafter Instandhaltung eingestürzt und konnte wegen der finanziellen Misere nicht wieder aufgebaut werden.

Fernsehen (*Telewizja polska*)

Das polnische Fernsehen gibt es seit den 1950er Jahren. In den 70ern wurde es auf zwei Programme erweitert, die mit einer Unterbrechung während des Kriegszustandes 1981/82 bis heute senden.

Wie viele andere staatliche Unternehmen in Polen hatte zu Zeiten des Sozialismus auch das Fernsehen finanzielle Probleme, und die Fernsehanstalt hatte Mühe, die Programme interessant zu gestalten. Die vielen enttäuschten polnischen Zuschauer, die sich mehr für amerikanische Actionfilme interessierten, bewältigen ihren Kummer, indem sie sich einen **Videorekorder** zulegten.

Doch heute macht die Werbung vieles möglich, und so schaffte es das polnische Fernsehen Anfang der 1990er Jahre, sich von der eigenen Misere zu erholen. Wie gut das gelang, bewies der Sender TVP. Im Jahre 2002 wurde er zur besten öffentlich-rechtlichen Fernsehanstalt Europas gekürt. Damit hatte er die BBC (Großbritannien) und den NOS (Niederlande) weit hinter sich gelassen. Die besonders gute Qualität der Sendungen, die hohen Zuschauerquoten und die hervorragende Umsetzung des öffentlich-rechtlichen Anspruchs überzeugten die Juroren.

Das staatliche Fernsehen bietet Regionalprogramme, die täglich um 18.00 Uhr im Zweiten Programm ausgestrahlt werden und eine gute Informationsquelle für Wissbegierige darstellen, die des Polnischen mächtig sind. Es gibt auch viele Privatsender, die sich in der Struktur und in der Programmauswahl kaum von den uns bekannten Sendern in Deutschland unterscheiden.

Eine Besonderheit des polnischen TV ist die Tatsache, dass ausländische Filme nicht synchronisiert werden (ausgenommen Disney-Kinderfilme). Der Originalton wird durch die Stimme eines Sprechers überdeckt, der alle Dialoge vorliest.

Der katholische Radiosender von Polen

028kr Foto: cr

Krakau entdecken

029kr Foto: cr

027kr Foto: cr

Eindrucksvolle Fassaden sind in Krakau keine Seltenheit

Traditionelle Volksmusik in authentischen Trachten

Majestätisch gibt sich die alte Königsstadt

Überblick

Krakau *(Kraków),* die Hauptstadt der Wojewodschaft Małopolska, liegt mit seinen ca. 750.000 Einwohnern im Süden Polens, im **Weichseltal.** Der Fluss selbst fließt mitten durch die Stadt, die in **vier Stadtteile** geteilt ist: *Śródmieście* (das Zentrum), *Krowodrze, Podgórze* und *Nowa Huta.* Gegründet wurde die Stadt im 13. Jahrhundert. Der komplett erhaltene historische Stadtkern wurde 1978 von der UNESCO auf die Liste des Weltkulturerbes gesetzt. Damit war Krakau die erste europäische Stadt, der diese Ehre zuteil kam.

Krakau ist eines der ältesten Kultur- und Wissenschaftszentren Mitteleuropas. Die **Jagiellonen-Universität** *(Uniwersytet Jagielloński),* 1364 gegründet und 1400 von König Władysław Jagiełło reformiert, ist die älteste und berühmteste in Polen. Die Stadt hat elf staatliche und drei private **Hochschulen** sowie zahlreiche wissenschaftliche Institute mit insgesamt über 120.000 eingeschriebenen Studenten. Das Krakauer Theater gehört zu den besten des Landes.

Nach dem Krieg entwickelten sich in Krakau und seiner Umgebung große Industrielandschaften. Bedeutend waren in erster Linie die Eisen- und Stahlhütten, aber auch der Maschinenbau, die Metall-, Chemie-, Lebensmittel- und Bekleidungsindustrie. Diese brachten für die Stadt zwar einen schnellen Aufschwung, doch gleichzeitig auch eine erhöhte Luftverschmutzung und damit einhergehende ökologische Zerstörungen. Nach dem Produktionsvolumen gerechnet, belegt Krakau im Jahr 2002 unter Polens Städten den vierten Rang. Stahl-, Tabak- und Pharmaindustrie sind die maßgeblichen Faktoren für diese Entwicklung. Immer mehr privatisierte Industriezweige und vor allem die Tourismusbranche nehmen Teil am wirtschaftlichen Aufschwung der Stadt.

Der zentral gelegene Bahnhof und der Busbahnhof garantieren gute Verkehrsverbindungen. Der Flughafen in Balice ermöglicht zudem schnelle Verbindungen mit dem In- und Ausland.

Die **Krakauer Altstadt** mit seiner faszinierenden historischen Atmosphäre ist so vielseitig und voller Überraschungen, dass man sich hier mindestens 3 Tage aufhalten sollte. Neben dem umfangreichen kulturellen Angebot sind es die vielen kleinen Freuden, die den Aufenthalt zu einem einmaligen Erlebnis machen. Sei es eine Kutschfahrt durch die historischen Straßen der Stadt, das Meer an Blumen und Tauben auf dem Marktplatz, kleine Päuschen in den vielen stilvollen Cafés, lustige Straßentheaterszenen oder das spontane Konzert polnischer Jazzmusiker neben den Tuchhallen – dies alles trägt dazu bei, dass der Aufenthalt unvergesslich bleibt.

Der **Wawelhügel,** einst Sitz der polnischen Könige und heute die bedeutendste Schlossanlage Polens, ist ein weiterer empfehlenswerter Besichtigungsort, für den man allein einen Tag reservieren muss.

In den letzten Jahren hat sich der ehemalige **jüdische Stadtteil Kazimierz** zu einem touristischen Anziehungspunkt entwickelt. Um die ul. Szeroka herum hat die jüdische Kunst, Kultur und Lebensart ihren Platz. Den ehemals vernachlässigten Stadtteil hat nun auch die Jugend für sich entdeckt und ihn mit unzähligen Cafés, Bars, Restaurants und Galerien belebt.

Bei einem längeren Aufenthalt bieten sich zwei sehr interessante Besichtigungskomplexe für Tagesausflüge an: **Wieliczka,** das 700 Jahre alte Salzbergwerk in unmittelbarer Nähe, und **Auschwitz-Birkenau,** das Konzentrationslager, 60 km von Krakau entfernt. Wer sich auf die Spuren des sozialistischen Krakaus begeben möchte, dem sei ein Besuch des Stadtteils **Nowa Huta** empfohlen.

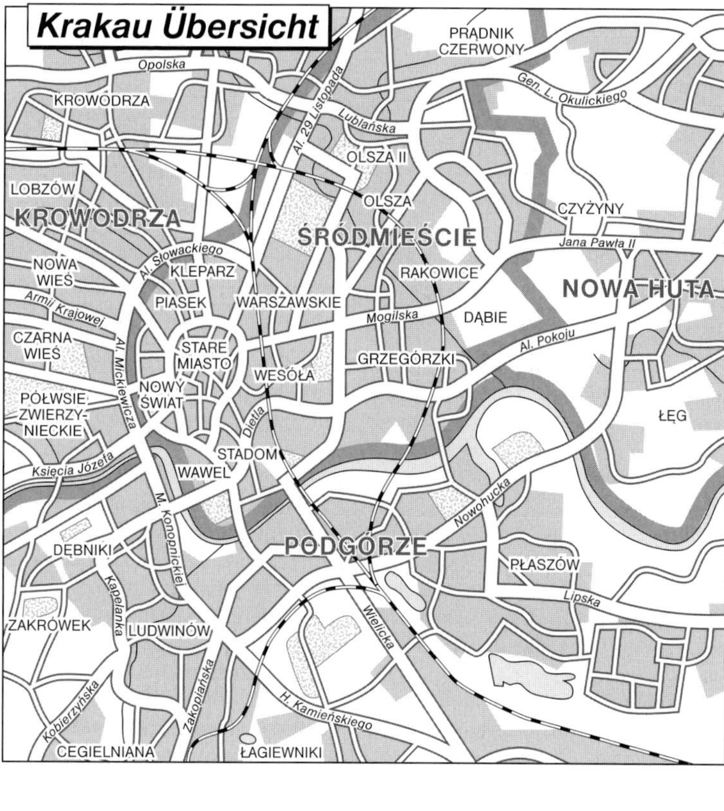

Krakau Übersicht

Stadtgeschichte

Krakau hat eine lange Geschichte. Auf dem Wawel, dem Tafelberg an der Weichsel, lassen sich menschliche Spuren von etwa **100.000 v. Chr.** nachweisen.

Das Reisetagebuch des arabischen Arztes *Ibrahim ibn Jaqub* aus den **Jahren 905/ 906** beschreibt Krakau erstmals als wichtiges Handelszentrum, das den Vorteil hatte, an fünf zentralen Handelsstraßen zu liegen.

Mit der Herrschaft der *Piasten,* der ersten polnischen Fürstendynastie, erfolgte am **Ende des 10. Jh.** die Christianisierung der Stadt, symbolisiert durch die Einrichtung des Krakauer Bistums im Jahre 1000. Auch der Wawel erhielt seine erste Kathedrale.

Als *König Kazimierz Odnowiciel* (der Erneuerer) Krakau **1038** zur Hauptstadt des Landes Polens macht, beträgt die Einwohnerzahl der Stadt mit den umliegenden Siedlungen 14.000. Die Hauptstadt, die kurze Zeit später auch zur Krönungsstadt wurde, erlebte in den folgenden 200 Jahren eine romanische Blütezeit und war in ihrer Pracht mit den anderen Hauptstadtmetropolen Europas ohne weiteres zu vergleichen.

Mit den Tatareneinfällen in Polen in den Jahren **1241/42** wurde diese Entwicklung jedoch jäh gestoppt. Unter dem Anführer *Batu-Chan* wurde die Stadt Krakau bei mehreren Überfällen schwer verwüstet.

Der notwendige Wiederaufbau der Stadt wurde vom *Großfürsten Bolesław Wstydliwy* (der Keusche) **1257** zum Anlass für die grundlegende Neuaufteilung des Stadtgebietes mit einer wehrhaften Befestigungsanlage genommen. Zum zentralen Mittelpunkt der schachbrettartig angelegten Straßenführung wurde ein riesiger Platz, der mit seiner 200 x 200 m großen Fläche die anderer europäischer Städte übertrumpfte. Diese Stadtanlage aus dem 13. Jh. ist bis heute erhalten geblieben. Im Jahre 1257 erhielt Krakau auch das *Magdeburger Stadtrecht.*

Im gotischen Krakau des **13.-15. Jh.** entstanden viele Gebäude, die auch heute noch zu sehen sind. Dazu gehören die Tuchhallen und die Marienkirche auf dem Marktplatz, die Stadttore und -türme der Stadtmauer, viele Bürgerhäuser und auch die zweite Universität Mitteleuropas.

Die Städte Kazimierz **(1335)** und Kleparz **(1366)** entstanden außerhalb der Stadtbefestigung und der Wawel war nicht mehr vom Stadtgebiet getrennt. „Sie hat auch Ähnlichkeit mit einem Adler, für dessen Kopf das Schloss steht, für den Hals die Grodzka-Straße, und die Vororte rundum sind gewissermaßen die Flügel", schrieb der *Chronist Marcin Bielski* im 16. Jh. über Krakau.

1364 gründete *König Kazimierz II. Wielki* (der Große) als bedeutender Förderer Krakaus die erste polnische Universität. Hier entstanden die ersten Lehrstühle Europas für Mathematik und Astronomie. Zu den hervorragenden Wissenschaftlern der Universität gehörte auch der Astronom *Nicolaus Copernicus,* der von 1492 bis 1496 in Krakau studierte. Neben dem

Krakau als virtuelle Konstruktion

Anlässlich des Kulturjahres entstand eine virtuelle Rekonstruktion des romanischen Krakaus und des Wawels (11. bis 13. Jahrhundert). Neben der Architektur beinhaltet das dreidimensionale Computermodell die damalige Struktur des Bodens, des Ökosystems und der Wegebeschaffenheit. Besonderes Augenmerk wurde auf die nicht mehr existierenden Teile der Stadt gelegt. Das Modell berücksichtigt neueste archäologische Ergebnisse, die unter Zuhilfenahme moderner Forschungstechnologien erzielt wurden.

Die Rekonstruktion Krakaus ermöglicht nun auf einer Fläche von ca. 400 qm, an die 1000 Objeke zu besuchen, darunter Ritterfestungen, Kirchen, Bauernhöfe, Brücken und Vegetationen. In die vergangene Zeit eintauchend, kann man über den Markt oder auf dem Königsweg spazieren gehen, eine Bootsfahrt auf der alten Weichsel wagen, oder das alte Krakau aus der Vogelperspektive bewundern.

Die virtuelle Rekonstruktion des Wawels ist teilweise in der Ausstellung „Der verschwundene Wawel" auf der Wawel-Anhöhe zu sehen.

Die kompletten CD-ROMs sind in den Krakauer Buchhandlungen erhältlich.

wissenschaftlichen Schwerpunkt legte das königliche Mäzenatentum und das reiche Bürgertum aber auch auf die Förderung der Kunst großen Wert. Der wichtigste Name des 15. Jh. ist in diesem Zusammenhang *Veit Stoß*. Sein bedeutendstes Werk in Krakau ist der Hochaltar in der Marienkirche, ein wirklich beeindruckendes Beispiel gotischer Schnitzkunst.

Im **16. Jh.,** der Blütezeit des *Jagiellonen-Geschlechts* (1386-1572), erlebte Krakau unter *Zygmunt I. Stary* und *Zygmunt II. August* eine Zeit des Reichtums und Friedens. Nach italienischen Vorbildern entwickelte sich das Stadtbild im Sinne der Renaissance, und auch Kultur und Kunst wurden von ihr stark geprägt. Nun war die Bevölkerung auf 30.000 Einwohner angewachsen. Handel und Handwerk entwickelten sich prächtig, es gab 60 Zünfte in der Stadt.

1558 ermöglichte die erste Poststelle in Polen eine vereinfachte Kommunikation mit ganz Europa. Krakau ließ die ersten liturgischen Bücher der Welt in kyrillischer Schrift drucken und eröffnete **1588** das erste Gymnasium Mitteleuropas mit weltlicher Lehre.

1596 beschloss der polnische *König Zygmunt III.* aus der *Wasa-Dynastie,* zugleich auch König der Schweden, die Verlegung der Hauptstadt Polens von Krakau nach Warschau, damit der Weg nach Schweden ein wenig kürzer wurde.

Krakau blieb zwar bis **1734** Krönungsort und Feierstätte der polnischen Könige, aber das konnte den Weg der Stadt in die Zweitrangigkeit auch nicht mehr aufhalten. Die Stadt, deren Expansion mit der Entscheidung König *Zygmunts* plötzlich gestoppt war, erlitt außerdem **1655–1657** schwere Verluste und Plünderungen durch die Schwedenbesatzung.

Weitere Verwüstungen während des **18. Jh.** durch russische, österreichische und preußische Truppen sorgten dafür, dass sich die Stadt des unaufhörlichen Verfalls nicht mehr erwehren konnte.

1787 lebten in Krakau und den umliegenden Orten nur noch 10.000 Menschen. Mit Beginn der Teilungen Polens **(1772–1795)** entwickelte sich Krakau zum Zentrum der Freiheitsbewegung und war **1794** der Ausgangspunkt des *Kościuszko-Aufstands*. Dieser wurde jedoch niedergeschlagen, und die Österreicher übernahmen **1795** nach der dritten Teilung Polens die Herrschaft über Krakau.

Im **19. Jh.** erlebte Krakau einen häufigen Machtwechsel. **1809** gliederten die Teilungsmächte die Stadt an das Großherzogtum Warschau an. Nach dem *Wiener Kongress* **1815** begann die dreißig Jahre andauernde Zeit einer gewissen Unabhängigkeit in dem kleinen Freistaat Krakau, der jedoch von den drei Besatzern Österreich, Russland und Preußen kontrolliert und beaufsichtigt wurde.

Die Krakauer Revolution von **1846** sollte die ersehnte vollständige Freiheit erwirken. Sie endete aber mit der erneuten Besetzung der Stadt durch die österreichischen Truppen, die sich nun bis **1918** in Krakau etablierten.

Ein Beschluss des österreichischen Landtages von **1866** billigte der Stadt eine größere Selbstständigkeit zu und ermöglichte Krakau, ein Zentrum der polnischen Kultur zu bilden, in dem sich z. B. der Historienmaler *Jan Matejko* frei entfalten konnte. Künstlerischer Schwerpunkt Polens ist Krakau bis heute geblieben.

Die Stadtentwicklung wurde auch im 19. Jahrhundert noch einmal empfindlich gestört. Ein zehn Tage andauernder Großbrand im Jahre **1850** zerstörte einen großen Teil der historischen Innenstadt. Dennoch stieg die Bevölkerung bis auf 50.000 Bewohner im Jahre 1870.

1915 hatte sich diese Zahl im Zuge der fortschreitenden Industrialisierung schon verdreifacht. Die Stadt breitete sich in rasantem Tempo über die Stadtgrenzen hinweg aus, und auch in der Altstadt wurde um- und angebaut.

Der allmähliche Verfall des Bündnisses der Teilungsmächte ließ die Krakauer Freiheitsbewegung zurzeit der **Jahrhundertwende** wieder aufleben. Es bildeten sich paramilitärische Schützenkompanien, die, von Österreich unterstützt, in den Kampf gegen die Russen zogen. Die erste Kompanie der polnischen Legion unter Führung des Krakauers *Jósef Piłsudski* zog am **6.8.1914** in den Kampf. In der kurzen Zeit der Unabhängigkeit, die Polen vier Jahre später nach dem Zerfall des Bündnisses der Teilungsmächte errang, wuchs die Stadt schnell.

Nur 20 Jahre Freiheit wurde der Stadt Krakau gewährt. Der nächste entscheidende Einschnitt in die Stadtgeschichte erfolgte **1939** mit dem Einmarsch der deutschen Truppen in Polen. Als Demonstration der neuen Herrschaft wurde gleich Anfang November 1939 die *„Sonderaktion Krakau"* durch Generalgouverneur *Hans Frank* eingeleitet, während der 184 Professoren und Mitarbeiter der Jagiellonen-Universität verhaftet wurden. Die Hochschulen, Gymnasien, Museen und Theater wurden geschlossen. Die polnische Wissenschaft und Kultur war in den folgenden fünf Jahren der Verschleppung und Vernichtung preisgegeben. Im jüdischen Getto im Krakauer Stadtteil Podgórze überlebte kaum ein Bewohner. Die Untergrundbewegung in Krakau war in diesen Jahren sehr aktiv. So gab es z. B. konspirative Bildungseinrichtungen, an denen man seinen Gymnasial- oder Hochschulabschluss machen konnte. Hier studierte auch *Karol Wojtyła,* der heutige Papst.

Am **18. Januar 1945** wurde die Stadt, die bereits zur Sprengung freigegeben war, von der sowjetischen Armee befreit. Nun folgten die Jahre des wirtschaftlichen Aufschwungs, verbunden mit einer Bevorzugung von Industrieansiedlungen. 1939 zählte Krakau 260.000 Einwohner. Heute ist sie mit ihren 750.000 Einwohnern die drittgrößte Stadt Polens. Prägend für das Stadtbild war die Errichtung der Wohnsiedlung Nowa Huta am Stadtrand, die in Verbindung mit dem großen Stahlwerk das neue Zeitalter des Sozialismus verkündete.

Aber Krakau blieb in seinem Herzen Kulturstadt und ist für viele Künstler zur Wahlheimat geworden. Krakau mit seinen wunderschönen Bürgerhäusern, seiner großen Anzahl an Kirchen, Palästen, Museen und Kunstschätzen und seiner historischen Stadtanlage wurde **1978** als erste europäische Stadt von der *UNESCO* als Weltkulturerbe ausgezeichnet.

Im Jahr **2000** trug die Stadt Krakau den Titel Europäische Kulturstadt 2000. Diese Auszeichnung wurde von den EU-Mitgliedsstaaten auch an 8 andere europäische Städte vergeben, denn zur Jahrtausendwende sollte ein besonderer Akzent gesetzt werden. Krakau war sich dieser Ehre bewusst. Das **ausgehende 20. Jahrhundert** wurde stark beeinflusst von dem bevorstehenden Ereignis. Bereits 5 Jahre vorher begannen die Vorbereitungen mit besonderen Festivals, wobei jedes Jahr unter einem bestimmten Motto stand. So war das Jahr **1996** dem Film und dem Theater gewidmet. Regisseur *Andrzej Wajda* stand dabei im Mittelpunkt. Das Jahr der Literatur und Poesie **1997** stand in Verbindung mit den Literaturnobelpreisträgern *Czesław Miłosz* und *Wiesława Szymborska*. Es folgte **1998** das Jahr der Musik mit dem Komponisten *Krzysztof Penderecki* im Vordergrund. **1999** stand im Zeichen der religiösen Kunst. Das Jahr **2000** bot ein buntes Programm mit vielen Festivals und Begegnungen aus allen kulturellen Bereichen. Zwei weitere Jubiläumsfeiern (600-jähriger Erneuerungstag der Jagiellonen-Universität sowie 1000-jähriges Bestehen der Krakauer Diözese) ergänzten das breite Angebot an Veranstaltungen. Die Stadt feierte ausgelassen und zeigte sich von ihrer besten Seite.

030kr Foto: cr

Altstadt *(Stare Miasto)*

Charakteristisch für die Altstadt Krakaus ist die **Parkanlage Planty,** die den gesamten Altstadtbereich wie ein Gürtel umschließt. Sie wurde Anfang des 19. Jahrhunderts nach der Demontage der mittelalterlichen Befestigungsanlage angelegt und trennt heute die verkehrsberuhigte Altstadt vom Großstadtgetümmel.

Ein weiteres Merkmal ist der riesige **Marktplatz** *(Rynek Główny)* von 200 x 200 m inmitten der Altstadt, von dem schachbrettartig angelegte Straßenzüge ausgehen. Für den Besucher nicht zu verfehlen, soll er den Ausgangspunkt für die folgende Beschreibung bilden. Am ersten Tag kann es schon mal passieren, dass man auf diesem Platz die Orientierung verliert, der mit seinen Tuchhallen, der Marienkirche, dem Rathausturm und der kleinen St. Adalbertkirche auf einen Blick nicht zu erfassen ist. Aber die unwillkürliche und häufige Begegnung mit ihm aus allen Richtungen lässt ihn schnell vertraut werden.

Der Klang des **„Hejnał"**, des traditionellen Weckrufs, den der Wind auch in die abgelegensten Winkel der Stadt trägt, ist eine weitere Besonderheit der Stadt. Seit nunmehr über 750 Jahren schickt ein **Trompeter** diese Melodie vom Turm der Marienkirche fast ununterbrochen zu jeder vollen Stunde in alle vier Himmelsrichtungen. Der Klang der Trompete bricht unvermittelt ab, genau so, wie er es der Legende nach tat, als der Turmwächter beim Einfall der Tataren im 13. Jh. während seines Warnsignals tödlich getroffen wurde.

Rundgang I

Aus welcher Richtung man auch immer die Krakauer Altstadt betritt, zum **Marktplatz (Rynek Główny)** ist es nicht weit. Für diesen faszinierenden Ort, der auch in der Nacht seine Lebendigkeit nicht verliert, braucht man schon ein bisschen Zeit zum Erleben. Den schönsten Blick auf den Platz bietet der Ausgang der ul. Floriańska: links die erhabene Marienkirche, geradeaus das Gewimmel der Passanten bis zur Mündung der ul. Grodzka und rechts dann das blühende Leben der vielen Blumenstände vor den Tuchhallen, die flatternden Tauben (allesamt verwunschene Ritter, sagt man), Straßenmusikanten um das Adam-Mickiewicz-Denkmal herum, bunte Schirme der Straßencafés und die Straßenhändler mit ihren Auslagen für die Touristen.

Der Marktplatz mit seiner Funktion als mittelalterliches Handelszentrum war bis ins letzte Jahrhundert hinein voller geschäftigem Treiben ganz anderer Art. Neben den Tuchhallen hatten sich allerlei Handwerker und Händler mit ihren Verkaufsständen niedergelassen, und der heute durch seine Weite beeindruckende Platz schien durch seine Bebauung viel zu klein für diese Stadt. Im Zuge des politischen und wirtschaftlichen Verfalls Krakaus waren die Gebäude am Marktplatz, das Rathaus, die Waage und die Tuchhallen sowie die unzähli-

Adam Mickiewicz – Polens größter Dichter

„Mickiewicz ist den Polen,
was Goethe den Deutschen und
Puschkin den Russen ist."
(Czesław Miłosz)

Adam Mickiewicz wurde am 24. Dezember 1798 in Litauen in einer Gegend, die ursprünglich von litauisch und später von russisch sprechenden Bauern bewohnt wurde, geboren.

Adams Kindheit verläuft in gemütlicher Kleinstadtatmosphäre mit vielen Eindrücken weißrussischer und litauischer Folklore.

Er besucht eine Dominikanerschule in Nowogród, wo der mittelmäßige Schüler nicht besonders auffällt. Ein Stipendium ermöglicht ihm anschließend ein Literaturstudium an der Universität von Wilna. Die Studienjahre gehören zu den glücklichsten in seinem Leben.

Ausflüge in die Umgebung, Lesungen, Gesang und Spaß bestimmen das Zusammensein der Studenten. In dieser Umgebung wird Mickiewiczs Gemeinschafts- und Freundschaftsgefühl geprägt und gestärkt. Zur Belustigung seiner Kameraden verfasst er hier als seine ersten schriftlichen Werke Spottgedichte.

1818 wird erstmals eines seiner Gedichte („Stadtwinter") veröffentlicht, in welchem seine konkrete Ausdrucksweise, die auch die späteren Werke kennzeichnet, deutlich wird. Nach Abschluss des Studiums (1819) nimmt Mickiewicz eine Lehrerstelle in Kowno an.

In Kowno beschäftigt sich der Dichter mit Werken von Schiller und Goethe. Dies bewirkt, dass Mickiewicz Balladen zu schreiben beginnt. „Balladen und Romanzen" heißt sein erstes Buch, das 1822 entsteht und sich eines großen Erfolges erfreut. Dieses Werk spielt für die polnische Literatur der Romantik eine Vorreiterrolle. Der Erfolg liegt sicherlich auch darin, dass im vorher herrschenden „Stil des Rationalismus" von Gebildeten für Gebildete geschrieben wurde. Die romantische Dichtung mit ihren volkstümlichen Motiven ist dagegen eine Literatur für jedermann und verschaffte Mickiewicz große Popularität in breiten Leserkreisen.

Ein zweiter Gedichtband aus dem Jahre 1823 enthält zwei größere Werke, „Grażyna" und „Ahnenfeier" (Dziady Teil II und IV). Es handelt sich hier um zwei Versdramen, das letztere wurde nie beendet. Gleichwohl ist die „Ahnenfeier" für die polnische Romantik ein charakteristisches und bedeutendes Werk, welches auch das polnische Theater neu belebt.

1823 ändert sich die innenpolitische Lage Litauens. Das Zarenregime beginnt, und sämtliche politischen Organisationen des Landes werden verboten. Im Oktober 1823 wird Mickiewicz und eine Anzahl seiner Freunde, die als Anhänger der Philomaten (eines patriotischen Studentenbundes) bekannt sind, verhaftet und ein halbes Jahr in einem Kloster festgehalten. Anschließend verbietet man Mickiewicz den Aufenthalt in Litauen und im westlichen Gouvernement. Statt dessen bekommt er eine Lehrerstelle in Russland zugewiesen.

1824 kommt er nach Petersburg, wo er durch die Freimaurer und die dortigen Philomaten herzlich aufgenommen wird. Doch der Aufenthalt ist nur von kurzer Dauer. Schon im Winter 1824/25 wird er nach Odessa (Handelsstadt und Kulturzentrum) versetzt. Hier lernt er *Karolina Sobańska* kennen, welche Verbindungen zum russischen Geheimdienst hat. Ihr verdankt Mickiewicz die Möglichkeit, seine „Krim-Sonaten" in Moskau zu veröffentlichen. Mit 22 Liebesliedern bilden diese Sonaten ein Tagebuch seines Liebeslebens, angefangen von seiner Jugendliebe bis hin zu flüchtigen Frauenbeziehungen in Odessa.

1826 wird Mickiewicz nach Moskau versetzt. 1828 erscheint sein sehr politisches Werk „Konrad Wallenrod". Konrad ist ein Litauer, der von den deutschen Ordensrittern als Christ erzogen und später zum Großmeister gewählt wird. Eines Tages erfährt er von seiner wirklichen Herkunft und führt die Ritter in eine Schlacht, die sie vernichtet. Das Prinzip, zugleich Fuchs und Hase zu sein, bezog sich auch auf die politischen Verhältnisse im damaligen Litauen. Doch die russische Zensur erkannte die Botschaft nicht, und so konnte das Buch herausgebracht werden.

Mit Hilfe seiner Freunde gelingt es Mickiewicz, einen Reisepass zu erhalten. Er reist nach Deutschland und anschließend nach Rom. Hier erhält er die Nachricht vom Ausbruch des polnischen Aufstandes. Um daran aktiv teilzunehmen, will er nach Polen, aber als er Mitte August 1831 die preußisch-russische Grenze erreicht, ist der Aufstand fast niedergeschlagen.

Er lenkt sich auf Empfängen, Jagdgesellschaften und mit Liebesaffären ab. Gleichzeitig plagen ihn Gewissensbisse über sein Verhalten. Diese wiederum geben ihm neue Schaffenskraft, und so entstehen in Dresden weitere Teile der „Ahnenfeier", die jetzt neben Traumszenen und brutal realistischer Satire auch politische und patriotische Komponenten enthalten. Die „Ahnenfeier" wurde im Jahre 1901 von *Stanisław Wyspiański* in Warschau uraufgeführt und wegen seiner politisch aufwühlenden Wirkung wiederholt von der Zensur abgesetzt (bis 1968!).

Ende 1832 geht Mickiewicz nach Paris und beginnt als Redakteur der Zeitschrift „Der polnische Pilger" zu arbeiten, wo seine linksdemokratische Einstellung deutlich wird.

Zur gleichen Zeit schreibt er auch ein rein poetisches Werk, *„Pan Tadeusz"* („Herr Thadäus"). Es ist ein Versepos, das zwölf Bücher in dreizehnsilbigen Reimpaaren umfasst. Mickiewicz' Kindheitserinnerungen aus Litauen bestimmen den Handlungsrahmen. Das Werk schildert zahlreiche Details aus dem Alltagsleben. Die Hauptdarsteller sind Durchschnittscharaktere des Mittelstandes mit kleinen alltäglichen Lastern. Mickiewicz selbst war mit seinem Werk nicht zufrieden und sagte: „Ich hoffe, meine Feder nie wieder für solche Lapalien gebrauchen zu müssen." „Pan Tadeusz" jedoch steigt unabhängig von seiner eigenen Wertung zu einem Meisterwerk der polnischen Literatur auf.

Nach diesem Epos schreibt Mickiewicz nur noch wenige Gedichte. Von 1840 bis 1844 nimmt der Dichter einen Lehrstuhl für slawische Literatur am College de France an. 1848 bietet sich ihm die Gelegenheit zu politischer Betätigung, die er sofort ergreift. Er geht nach Italien, um dort eine polnische Legion zu bilden. Diese sollte im Kampf zur Befreiung Norditaliens von den Österreichern eingesetzt werden und gleichzeitig die österreichischen Soldaten slawischer Abstammung in ihrem Nationalgefühl ansprechen und auf die Seite der polnischen Patrioten ziehen.

Nach der Niederschlagung der 1848er-Revolution in Polen fährt der Dichter nach Paris zurück und gibt eine Zeitung heraus (La Tribune Des Peuples), die schon bald wegen ihrer sozialistischen Gedanken von der französischen Zensur verboten wird.

1855 reist Mickiewicz nach Konstantinopel, wo Polen und Kosaken eine Legion für den Kampf gegen die Russen bilden. In einem Militärlager erkrankt er an Cholera und stirbt am 26. November an den Folgen der Krankheit. Zunächst wird er in Frankreich begraben.

Kurios an seiner Lebensgeschichte ist sicher die Tatsache, dass der größte Dichter Polens niemals Warschau oder Krakau gesehen hat. Erst 1890 wird sein Leichnam nach Krakau überführt.

gen Krämerläden, derart baufällig geworden, dass sie im Laufe des 19. Jh. abgerissen werden sollten. Nur der Rathausturm und die Tuchhallen haben dieses Todesurteil wegen des Widerspruchs der Bürger überlebt.

Heute sind die **Tuchhallen** *(Sukiennice)* neben der Marienkirche zweifellos der größte Blickfang auf dem Rynek Główny. Schon im 13. Jh. wurden die bis dahin hölzernen Basarbuden von einem Steinbau abgelöst. Aber die Gestalt von damals hat das 100 m lange eingeschossige Gebäude bis heute nicht behalten können. Nach den zahlreichen Zerstörungen der Stadt ist es heute das Ergebnis der Restaurationen in der 2. Hälfte des 19. Jh. und in den 50er und 70er Jahren des letzten Jahrhunderts. Auffällig ist die Attika aus dem 16. Jh., die, ursprünglich als Brandmauer gedacht, als „polnische Attika" Vorbild für viele Dächer in Polen wurde. Das Erdgeschoss mit seinen schönen Arkaden ist heute der Hauptanziehungspunkt für Touristen. Im Inneren beherbergt das Gebäude lauter kleine holzgeschnitzte Krambuden, in denen bunte polnische Volkskunst in allen Variationen angeboten wird. Hier hört man beim Vorüberschlendern eher Englisch, Französisch, Deutsch und Japanisch als Polnisch.

Im ersten Stock der Hallen ist seit 1879 die **Galerie der Polnischen Malerei** untergebracht. Sie stellt Gemälde und Bildhauerei von der Mitte des 18. Jh. bis zum Ende des 19. Jh. aus. Die meisten Passanten durchqueren die Tuchhallen, um von der einen Seite des Marktes zur anderen zu gelangen.

ℹ	1	Touristeninformation
★	2	Tuchhallen
⛪	3	Marienkirche
⛪	4	St. Barbarakirche
★	5	Adam-Mickiewicz-Denkmal
⛪	6	St. Adalbertkirche
★	7	Rathausturm
Ⓜ		mit Museum
Ⓜ	8	Historisches Museum
●	9	Polizei
★	10	Palast zu den Widdern
🍴	11	Restaurant Wierzynek
★	12	Haus zu den Eidechsen
🍸		und Jazzclub "Pod Jaszczurami"
★	13	Antiquitätenhaus
🏨	14	Hotel Pod Różą
Ⓜ	15	Pharmaziemuseum
Ⓜ	16	Matejko-Geburtshaus
☕	17	Café Jama Michalika
★	18	Florianstor mit den Zunfttürmen
Ⓜ	19	Czartoryski-Museum im Zeughaus
★	20	Barbakane
★	21	Słowackiego-Theater
Ⓜ	22	Theatermuseum
⛪	23	Kirche zum Hl. Kreuz
ℹ	24	Touristeninformation
✉	25	Post
Ⓑ	26	Bahnhof und Busbahnhof
⛪	27	St. Florianskirche
★	28	Grunwalddenkmal
ℹ	29	Touristeninformation
✉	30	Post
P		Bewachter Parkplatz

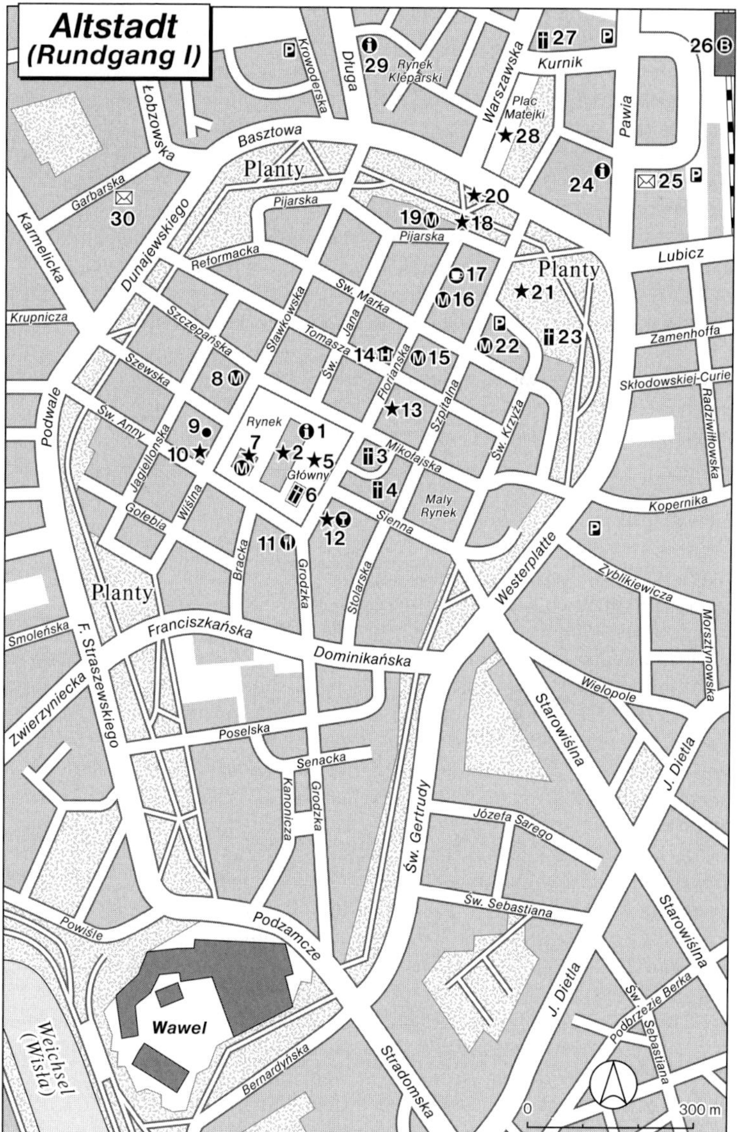

Krakau entdecken

Man muss schon genau schauen, wenn man in diesem Durchgang an der Wand den Dolch, auch das **„blutende Schwert“** genannt, entdecken will, das dort seit der Verleihung der *Magdeburger Stadtrechte* den Dieben Angst machen soll. Eine der vielen Krakauer Legenden weiß aber zu dem Dolch noch mehr zu erzählen: Demnach wurden die beiden Türme der Marienkirche von zwei miteinander konkurrierenden Brüdern errichtet. Der ältere beendete seine Arbeit früher als der jüngere und wollte um jeden Preis verhindern, dass der zweite Turm ebenso hoch würde wie sein eigener. So tötete er seinen jüngeren Bruder mit eben diesem Dolch. Doch Gewissensbisse ließen ihm daraufhin keine Ruhe mehr, und bei der Einweihung der Türme bekannte er sich zu seinem Verbrechen und stürzte sich von dort aus in den Tod.

Die **Marienkirche** *(Kościół Mariacki)* mit ihren beiden unterschiedlichen Türmen erinnert bis heute an diese Legende. Der höhere ist achteckig und von 16 niedrigen Türmchen umringt. Er hatte im Mittelalter die Funktion der Stadtwache, und auch heute noch erklingt der *Hejnał* aus seinen Fenstern. Der niedrigere Glockenturm wirkt dagegen weniger elegant.

In die dreischiffige gotische Basilika führt eine Tür aus den 30er Jahren des letzten Jahrhunderts, die mit geschnitzten Köpfen von Aposteln und Bischöfen eindrucksvoll verziert ist. Das reich geschmückte Innere der Kirche weist unter anderem interessante Polychromien (Malerei mit stark voneinander abgesetzten Farbflächen) von *Jan Matejko* vom Ende des 19. Jh. auf. Im rechten Seitenschiff beeindruckt das große, in Stein gehauene Kruzifix von *Veit Stoß* aus dem 15. Jh. Der Künstler hat auch mit dem Hauptaltar der Marienkirche sein sensibles Vermögen, Menschengestalten unter seinen Händen lebendig werden zu lassen, unter Beweis gestellt.

Dieses Schmuckstück spätgotischer Holzschnitzkunst, sein berühmtestes Werk, an dem er zwölf Jahre arbeitete (1477-1489), ist der Hauptanziehungspunkt in der Marienkirche. Der 13 x 11 Meter große **Altar,** von den Nationalsozialisten geraubt, wurde gleich nach dem Krieg gründlich restauriert und 1957 an seinen alten Platz zurückgebracht. Er zeigt Szenen aus dem Leben der Heiligen Familie. Die Hauptszene zeigt das Entschlafen und die Himmelfahrt Mariä und ist durch die Höhe von fast drei Metern und die realistische Ausdruckskraft der Figuren besonders beeindruckend. Hier standen Menschen aus dem Lebensumfeld des Künstlers Modell und verhalfen der Szene zu ihrer großen Authentizität. Der Altar, der auch geschlossen sehenswert ist, wird jeden Tag um 11.50 Uhr geöffnet und kann bis 18 Uhr besichtigt werden (allerdings nicht während des Gottesdienstes).

Durch den rechten Seitenausgang der Marienkirche erreicht man den **Pl. Mariacki,** ehemals ein Teil des alten Friedhofs. In diesem stillen Winkel der Stadt befindet sich der Eingang zur kleinen **St. Barbarakirche** (*Kościół św. Barbary,* 1338).

031kr Foto: cr

Wieder auf dem Hauptmarkt angelangt, ist der Dichter **Adam Mickiewicz** auf seinem Sockel nicht zu übersehen. Zu seinen Füßen lehnen die Allegorien der Wissenschaft, der Tapferkeit, der Dichtung und des Vaterlands, und die vielen Krakauer, vorwiegend junge Leute, die das Denkmal als beliebten Treffpunkt wählen, gesellen sich dazu. Von hier aus ist die kleine St. Adalbertkirche *(Kościół św. Wojciecha)* nicht weit. Sie ist eine der ältesten Kirchen der Stadt (12. Jh. Mit einem Vorgänger aus dem 10. Jh.). Der ursprüngliche Eingang liegt etwa 2 Meter unterhalb der aktuellen Altstadtpflasterung und erzählt damit seine eigene Stadtentwicklungsgeschichte. In den Sommermonaten wird die Geschichte des Marktes im Inneren der Kirche eindrucksvoll dokumentiert.

Links um die Tuchhallen herum gelangt man zum **Rathausturm** *(Wieża Ratuszowa)*. Der Turm, im 15. Jh. vollendet, ist ein Überbleibsel des mittelalterlichen Rathauses, das Anfang des 19. Jh. abgetragen wurde. Die schmale und gewundene Treppe führt mit vielen Stufen hinauf zur Turmspitze. Der lohnenswerte Blick auf die Stadt über den Marktplatz zur Marienkirche und zum Wawel wird leider durch die

Die Arkaden der Tuchhallen mit dem Eingang zur „Galerie der polnischen Malerei“

Fensterkonstruktion etwas erschwert. Dennoch bietet der Turm die einzige Möglichkeit eines Stadtpanoramas.

Um den Marktplatz herum beweisen reich verzierte **Bürgerhäuser** die historische Bedeutung der Stadt. Wo früher bekannte Stadtpersönlichkeiten wohnten, haben sich heute Museen, Cafés, Geschäfts- und Büroräume etabliert. So findet man in Haus Nr. 35, dem **Krzysztofory-Palast,** im 17. Jh. Sitz des Kronmarschalls, eine Abteilung des Städtischen Museums.

Das **Palais zu den Widdern** *(Pod Baranami)* aus dem 16. Jh. mit der Nr. 27 beherbergte zu früheren Zeiten so bedeutende Persönlichkeiten wie den Sachsenkönig *Friedrich Augustus* (1810). Um die Jahrhundertwende verkehrte in diesem Palast die Krakauer Oberschicht. Heute befindet sich hier ein Café-, Club- und Restaurantkomplex und in den Kellerräumen hat sich das Experimentalkabarett *Pod Baranamie* niedergelassen.

In der Nr. 16, dem **Wierzynek-Haus** aus dem 14. Jh., ehemals bewohnt von dem wohlhabenden Patrizier *Mikołaj Wierzynek,* ist ein bekanntes Restaurant zu finden. Und im **Haus zu den Eidechsen** *(Pod Jaszczurami)* aus dem 14. Jh. mit der Nr. 8 feierte der gleichnamige Studenten- und Jazzklub vor kurzem sein 30-jähriges Bestehen.

Ein Gang durch die Geschäfte und Cafés in den **Patrizierhäusern** lässt mitunter die Jahrhundertwende wieder aufleben. Aber auch die **Innenhöfe** dieser Gebäudekomplexe sind einen Blick wert. Hier haben sich in den Arkadenhöfen zahlreiche Boutiquen, Galerien und andere kleine Geschäfte eingerichtet, die diesen bisher vernachlässigten Teil der Stadt mehr und mehr in das Altstadtleben integrieren. Man findet hier die Eingänge zum unterirdischen Krakau. Die vielen **Kneipen und Restaurants,** die sich in den stimmungsvollen **Kellergewölben** niedergelassen haben, sind in ihrer Vielfalt wirklich sehenswert. Man darf sich nur nicht von den engen und steilen Treppenaufgängen abschrecken lassen.

Die **ul. Floriańska,** die vom Marktplatz aus in Richtung Norden führt, ist ein Teil des ehemaligen **Königsweges,** der von der St. Floriankirche an der Barbakane, der Stadtbefestigungsanlage, vorbei durch die ul. Floriańska über den Hauptmarkt und weiter durch die ul. Grodzka zum Wawel reicht und so die Stadt von Norden nach Süden durchquert. Sie ist auch ohne königlichen Besuch die belebteste Straße in Krakau. Die ul. Floriańska führt zum Stadttor der mittelalterlichen Befestigungsanlage, die, ehemals 3 km lang, die gesamte Altstadt von Krakau umgab.

Auf dem Weg dorthin lohnt es, sich einmal im Haus Nr. 13 umzuschauen. Das Gebäude samt Innenhof wurde zu einem **Antiquitäten- und Galerienzentrum** ausgebaut. Hier kann man kostbare Möbelstücke, Notenblätter, alte Schmuckstücke, Bilder, Bücher u.v.m. betrachten oder auch kaufen. Die bemerkenswertesten Ausstellungsräume befinden sich im ersten Stock, denn dort gelang es, Teile der Fresken und die kostbare Holzdecke des Bürgerhauses freizulegen.

Etwas weiter auf der Straße befindet sich eines der ältesten Hotels der Stadt, das **Hotel „Pod Różą".** Gleich gegenüber, am Eckhaus Nr. 17, belegen die **alten Ketten,** die quer über die Straße gespannt werden konnten, wie die Stadt sich bei Tumulten zu wehren wusste.

Ganz in der Nähe steht einer der vielen Wagen mit den *Obwarzanki Krakowskie,* einer Krakauer Spezialität aus herzhaftem Hefeteig. Der Weg führt weiter bis zum **Matejko-Geburtshaus** mit der Nr. 41. Es erinnert durch eine Ausstellung an den polnischen Historienmaler, der hier Zeit seines Lebens wohnte.

Etwas weiter, in Haus Nr. 45, wartet das etwas andere **Café Michalik-Höhle** *(Jama Michalika)* auf Besucher. Im Jahre 1907 wurde an diesem Ort, damals eine Konditorei, das satirische **Kabarett „Zielony Balonik"** (Der grüne Luftballon) eröffnet, das als Erstes dieser Art in Krakau polnischen Dichtern, Schriftstellern und Malern eine Bühne für ihre Gesellschaftskritik bot. An den Wänden des Cafés hängen Karikaturen und Zeichnungen aus dieser Zeit, die zusammen mit der originellen Jugendstileinrichtung und der schummerigen Beleuchtung eine schwer zu beschreibende, aber besondere Stimmung schaffen.

Vorbei an Schmuckgeschäften und Schaufenstern mit Brautmoden gelangt man zum **Florianstor** *(Brama Floriańska)* aus dem 13. Jh. Das einzig erhaltene Tor der Stadt wird von drei Wehrtürmen umgeben, die die entsprechenden Handwerkerzünfte zu verteidigen hatten. Rechts erhebt sich der Posamentiererturm, und links steht zwischen dem Zimmermannsturm und dem Tischler- und Seilerturm das **Zeughaus** im Renaissancestil, in dem sich ein Teil des **Czartoryski-Museums** befindet. An diesen Turmkomplex grenzt die zu jeder Jahreszeit buntbebilderte **Stadtmauer.**

Der Blick durch das Florianstor fällt auf die kreisrunde **Barbakane,** die Stadtbefestigungsanlage aus dem 15. Jahrhundert, die wegen der Anlehnung an arabische Wehrarchitektur eine Seltenheit in Europa darstellt. Das Innere der Anlage bietet dem heutigen Krakau eine reizvolle Gelegenheit, kulturelle Ereignisse unter freiem Himmel zu veranstalten.

Von hier aus ist der Blick frei zur **St. Floriankirche** *(Kościół św. Floriana)* am Pl. Matejki, die den Königsweg abschließt. Das mächtige **Grunwald-Denkmal** (*Pomnik Grundwaldzki,* 1910) auf dem Platz erinnert mit dem dargestellten König *Władysław* an die Schlacht bei Grunwald (Tannenberg) 1410, in der die Kreuzritter besiegt wurden (siehe Krakaus Extras).

Der Weg zum **Słowackiego–Theater** an der ul. Szpitalna führt vom Stadttor aus rechts an der alten Stadtmauer entlang. Das Theater erhebt sich, aus der Enge der ul. Pijarska kommend, strahlend hell. Nach einem Entwurf von *Jan Zawiejski* in den Jahren 1891–1893 erbaut, erinnert das Gebäude an die Große Oper in Paris.

Der Pl. św. Ducha vor dem Theater wird begrenzt von der **Heiligkreuzkirche** *(Kościół św. Krzyża)* mit ihrem pal-

Jan Matejko

033kr Foto: cr

Selbstporträt des Malers von 1892

Jan Matejko wurde am 24. Juni 1838 in Krakau geboren. Sein Vater, ein gebürtiger Tscheche, kam in seinen Jugendjahren nach Krakau und wurde hier zum Musiklehrer ausgebildet. Die Mutter des Künstlers stammte aus einer bekannten Handwerkerfamilie, starb jedoch, als Jan Matejko erst sieben Jahre alt war.

Durch seinen älteren Bruder *Franciszek,* Historiker und Verwalter der Sammlungen der Jagiellonen-Bibliothek, wird die Liebe zur Archäologie und zur Antike in dem jungen Jan geweckt. Von frühester Kindheit an zeigt sich bei ihm ein erstaunliches Talent und ein ausgeprägtes Interesse im zeichnerischen Bereich. Diese Gabe ist für sein Alter so ungewöhnlich, dass der junge Matejko schon als 14-Jähriger das Studium an der Schule für Schöne Künste in Krakau aufnimmt.

Gleichzeitig beschäftigt er sich mit Geschichte und Archäologie sowie mit der Architektur von Krakau, was die Grundlage für die Motivauswahl in späteren Gemälden bildet. Während dieses Studiums entschließt sich Matejko, ein Historienmaler zu werden und investiert sein ganzes Können und seine ganze Kraft in dieses Ziel. Um seinen Entschluss besser verstehen zu können, sollte man sich die Situation Polens im 19. Jh. mit den drei Teilungen des Landes vor Augen halten. Krakau verliert nach einem Revolutionsversuch, der von 1846 bis 1848 dauert, endgültig den Status einer freien Stadt (Krakauer Republik) und wird wieder dem österreichischen Teilungsgebiet angegliedert.

Matejkos Jugend wird durch eine verschärfte Germanisierung der Stadt und gleichzeitig durch die Zeit des Widerstandes der Polen gegen die Besatzer geprägt. Trotzdem genießt Krakau, z. B. im Vergleich zu Warschau unter der Zarenherrschaft, eine gewisse Autonomie. Diese erstreckt sich auf die Bereiche der Kunst, Literatur, Geschichte (auch der eigenen Nation) und der Wissenschaft. Matejko kann somit 1858 ungestört sein Studium beenden und 1860 mit Hilfe eines Stipendiums nach München und gleich im Anschluss nach Wien fahren.

In Wien beendet er sein schon in Polen begonnenes Album „Die Kostüme in Polen in der Zeit von 1200–1795", das er später im Selbstverlag herausgibt.

Nach Polen zurückgekehrt, arbeitet der Künstler mit zunehmender Konsequenz an Bildern, die der polnischen Geschichte gewidmet sind.

Der Ausbruch des Januaraufstandes 1863, an dem der Maler zwar nicht direkt, aber doch emotional Anteil nimmt, bestätigt ihn in der Auseinandersetzung mit der Geschichte seines Landes.

1862 malt er das Bild „Stańczyk auf dem Ball der Königin Bona", in dem er dem Hofnarren Stańczyk seine eigenen Gesichtszüge verleiht. Dieses Bild ist der Beginn der kritischen Auseinandersetzung mit der Vergangenheit eines Landes, das praktisch nicht mehr existierte. Stańczyk soll hier das Gewissen symbolisieren, das, im Gegensatz zum oberflächlichen und tanzenden Hof, die nahende Katastrophe erkennt. 1864 entsteht „Skargas Predigt". Das Bild stellt den *Priester Skarga* dar, der im Sejm 1594 die Festigung der Königsmacht und die Einschränkung der Privilegien des Adels verlangt. Das Gemälde wurde zu einem großen Erfolg, und Matejko erhielt auf der Ausstellung in Paris eine Goldmedaille.

„Rejtan, Polens Untergang" (1866), in dem die erste Teilung Polens durch den Parlamentsbeschluss dargestellt wird, ist sein zweites großes Werk, das jedoch heftig angegriffen wird und vonseiten des konservativen Klein- und Großadels als eine zu scharfe Kritik an den Vorfahren empfunden wird.

Von der Abrechnungsthematik geht Matejko zu Bildern über, die den früheren Ruhm und die Einigung des Staates zeigen. So entstehen unter anderem „Die Lubliner Union" (1869) und „Die Schlacht bei Tannenberg" (1879). Schon sechs Jahre vor Beendigung dieses Bildes arbeitete der Künstler an den Skizzen. Er fuhr an den Ort des Geschehens und studierte die Landschaft mit großer Genauigkeit. Das Werk stellt eine Kampfszene dar, die am 15. Juli 1410 bei den Dörfern um Tannenberg (Grunwald) stattfand und mit dem Sieg des polnischen und litauischen Heeres über den deutschen Ritterorden endete. Pferde, Menschen und Rüstungen sind in solchen Mengen vorhanden, dass die Handlungen auf dem Bild nicht auf einmal zu erfassen sind.

Das gewaltige Gemälde ist der Höhepunkt des künstlerischen Schaffens von Matejko. Zwar hat das Bild auf der internationalen Ausstellung keine sehr guten Kritiken in Hinsicht auf künstlerische Gesichtspunkte erhalten, doch der Künstler erreicht hier eine realistische Interpretation der Geschichte, und in der Schlachtenmalerei des 19. Jh. gehört dieses Gemälde zu den hervorragendsten seiner Art.

Während Matejko beruflich erfolgreich ist, gestaltet sich sein Privatleben eher unglücklich. 1864 heiratet er eine Frau aus dem Kleinadel, *Theodora Giebułowska,* die sehr schön und nach der damaligen Etikette gut erzogen ist. Sie besitzt aber einen despotischen und launischen Charakter. Das Ehepaar bekommt vier Kinder, aber keines erbt das Talent des Vaters. Matejko selbst pendelt, innerlich zerrissen, zwischen Wohnung und Werkstatt. Er malt etwa zehn Bilder pro Jahr, darunter auch Portraits, die eher aus finanziellen Gründen entstehen.

1883, zum 200. Jahrestag des Sieges über die Türken bei Wien, malt Matejko auf Bestellung des Krakauer Organisationskomitees der patriotischen Festlichkeiten das Bild „König Sobieski bei Wien". Das Bild wird auf Wunsch Matejkos dem Vatikan überreicht, um an die Verdienste Polens um den Katholizismus zu erinnern und um gleichzeitig Unterstützung für das geteilte und unterdrückte Land anzumahnen.

Mit diesem Werk endet das überragende Schaffen von Jan Matejko. Zwar entstehen noch Bilder, wie z. B. „Zwölf Bilder zur Zivilisationsgeschichte Polens", „Die Reihe der polnischen Könige", „Jeanne d'Arc", „Kościuszko bei Racławice" oder „Die Verfassung vom 3. Mai", doch den Werken fehlt die emotionale Beteiligung, und die Farbpalette verliert ihren Glanz.

Am 1. November 1893, im Alter von 55 Jahren, stirbt der Maler. Er hinterlässt 246 Gemälde sowie Tausende von Zeichnungen. Als langjähriger Direktor der Akademie der Schönen Künste hat er eine ganze Gruppe von hervorragenden Künstlern (*Stanisław Wyspiański, Jacek Malczewski, Jósef Mehoffer*) ausgebildet, die sein Wissen übernehmen und zu einem neuen Stil der Moderne verarbeiten.

„Wenn ein Künstler die Bezeichnung eines Malers der Nation verdient hat, so ist es sicherlich der Schöpfer des Tannenberg-Bildes ..." (*Fourcaud,* Zeitung „Le Gaulois", 30. Mai 1880).

menförmigen Gewölbe und von einem gut erhaltenen **gotischen Haus** (Nr. 23) am Eingang zur ul. św. Krzyża, das mit seinen schmalen Fenstern keinen Zweifel über die düsteren frühmittelalterlichen Wohnverhältnisse zulässt, und von dem **Haus „Unter dem Kreuz“** *(Dom „Pod Krzyżem“),* im Mittelalter als Hospital der armen Scholaren erbaut.

Gleich daneben, in der Nr. 21, informiert eine ausführliche Sammlung auf drei Stockwerken über die **Geschichte des Krakauer Theaters.**

Der Weg führt auf der schmalen und etwas düsteren ul. Szpitalna an der **griechisch-orthodoxen Kirche** (Nr. 24) vorbei zum Mały Rynek, der als Parkplatz genutzt seine Wirkung nicht entfalten kann.

Museen

In diesem Teil der Altstadt sind die meisten Museen zu finden.

- **Museum der Geschichte des Rynek Główny** *(Muzeum Historii Rynku Głównego),* St. Adalbertkirche, Kościół św. Wojciecha Rynek Główny, Öffnungszeiten: Mo.-Fr. 10.00-14.00 Uhr, nur in den Sommermonaten. Das kleine Museum unter der Kirche zeigt historische Funde wie Schmuck und Alltagsgegenstände aus den verschiedenen Aufschichtungen des Marktes, die in den 1960er Jahren während der Neugestaltung entdeckt wurden. Die mehrfachen Schichtungen der Fußböden und die Holzkanalisation aus dem 15./16. Jh., aber auch die Totenköpfe und ein Skelett vom ehemaligen Friedhofsgelände um die Marienkirche herum lassen die lange Geschichte des Marktes noch einmal aufleben.
- **Museum der Stadtgeschichte Krakaus** *(Muzeum Historyczne Miasta Krakowa),* Rathausturm, Rynek Główny, Öffnungszeiten: tägl. 9.00–18.00 Uhr, Mittagspause von 13.00 bis 13.45 Uhr. Die Ausstellung ist nur in den Sommermonaten (15.5.–15.10.) und mit Führung (die letzte findet eine Stunde vor der Schließung statt) zu besichtigen. Hier wird die städtische Behördengeschichte durch Zunftstäbe, Zepter der Bürgermeister, Urkundenkopien u.Ä. veranschaulicht. Die prachtvollen Räume des Museums werden auch heute noch zu Repräsentationszwecken von der Stadt genutzt. Der dritte Stock des Turms ist über eine abenteuerliche Turmtreppe zu erreichen.
- **Rathausturm,** Rynek Główny 1, Öffnungszeiten: In den Sommermonaten Mo.-Fr. 10.00–17.00, Sa.–So. 10.00–16.00 Uhr, Mittagspause: 13.00–13.45 Uhr, letzter Einlass 30 Minuten vor der Schließung. Hat man den Turm erst einmal über den engen Aufstieg bestiegen, ist der Blick auf die Altstadt doch sehenswert. Leider hat man nur einen begrenzten Ausblick durch die Turmfenster. Eine Stammausstellung mit Fotografien rund um den Marktplatz sowie Wechselausstellungen ergänzen den schönen Blick. Bei einem Ausstellungsumbau kann der Turm bis zu 3 Tage geschlossen bleiben.
- **Galerie der polnischen Malerei und Bildhauerei des 19. Jh.** (*Galeria Malarstwa i Rzeźby Polskiej,* Nationalmuseum), Tuchhallen *(Sukiennice),* Rynek Główny, Öffnungszeiten: Di. und Do. 11.00 bis 18.00, Mi.-Fr. 9.00 bis 15.30, Sa. und So. 10.00 bis 15.30 Uhr (am Sonntag ist der Eintritt frei). Das Krakauer Nationalmuseum wurde 1883 in den großen Räumen des ersten Stocks der Tuchhallen eröffnet. Heute zeigt die Ausstellung eine umfangreiche Sammlung polnischer Malerei des 18. und 19. Jh. Hier werden auch Werke von *Jan Matejko, Piotr Michałowski* und *Chełmoński* gezeigt.
- **Museum der Stadtgeschichte Krakaus** *(Muzeum Historyczne Miasta Krakowa),* Krzysztofory-Palast, Rynek Główny 35, Öffnungs-

Blick vom Rathausturm auf den Marktplatz mit der Marienkirche

zeiten: Mi., Fr. bis So. von 9.00 bis 15.30, Do. von 11.00 bis 18.00 Uhr. Der Palast, der im 17. Jh. als Sitz des Kronmarschalls Adam Kazanowski erbaut wurde, wird seit 1899 als Museum genutzt. In den gut erhaltenen Innenräumen des Bürgerhauses ist eine umfangreiche und liebevoll zusammengetragene Sammlung aus der Geschichte der Krakauer Kultur zu sehen. Der erste Stock vermittelt einen Einblick in die Zeit der Befreiungskämpfe, und auch der Wohn- und Alltagskultur des letzten Jahrhunderts sind einige Räume gewidmet.

• **Pharmaziemuseum** *(Muzeum Farmacji)*, ul. Floriańska 25, Tel. 4219279, Öffnungszeiten: Di. von 15.00 bis 19.00 und Mi.–So. von 11.00 bis 14.00 Uhr. Der erste und fünfte Samstag im Monat ist geschlossen. Die reiche Sammlung an Apotheken-Utensilien reicht bis ins 16. Jh. zurück. Aus dieser Zeit stammt auch die Rekonstruktion einer alten Krakauer Apotheke. Die Einrichtung eines Labors aus dem 18. Jh. und eines Apothekenkellers und die Sammlung alter Heilmittel ergänzen die Ausstellung.

• **Jan-Matejko-Haus** *(Dom Jana Matejki,* Nationalmuseum), ul. Floriańska 41, Öffnungszeiten: Di. und Do. 9.00 bis 15.30, Mi.-Fr. 11.00 bis 18.00, Sa. und So. 10.00 bis 15.30 Uhr. Das von dem berühmten polnischen Historienmaler *Jan Matejko* und seiner Familie bewohnte Haus wurde nach seinem Tod von der *Matejko-Gesellschaft* mit der gesamten Einrichtung übernommen. So zeigt das Museum nicht nur ein beeindruckendes architektonisches Beispiel der Innengestaltung eines Bürgerhauses des 18./19. Jh., sondern ermöglicht auch einen tieferen Einblick in den Menschen *Jan Matejko.* Im ersten Stock ist das Wohnzimmer der Familie in unverändertem Zustand erhalten, im zweiten Stock hängen seine Gemälde und eine private Sammlung von Frauenhauben und Korsettagen aus dem 18. Jh., im dritten Stock befinden sich dann sein Atelier und Bekleidungsstücke des Künstlers.

• **Museum der Geschichte des Krakauer Theaters** *(Dzieje Teatru Krakowskiego), Dom pod Krzyżem,* ul. Szpitalna 21, Mi. von 11.00 bis 18.00 Uhr, Do.–So. von 9 bis 15.30 Uhr. Das Museum ist jeden 2. Sa. und So. im Monat geschlossen. Die Sammlung von Theaterrequisiten und -andenken aus dem 19. und 20. Jh. erstreckt sich über drei Stockwerke. Das Erdgeschoss ist dem nationalen Theater gewidmet. Im ersten Stock wird die Geschichte des *Słowackiego-Theaters* erzählt. Die Arbeiten *S. Wyspiańskis* werden vorgestellt, ebenso die Krakauer Oper und die Garderobe der Schauspielerin *Zofia Jaroszewska.* Der zweite Stock zeigt die Krakauer Theatergeschichte nach 1945.

• **Muzeum Czartoryskich Arsenał (Zeughaus),** ul Pijarska 8, Öffnungszeiten: Di. u. Do. 9.00 bis 15.30 Uhr, Mi. u. Fr. 11.00 bis 18.00 Uhr, Sa. u. So. 10.00 bis 15.30 Uhr. Neben Wechselausstellungen findet man hier die Galerie der Antike: Ägyptische Sarkophage, griechische Vasen, etruskische Kunst.

• **Marienkirche** *(Kościół Mariacki),* Rynek Główny 4, Öffnungszeiten: 11.30–18.00 Uhr, So. 14.00–18.00 Uhr, Eintritt 0,80 €. Die Kirche hat zwei Eingänge. Der Haupteingang ist nur für Gläubige vorgesehen, die in dem Gotteshaus in Ruhe beten möchten. Durch den Seiteneingang am Platz Mariacki gelangen die Touristen in die Kirche. Beide Gruppen sind auch innerhalb der Kirche getrennt. Es wird darum gebeten, die andächtigen Besucher nicht zu stören.

• **Barbakane** (Wehrturm der ehemaligen Befestigungsanlage), Mo.–Fr. 9.00–18.00, Sa. und So. 9.00–17.00 Uhr. Nur in den Sommermonaten geöffnet (je nach Wetterlage auch bis Oktober). Mit drei Meter dicken Mauern galt die Barbakane lange Zeit als uneinnehmbar. 1498 bis 1499 entstanden, ist sie ein wichtiges historisches Beispiel der damaligen Bauweise für Verteidigungsanlagen.

Galerien

• **Galeria Miedzynarodowego Centrum Kultury,** Rynek Główny 25, erster Stock, Öffnungszeiten: Di.–Sa. 11.00 bis 18.00 Uhr, So. 11.00 bis 17.00 Uhr. Die Galerie organisiert Ausstellungen, die thematisch die mitteleuropäische Kunst zwischen den letzten beiden Jahrhunderten behandelt. So fanden hier u.a. Expositionen mit Werken von Egon Schiele, Otto Dix oder Alfons Mucha statt. Unter www.mck.krakow.pl findet man in englischer Sprache die aktuellen Ausstellungen.

Restaurants und Cafés

Zahlreiche Restaurants und Cafés haben sich in den alten Gebäuden und deren Kellergewölben etabliert. Dem Krakaubesucher empfehlen wir, sich treiben zu lassen und aus dem vielfältigen Angebot das Passende zu wählen. In den Sommermonaten ist der ganze Hauptmarkt von Tischen und Stühlen umsäumt, und das gastronomische Leben spielt sich auf der Straße ab. Besser ist es allerdings, aus dem Touristenkessel des Rynek Główny herauszutreten, um in den Seitengassen ruhiger, günstiger und häufig auch stilvoller zu speisen. Trotz des großen Angebots ist es ratsam, in den besseren Restaurants eine Tischreservierung vorzunehmen.

Die römischen Ziffern hinter den Restaurant-Namen geben die Preiskategorie an:

- **Kategorie I:** ab 20 € Menü
- **Kategorie II:** bis 20 € Menü
- **Kategorie III:** bis 10 € Menü

Am Markt:

- **Wierzynek** (I), Rynek Główny 15, Öffnungszeiten: tägl. 12.00–24.00 Uhr, Café ab 9.00 Uhr, Tischreservierung wird empfohlen: Tel. 4229896. Das *Wierzynek* hatte lange Zeit den Ruf eines der besten Restaurants der Stadt. Heute ist es von Konkurrenz umgeben und hat Mühe, seinem Ruf gerecht zu werden. Die gewölbten Säle mit ihrer klassischen Einrichtung passen hervorragend zur altpolnischen Küche. Mit seinem Café, dem Biergarten und dem Kellergewölbe lässt es keine Wünsche offen.

035kr Foto: cr

Bummeln auf dem Hauptmarkt Rynek Główny

- **Hawełka** (I), Rynek Główny 34, Öffnungszeiten: tägl. 13.00 bis 23.00 Uhr. Tischreservierung empfohlen: Tel. 224753. Hinter diesem Namen verbirgt sich ein Unternehmen, das sich auf drei Ebenen erstreckt. Während die Café-Bar im Kellergewölbe und das Restaurant im Erdgeschoss nicht weiter erwähnenswert sind, findet man im 1. Stock eine kleine kulinarische Kostbarkeit vor. Das Restaurant ist in dem historischen Tetmajersaal mit seiner bemerkenswerten Holzdecke untergebracht. Es bleibt kein Wunsch offen im teuersten Restaurant der Stadt, denn man hat sich zum Ziel gesetzt, auch das beste der Stadt zu sein.
- **Da Pietro** (I), Rynek Główny 17, Öffnungszeiten: tägl. 11.00-24.00 Uhr. Die angenehme Atmosphäre im Kellergewölbe trägt dazu bei, dass man sich wohl fühlt, während man auf die italienischen Spezialitäten wartet. Hat den Ruf des besten Italieners vor Ort.
- **Wentzel** (I), Rynek Główny 19, Öffnungszeiten: tägl. 12.00 Uhr bis zum letzten Gast.

Krakau entdecken

Elegantes Ambiente und ein internationale Küche der feineren Art machen dieses Restaurant zur ersten Adresse des Jet-Set-Reisenden. Die Räume sind den vier Elementen entsprechend gestaltet.

- **Café Sukiennice** (II), Rynek Główny (an den Tuchhallen), Öffnungszeiten: tägl. 10.00–24.00 Uhr. Ein interessantes Café mit kleinen mexikanischen Speisen. Im Sommer ist es schwer, einen Platz zu bekommen.
- **Kawiarnia Bankowa,** Rynek Główny 47, Öffnungszeiten: tägl. 8.00–24.00 Uhr. In diesem sehr kleinen Café gab es noch vor kurzer Zeit süßes Konfekt in großen Glasvitrinen zu kaufen. Das alte Interieur des Ladens aus der Jahrhundertwende ist erhalten geblieben und so lohnt sich mindestens ein Blick, wenn nicht sogar eine Tasse Kaffee in dieser schönen Umgebung. Empfindliche Nasen können einen Hauch der süßen Düfte, die den Laden ein Jahrhundert hindurch erfüllten, erahnen.
- **Loża Klub Aktora, Rynek Główny 41,** von 8.30 Uhr bis zum letzten Gast. Anders, weil jung und modern. Im Erdgeschoss befindet sich ein Klubteil mit Bar, im Keller ein sehr gutes Restaurant mit Kompositionen aus der italienischen Küche. Täglich ab 19 Uhr Klaviermusik. Die Bedienung ist schön, jung und nett uniformiert.
- **Café Noworolski,** Rynek Główny, Öffnungszeiten: tägl. 8.00 Uhr bis zum letzten Gast. Das Café in den Tuchhallen galt durch die schönen Räume als das schickste vor Ort. Da die Bedienung wohl immer noch mit der Trauer über die alten Zeiten beschäftigt ist, werden die Gäste hier recht oft übersehen. Dennoch bietet es im Sommer einen herrlichen Ausblick auf den Marktplatz und das Mickiewicz-Denkmal.

In anderen Straßen:

- **Café Jama Michalika,** ul. Floriańska 45, Nichtrauchercafé, Öffnungszeiten: täglich 9.00–22.00 Uhr. In dem ungewöhnlichen Literatencafé mit langer Kabarett-Tradition wird man von der Inneneinrichtung und den Wanddekorationen in Bann gehalten. Die vielfältigen Kunstgegenstände waren früher beliebtes Zahlungsmittel der Krakauer Künstler. Auch das gemischte Publikum sowie das reichhaltige Angebot an Frühstück, Kuchen und Eis tragen dazu bei, dass man den Besuch nicht so schnell vergisst.
- **Café Larousse,** św. Tomasza 22. Das kleine französische Café mit Pariser Flair der 1920er Jahre hat eine ausgezeichnete Auswahl an Kaffeesorten mit Geschmacksrichtungen wie Vanille, Zimt, Kokos und Amaretto. Auch die Kuchen sind gut. Findet man hier keinen Platz, so sind die Kneipen **Café Manequin** in der Nr. 21 oder **Boogie Woogie** in der Nr. 19 ein schöne Alternative.
- **U Szkota** – Zum Schotten (I), ul. Mikołajska 4, Öffnungszeiten: 12.00 bis 24.00 Uhr. Dieses schottische Restaurant bietet ausgezeichnete Küche der deftigen Natur, serviert von umsichtigen Herren in karierten Röcken.
- **U Pollera** (II), ul. Szpitalna 30, Öffnungszeiten: tägl. 12.00–24.00 Uhr. Dieses Restaurant der Jahrhundertwende hat das Flair vergangener Zeiten weitestgehend erhalten. So ist es schon etwas Besonderes, wenn man in diesem Saal mit Säulen, hohen Decken und großen Spiegeln bei schummeriger Beleuchtung ein flambiertes Omelette serviert bekommt. Hier gibt es übrigens das beste *Bigos* der Stadt. Es ist mindestens dreimal aufgewärmt, denn erst dann erhält es seinen typischen Geschmack. Zum Hotelkomplex Pollera gehört auch ein gemütliches kleines **Café.** Hier trifft man sich zum Kaffeeklatsch wie zu Großmutters Zeiten. Öffnungszeiten: 10.00–24.00 Uhr.
- **Kuchnia Domowa,** św. Tomasza 24, Öffnungszeiten: Mo.–Fr. 11.00–19.00 und Sa. 11.00–16.00 Uhr. Diese schlichte und ruhige Milchbar am Rande der Altstadt bietet einfache und schmackhafte polnische Gerichte für wenig Geld an.
- **Jadłodalnia,** ul. Sienna 11, Öffnungszeiten: Mo.–Fr. 9.00–17.00, Sa. 10.00–15.00 Uhr. Die sehr kleine Milchbar versorgt die Krakauer schon seit über 60 Jahren mit einfacher und schmackhafter Hausmannskost.
- **Karczma Podwórko Maryny** (II), Rynek Główny 9 (in der Passage), Öffnungszeiten: 11.00–3.00 Uhr. Von der Großstadt erscheint der Weg nicht weit in diese polnische Bergdorfatmosphäre. Auf Holzbänken sitzend werden hier traditionelle polnische Gerichte verspeist. Und hinterher gibt es den „Absacker".

●**Sphinx** (II), Rynek Główny 26, Öffnungszeiten: 11.00–23.00 Uhr. Witziges Restaurant mit überwiegend jungen Gästen. Die Einrichtung trägt zwar eindeutig ägyptische Züge, das Essen ist jedoch international.

●**Zapiekanki,** ul. Sienna 3, Öffnungszeiten: Mo.–Sa. 10.00–19.00 Uhr. Für 1 € erhält man hier den gleichnamigen Snack, der noch vor wenigen Jahren die polnische Antwort auf den Hamburger war.

●**Green way** (III), ul. Mikołajska 14. Ein vegetarischer Schnellimbiss mit durchaus leckeren Speisen. Wird viel von jungen, idealistischen Krakauern besucht.

Bars und Klubs

Zutritt in den Nachtbars erst ab 21 Jahren.

●**Pod Białym Orłem,** Rynek Główny 45, Öffnungszeiten: tägl. 8.00–2.00 Uhr. Diese Kellerbar mit ihrem verwirrenden Spiel mit den Perspektiven sollte man lieber nicht im betrunkenen Zustand betreten.

●**Café U Louisa,** Rynek Główny 13, Öffnungszeiten: Mo.–Fr. 11.00–24.00 Uhr. Das Café im Kellergewölbe hat neben einem kleinen Internet-Raum mit sieben PCs auch einen ganz normalen Café-Kneipenbetrieb.

●**Harris Piano Jazz Bar,** Rynek Główny 28, Öffnungszeiten: tägl. 11.00–2.00 Uhr. Guter Jazz für 8 zł am Wochenende.

●**U Muniaka Jazz Club,** ul. Floriańska 3, Öffnungszeiten: tägl. 15.00–24.00 Uhr, Do., Fr. und Sa. Eintritt ca. 4 €. Hier gibt es Jazz vom Feinsten. Der Inhaber selbst ist ein hervorragender Jazzmusiker und garantiert für gute Qualität. Die Konzerte beginnen um 21.30 (Fr. und Sa.). Aber auch ohne Jazz ist diese Kneipe mit ihren kleinen Gerichten zu empfehlen.

●**Bar Bosto,** ul. Floriańska 33, Öffnungszeiten: So. bis Do. von 14.00 bis 24.00, Fr. und Sa. von 14.00 bis 2.00 Uhr. Eine Neonkellerbar mit James-Dean-Ambiente, gute Drinks.

●**John Bull Pub,** ul. Mikołajska 2, Öffnungszeiten: tägl. 12.00 Uhr bis zum letzten Gast. Der Pub mit englischer Einrichtung und englischem Bier in der Nähe des Rynek Główny ist bei Krakauern sehr beliebt.

●**Pod Jaszczurami,** Rynek Główny 8, Öffnungszeiten: 10.00–2.00 Uhr. In dieser Studentenkneipe, die auf eine 30-jährige Tradition zurückblicken kann, gibt es freitags und samstags heiße Disconächte mit DJs oder Live-Musik. Der älteste und populärste Studentenklub Krakaus. Bei zu großem Andrang werden nur Klubmitglieder und Studenten mit gültigem Studentenausweis hereingelassen. Die Bar öffnet schon ab 10.00 Uhr.

●**Pod Baranami,** Rynek Główny 27, Öffnungszeiten: Mo.-So. 18.00-2.00 Uhr. Hinter dieser Adresse verbirgt sich neben einem Kabarett, einer Kneipe und einer Disco auch eine traditionsreiche Jazzbühne. Das alljährliche Sommerfestival der Jazzmusik (Juli) ist eine empfehlenswerte Veranstaltung, die täglich hier ab 21.00 Uhr beginnt.

●**Klub Kredens,** Rynek Główny 12 gehört zu den populärsten in Krakau. Die Räume befinden sich in Kellergewölben aus dem 13. Jh. Die Ausstattung ist typisch für Krakau: gemütliche Sofas und Möbel aus den Anfängen des 20.Jh.. Tanzmusik (Freitag und Samstag) von den Rolling Stones über Santana bis hin zu den Top 10 der Gegenwart. Der Pub mit einem Garten ist schon ab 16.00 Uhr geöffnet. Die Türsteher kontrollieren sehr gewissenhaft das Alter (Eintritt erst ab 21).

●**nic nowego,** ul. Św. Krzyża, 7.30 Uhr bis zum letzten Gast (Sa. und So. ab 10.00 Uhr). Eine willkommene Abwechslung zum Kellergewölbe. Modern, hell und mit gutem Blick auf die ruhige Straße. Eine schöne Bar.

●**Freedom,** ul. Św. Tomasza 30. Noch ein modernes Lokal im Stil einer Lounge. Die bequemen Sofas und die ruhige Lage sorgen vor der nächsten Sehenswürdigkeit für eine gute Erholung.

Einkaufen

Rund um den Markt gibt es Schuh- und Antiquitätenläden und drei **Buchhandlungen. Volkskunstläden** findet man in den Tuchhallen (von 10.00 bis 19.00 Uhr geöffnet) und auf dem Markt. Zunehmend stellen **Kunstgalerien** in den Kellern und Hinterhöfen des Rynek Główny und der ul. Floriańska zum Verkauf aus, von denen hier eine kleine Auswahl aufgeführt wird.

- **Piano Mobile,** Rynek Główny 33
- **Starmach Gallery,** Rynek Główny 45
- **Galeria Sukiennice,** Sukiennice 19-22
- **Galeria ZPAF,** św. Tomasza 24
- **Galeria Zderzak,** ul. Floriańska 3.
- **Antiquitäten- und Galerienkomplex,** ul. Floriańska 13. Der frisch renovierte Gebäudekomplex birgt für den Antiquitätenliebhaber einige Überraschungen. Dort befindet sich auch die **Space Gallery** mit moderner Kunst.
- **Antiquariat:** ul. Floriańska 15, gute Auswahl an alten Stichen.
- **Ausländische Zeitungen und Zeitschriften:** Rynek Główny 25 (Empik).
- **Lebensmittel:** Rynek Główny 34 und 7, ul. Floriańska 51 und mehrere Geschäfte befinden sich auf der ul. Szpitalna.
- **Apotheke:** ul. Szpitalna 38, Rynek Główny 13.
- **Volkskunst:** In den Tuchhallen (Sukiennice), Rynek Główny 1 und Sukiennice 16 und 17 (außerh. der Tuchhallen), die Preise sind etwas günstiger als in den Tuchhallen.
- **Süßigkeiten:** *Wawel*, Rynek Główny 32.
- **Artefe & Gemo,** ul. Floriańska 16. Designerschmuck und schöne Küchenutensilien der polnischen Industriedesigner.
- **Hutladen,** ul. Floriańska 49. Noch vor 5 Jahren war die Straße voll mit kleinen Hutwerkstätten. Dies ist der einzige Überlebende.
- **Einkaufspassage** *(Pasaż Handlowy w Kamiennicy pod Słoniem),* ul. Szpitalna 20-22. Noble Boutiquen u.a. Pole odzieżowe: Extravagante polnische Designermode.
- **Weihnachtsschmuck:** CALIK, Rynek Główny 7, auch im Sommer ist der Weihnachtsbaum in der 1. Etage festlich geschmückt.
- **Silberschmuck:** ul. Floriańska 12 und Tuchhallen
- **Kodak Express,** Rynek Główny 48 u. 12.
- **Agfa Express,** Rynek Główny 9.

Stadtrundfahrten

- Vor dem *Café Europejska* am Rynek Główny 36 warten immer ein paar **Kutscher,** um Interessierten Alt-Krakau zu zeigen. Vor der Fahrt sollte man den Preis aushandeln, da die Kutschfahrt sonst ein teures Vergnügen werden kann. Mit 15 € für eine halbe Stunde sollte man rechnen.
- Seit neuestem flitzen kleine **elektrobetriebene Wagen (Meleks)** durch die Altstadtgassen und zeigen einen Schnelldurchlauf der Sehenswürdigkeiten. Je nach Wunsch fahren sie den Rynek Główny entlang, zum Wawel oder machen eine halbstündige bzw. einstündige Rundfahrt. Die aktuellen Preise sind an den Wagen ausgewiesen.
- Von der Barbakane fährt im Sommer zweimal täglich (außer Montag) eine **Pferdetram** *(Omnibus konny)* ab. Die Touristen werden durch die Altstadt kutschiert und dabei von einem Fremdenführer begleitet. Die Vormittagstour beinhaltet auch eine Besichtigung der Marienkirche und des Wawels (ca. 30 €). Die Nachmittagstour ist eine reine Fahrt und kostet ca. 20 €.

Wichtige Adressen

- **Bewachte Parkplätze:** Pl. św. Ducha (innerhalb der Altstadt), ul. Biskupia, ul. Kopernika
- **Taxistand:** Pl. św. Ducha, Rynek Kleparski, ul. Sławkowska, ul. Zyblikiewicza (außerhalb der Altstadt)
- **Polizei:** Rynek Główny 29
- **Banken:** Rynek Główny 21, 30, 31 und 47
- **Post:** Innerhalb der Altstadt ist kein Postamt zu finden. Allerdings gibt es eine alte Postkutsche auf dem Rynek Główny, an der man Briefmarken erhält und seine Post abgeben kann. Für alle weiteren Postgeschäfte bietet sich die Post am Bahnhof (Pl. Kolejowy) an.

Rundgang II

Mit der recht ruhigen ul. św. Jana beginnt der zweite Teil der Altstadtbesichtigung. Von ihrer Mündung am **Rynek Główny** aus erblickt man die schöne **Barockkirche der Piaristen** *(Kościół Przemienienia Pańskiego)*, die das Ende der Straße markiert. Gleich am Anfang sollte man nicht das Haus Nr. 3 passieren, ohne in das kleine **Antiquariat** zu schauen, das über und über mit Büchern vollgestopft ist. Die alte Dame am Schreibpult klettert auf der Suche nach einem gewünschten Buch auch schon mal bis unter die Decke. Eine Besonderheit dieses Antiquariats ist, dass man hier alte Werke ausleihen kann.

Etwas weiter tritt die kleine **Kirche des Hl. Johannes des Täufers** *(Kościół św. Jana)* in der Häuserzeile kaum hervor. Schaut man hier nach rechts auf die ul. św. Tomasza, erblickt man eine gastronomische Perle Krakaus. Im Sommer ist der kleine Platz mit Tischen und Stühlen vollgestellt und verbreitet südländisches Flair. In den übrigen Monaten hat man aber den Blick frei auf drei ausgefallene Cafés, wobei eines das bekannte Krakauer Cabaret Camelot beherbergt.

Wieder auf der ul. św. Jana fallen in einem Schaufenster die deftigen **Karikaturen** des bekannten und beliebten Krakauer Karikaturisten *Andrzej Mleczko* auf. Er verkündet Freizügigkeit auf Postkarten, Postern und T-Shirts, deutet Märchen auf seine Art und schreibt die Krakauer Geschichte um.

Am Ende der ul. św. Jana lädt das **Czartoryski-Museum** zu einer ganz anderen Art von Ausstellung ein. Hier gibt es eine Fülle an Kunstschätzen im Original zu sehen. Das berühmteste Ausstellungsstück ist *Leonardos* Dame mit dem Hermelin (siehe Exkurs).

In der **Piaristenkirche** lohnt sich ein Blick in das barocke Innere.

Die ul. Pijarska schlängelt sich an dem restaurierten **Hotel Francuski** vorbei zur ul. Sławkowska. Diese Straße, die 1307 zum ersten Mal in den Stadtbüchern erwähnt wurde, führt geradewegs auf den Rynek zurück. Sie ist umsäumt von einigen Boutiquen und **ausgefallenen Geschäften.** So gibt es z. B. in der Nr. 24 einen kleinen Laden mit Heiligenbildern, Madonnen, Kruzifixen, Kommunionskleidern, Kerzen und vielem Religiösen mehr.

An der **St. Markuskirche** *(Kościół św. Marka)* vorbei, kommt man zur **Kleinen Bühne** des *Teatr Stary*, in deren Kellergewölbe eine ganz besondere Theateratmosphäre einen außergewöhnlichen Theaterbesuch garantiert.

Das gegenüberliegende **Grand Hotel** ist mit seinem Café und Restaurant eine der ersten Adressen der Stadt. Beim Genießen einer Tasse Kaffee fühlt man sich in die Zeit der Jahrhundertwende zurückversetzt.

Von hier aus gelangt man, sich nach rechts wendend, über die ul. św. Tomasza zum Pl. Szczepański, der kulturell eine Menge zu bieten hat. Mitten auf dem Platz stehend, ist man vom *Szołayski-Haus*, dem Gebäude des *Teatr Stary*, dem Kunstpalast und einem funktionalen Gebäude des anfan-

Die Dame mit dem Hermelin

Neben der Mona Lisa gilt die Dame mit dem Hermelin als das gelungenste Portrait *Leonardo da Vincis.* Es zeigt *Cecilia Gallerani,* Gattin eines Visconti und die langjährige Geliebte des Mailänder Herzogs *Ludovico Sforza.* Das Hermelin ist einerseits Wappentier *Sforzas,* aber im Winterpelz ist er auch ein Symbol der Reinheit. Das Tier gibt noch einen weitern Hinweis auf die *Signora Gallerani.* Das griechische Wort „galę" bedeutet Hermelin; so gelingt eine bildsprachliche Verkörperung ihres Namens.

Das Porträt ist ein bedeutender Wendepunkt in *Leonardos* Malerei. Er wollte den Menschen als fühlendes, lebendiges Individuum abbilden und nicht nur die äußere Form zeigen. Auf dem Bild wird die Aufmerksamkeit der Dargestellten von etwas nicht näher Bestimmten auf sich gezogen; sie hat sich umgewandt und blickt über ihre Schulter, wobei das Tier auf ihrem Arm dem gleichen Impuls zu folgen scheint. Die Frau ruht scheinbar in sich selbst, doch ihre Haltung ist widersprüchlich. Das Hermelin wirkt latent bedrohlich, jederzeit fähig, zuzubeißen. Der Betrachter fühlt sich als Teil der Inszenierung, unwillkürlich schaut er in Cecilias Blickrichtung. Es baut sich eine Spannung auf, die nicht gelöst wird. Seine Neugier wird nicht befriedigt und dennoch kann er den Blick kaum abwenden.

Auch in der Technik beschreitet *Leonardo* mit diesem Bild neue Wege. Er setzt einen bemerkenswerten Lichtakzent an der Schulterpartie der Frau, der die Drehbewegung des Kopfes hervorhebt. So entwickelt sich seine Tendenz zu spiralförmigen Strukturen im Bildaufbau.

Die Modellierung der Gesicht- und Halspartie und besonders des Hermelins sind ohne Zweifel *Leonardos* Handwerk. Im Laufe der Zeit wurden jedoch einzelne Teile deutlich verändert. Der Hintergrund ist großflächig verdunkelt worden, das ursprünglich durchsichtige Haarnetz malte man in derselben Farbe wie das Haar der Dame neu. So wird der Eindruck erweckt, das Haar reiche bis unters Kinn. Retuschiert wurde ebenfalls die Kleidpartie unterhalb des Hermelins, und dunkle Schatten fügte man zwischen die Finger der rechten Hand hinzu. Die Inschrift wurde im späten 18. Jahrhundert in Frankreich hinzugefügt.

Die genaue Datierung des Gemäldes war lange Zeit nicht möglich. Seit neuesten wird davon ausgegangen, dass es nicht vor 1490 fertig gestellt wurde. Die damalige Kleidermode sowie das neu definierte Alter von *Cecilia Gallerani* geben dafür die entscheidenden Hinweise. Man hat anhand von Archivfunden nachweisen können, dass die Lebensdaten der *Gallerani* falsch übertragen waren und sie im Jahre 1490 erst 17 Jahre alt gewesen ist.

Der polnische Fürst *Adam Czartoryski* erwarb das Bild während der französischen Revolution. Das Gemälde kam zwischen 1830 und 1867 nach Frankreich zurück und wurde im Hôtel Lambert in Paris, das *Czartoryski* gehörte, aufgehängt. Danach kam es wieder nach Polen. In die Sammlung der Fürstin *Isabella Czartoryska* gelangte das Bild in der ersten Hälfte des 19. Jahrhunderts. Nun hängt es im 2. Stockwerk des Czartoryski-Palais hinter Panzerglas und zieht die Besucher in seinen Bann.

037kr Foto: cr

54,8 x 40,3 cm,
Öl auf Walnussholz,
1488-1490,
Muzeum Narodowe,
Sammlung Czartoryski

Eines von Leonardos wichtigsten Werken: Die Dame mit dem Hermelin

genden 20. Jh. umgeben, in dem sich u.a. die Gewerkschaft *Solidarność* niedergelassen hat. Im **Szołayski-Haus,** benannt nach einem Krakauer Magnaten, ist eine Abteilung des Nationalmuseums mit Malereien und Skulpturen aus dem 14.-18. Jh. untergebracht.

Das **Teatr Stary** (ausgehendes 18. Jh.), ist das älteste noch existierende Theater Krakaus. Es ist mit seinen vielfältigen Ausdrucksformen und seinen ausgezeichneten Schauspielern auch das bedeutendste Theater der Stadt. Hier wird neben traditionellen Stücken, wie z. B. „Wesele" (Hochzeit), dem wichtigsten nationalen Theaterstück von *S. Wyspiański,* auch regelmäßig experimentelles polnisches Theater exzellent vorgeführt. Das kleine **Theatermuseum** im Haus führt den interessierten Besucher auch außerhalb der Vorstellungen durch eine bezaubernde Bühnenwelt.

Auf dem Weg zur *Planty* befindet sich der **Palast der Kunst** *(Pałac Sztuki),* der eigens für die 1854 gegründete Gesellschaft der Freunde der Schönen Künste erbaut wurde. Er beherbergt heute in seinen hohen Sälen wechselnde Ausstellungen moderner, internationaler Kunst.

Es lohnt sich der kurze Weg in die ul. Reformacka, um die **Kirche und das Kloster der Reformatoren** *(Kościół Reformatorów)* aus dem 17. Jh. anzusehen. Der gegenüberliegende kleine Garten mit dem 14 Stationen umfassenden **Kreuzweg** ist in der Karwoche Schauplatz einer festlichen Prozession.

Vom Pl. Szczepański ist es nicht weit zu einer weiteren **Galerie moderner**

Kunst *(Bunkier Sztuki),* die in einem bunkerartigen Gebäude vom *Planty* aus zu betreten ist. Der unscheinbare graue Betonbau, 1965 vom „Büro für Kunstausstellungen" *(BWA)* erbaut, besticht im Inneren durch seine Helligkeit und seine ungewöhnlichen architektonischen Lösungen. Alle zwei Jahre findet in diesen Räumen die *Internationale Biennale für Grafik* statt.

Unter dem Glasdach, das an die Pariser Metro erinnert, direkt an der Wand vor dem Bunkier befindet sich ein schönes Café, in dem die französische Kultur gepflegt wird. Unterstützt vom französischen Konsulat werden hier Konzerte, kulinarische Veranstaltungen und Lesungen veranstaltet.

Ein paar Schritte weiter den *Planty* entlang, wartet das gemütliche **Café „U Zalipianek"** an der Ecke zur ul. Szewska auf Gäste. Die Inneneinrichtung, bunte Blumenmuster an Wänden und Decken und die Bekleidung der Kellnerinnen sind angelehnt an die überlieferten Traditionen des Dorfes Zalipie, das im Weichselgebiet liegt. Auch die ul. Szewska führt direkt auf den Rynek. Sie ist eine Geschäftsstraße mit vielen kleinen Boutiquen und Läden mit Alltagswaren.

Auf der ul. Jagiellońska gelangt man dann zum *Collegium Maius,* dem ältesten erhalten gebliebenen Gebäude der Krakauer **Jagiellonen-Universität** *(Uniwersytet Jagielloński).* Von *König Kazimierz dem Großen* 1364 als zweite Universität Mitteleuropas gegründet, hatte sie von Anfang an eine für diese Zeit ungewöhnliche weltliche Prägung. Die ersten Fakultäten der jungen Universität waren Philosophie, Theologie, Rechtswissenschaften und Medizin. Im 15. und in der ersten Hälfte des 16. Jh. kamen Studenten aus vielen Ländern Europas, um in der berühmt gewordenen Universität studieren zu können. Unter ihnen war auch der Astronom *Nikolaus Kopernikus.* Zum Ende des 17. Jh., als mit dem Verfall des Staates die Universität an Bedeutung verloren hatte, verhalf *Hugo Kołłątaj,* Priester und Rektor der Universität, durch umfassende Reformen dieser Lehranstalt zu neuem Ruhm. Er führte, das Latein ablösend, die polnische Sprache als offizielle

☕	1	Café Camelott
⛪	2	Johanniskirche
Ⓜ	3	Czartoryski-Museum
⛪	4	Piaristenkirche
🏨	5	Hotel Francuski
★	6	Karikaturengalerie
🏨	7	Grand Hotel
⛪	8	St. Markuskirche
⛪	9	Reformatorenkirche
ℹ	10	Touristeninformation
Ⓜ	11	Historisches Museum Szołayski-Haus
★	12	Palast der Kunst
★	13	Altes Theater (Teatr Stary)
★	14	Galerie der Modernen Kunst
☕	15	Café "U Zalipianek"
⛪	16	St. Annenkirche
•	17	Nowodworski-Collegium
Ⓜ	18	Collegium Maius
★	19	Nikolaus-Kopernikus-Denkmal
•	20	Collegium Novum
Ⓟ		Bewachter Parkplatz

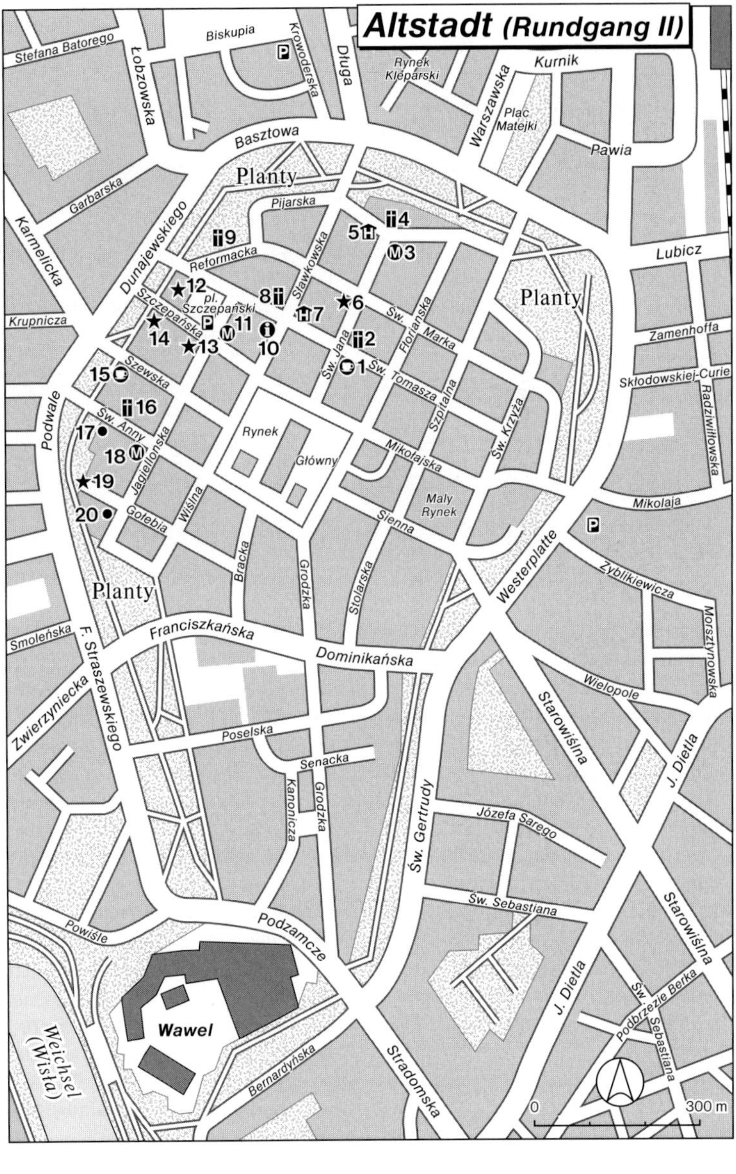

Krakau entdecken

838kr Foto: cr

Lehrsprache ein, es entstanden moderne Kliniken und Laboratorien, ein astronomisches Observatorium wurde eingerichtet, und auch ein botanischer Garten wurde in dieser Zeit angelegt.

Zurzeit des Nationalsozialismus versuchten die Deutschen, die polnische Wissenschaft zu vernichten, indem sie Universitätsmitarbeiter, unter ihnen international geschätzte Wissenschaftler, verhafteten (insgesamt 183), die Schätze der Universität raubten und die Lehrveranstaltungen untersagten. Dessen ungeachtet wurde der Lehrbetrieb im Untergrund mit ca. 800 Hörern fortgesetzt.

Heute ist die Universität Krakau mit ca. 120.000 Studenten die zweitgrößte in Polen. Zeugnisse dieser langen Geschichte der Universität sind im **Museum des Collegium Maius** zu betrachten. Aber auch das Gebäude selbst ist einen Besuch wert. Der gotische Arkadenhof, die steilen Dächer und die kleinen Details (wie die Gesichter der Regenrinnen) sind schöne Beispiele der Architektur des 14. Jh.

Der südwestliche Teil der Altstadt ist stark von der Universität geprägt. Kollegs und Verwaltungsgebäude liegen dicht beieinander. Als Erstes ist das **Collegium Novum** zu erwähnen, ein neugotischer Bau, der heute als Hauptgebäude der Universität die meisten Verwaltungsräume und Lehrsäle besitzt. Es hat seinen Eingang beim **Denkmal von Nikolaus Kopernikus** von den Planty aus.

Ein weiteres Universitätsgebäude ist das **Nowodworski-Collegium** auf der ul. św. Anny Nr. 12. Es ist ebenfalls mit einem Arkadenhof ausgestattet und steht gegenüber der schönsten barocken Kirche Krakaus, der **Kirche Św. Anny,** die als Collegialkirche dem Universitätspatronat untersteht.

Jede Menge kleiner **Kneipen, Restaurants und Boutiquen** findet man in der ul. Gołebia und ul. Bracka. Diese führt nach links zum Hauptmarkt.

Museen

- **Czartoryski-Sammlungen** *(Zbiory Czartoryskich),* ul. Św. Jana 19, Öffnungszeiten: Di.u.Do. 9.00 bis 15.30, Mi. u. Fr. 11.00 bis 18.00, Sa. u. So. 10.00 bis 15.30 Uhr.

Der Gebäudekomplex des Museums besteht aus drei Teilen, dem *Arsenal,* dem *Kleinen Kloster* und dem *Czartoryski-Palast* an der Ecke ul. Św. Jana/ul. Pijarska. Im Inneren des Komplexes verliert man schnell den Überblick bei der Vielzahl der Eindrücke.

Die älteste Sammlung Polens, die Anfänge gehen bis ins ausgehende 13. Jahrhundert zurück, mit ihrer Fülle an polnischen Kulturschätzen und Kunstgewerbe aus aller Welt ist eine der interessantesten Ausstellungen Krakaus. Eine Auswahl: der Besucher steht in der Abteilung Malerei vor der „Dame mit dem Hermelin" von *Leonardo da Vinci,* er findet Grafiken von *Rembrandt* und *Albrecht Dürer,* antike Kunstgegenstände, in der Waffenkammer Militärisches aus dem Orient und im ersten Stock Wertvolles aus Elfenbein und Meißner Porzellan.

- **Szolayski-Haus** *(Kamienica Szołayskich),* Pl. Szczepański 9, Öffnungszeiten: Di. u. Do. 9.00 bis 15.30, Mi. u. Fr. 11.00 bis 18.00, Sa. u. So. 10.00 bis 15.30 Uhr. Diese Ausstellung ist der polnischen Kunst des 14.-18. Jahrhunderts gewidmet. Sie ist ein Teil des Nationalmuseums und wurde nach dem Zweiten Weltkrieg aus den Tuchhallen ausgelagert. Gezeigt werden ausgewählte Stücke der Sakralkunst des Mittelalters, Portraits der späten Renaissance und des späten Barock sowie eine interessante Sammlung an Särgen. Zurzeit sind die Exponate in den königlichen Gemächern auf dem Wawel untergebracht.
- **Museum des Alten Theaters** *(Muzeum Teatru Starego),* Pl. Szczepański 1. Öffnungszeiten: Di.-So. 11.00-13.00 Uhr und eine Stunde vor den Aufführungen. In dem seit 1799 als Theater genutzten Gebäude finden, neben einer ständigen Ausstellung mit Erinnerungen an Bühnenstücke und Schauspieler, regelmäßig Sonderausstellungen statt, die berühmten Persönlichkeiten des Krakauer Theaters gewidmet sind.
- **Museum der Jagiellonen-Universität** *(Muzeum Uniwersytetu Jagielońskiego, Collegium Maius),* ul. Jagiellońska 15, Öffnungszeiten: Mo.-Fr. 11.00–14.20 Uhr, Sa. 11.00 bis 13.20 Uhr. Der Innenhof ist täglich bis Einbruch der Dunkelheit zu besichtigen.

Dieses Museum, dessen Schätze bis ins 15. Jh. zurückgehen, ist in den noch heute zu besonderen Ereignissen genutzten historischen Räumlichkeiten des ältesten Teils der Universität untergebracht. Man durchschreitet im ersten Stock des Gebäudes die historische Inneneinrichtung der alten Aula, der Bibliothek, des Speisesaals der Professoren und begegnet auf dem Weg u.a. einer Sammlung astronomischer Instrumente und Globen, der ältesten polnischen Münzsammlung und der Schatzkammer. Für Gruppen wird eine deutsche Führung organisiert.

Galerien

- **Palast der Kunst** *(Pałac Sztuki TPSP),* Pl. Szczepański 4. Öffnungszeiten: Di.–So. 10.00–17.00 Uhr. Der älteste Kunstsalon in Polen mit großem Renommee blickt auf eine 100-jährige Tradition zurück. Die Innenräume sind beeindruckend.
- **Bunkier Sztuki,** Pl. Szczepański 3A, Öffnungszeiten: Di.–So. 11.00–18.00 Uhr. Wechselnde Ausstellungen moderner Kunst auf einem hohen Niveau. www.bunkier.com.pl.

Collegium Maius
der Jagiellonen-Universität

Verkaufsgalerien

- **Galerie von Andrzej Mleczko,** ul. św. Jana 14 (Karikaturen)
- **Pod Złotym Lewkiem** (Zum goldenen Löwen), ul. Szewska 18
- **Galeria Rzeżby,** ul. Bracka 15 (Skulpturen)
- **Galeria Zlrączką,** ul. Sławkowska 13/15

Kulturinformationszentrum *(Centrum Informacji Kulturalnej)*

- św. Jana 2, Öffnungszeiten: von Mo. bis Fr. 10.00–19.00, Sa. 11.00–19.00 Uhr. Hier wird man über die kulturellen Veranstaltungen Krakaus informiert, aber es findet kein Kartenverkauf statt.

Restaurants und Cafés

Auch in diesem Stadtteil findet man viele **kleine Restaurants und Café-Bars.** Es lohnt sich, auch mal einem Hinweisschild über verschlungene Wege zu folgen, da sich die Läden oft in Kellergewölben oder Hinterhöfen verstecken.

- **Grand Hotel** (I), ul. Sławkowska 5-7, Öffnungszeiten: tägl. 12.00–24.00 Uhr. In diesem alteingesessenen Restaurant lässt es sich in der hohen und hellen Halle vorzüglich dinieren.
- Das **Hotel-Café** (Öffnungszeiten: tägl. 7.00–22.00 Uhr) ist immer gut besucht, denn in Krakau hat sich schon lange herumgesprochen, wie freundlich die Bedienung, wie lecker der Kuchen und wie großzügig das Frühstücksangebot ist.
- **U Babci Maliny** (Milchbar im Gebäude der Botanischen Fakultät), ul. Sławkowska 17, Öffnungszeiten: Mo. bis Fr. von 11.00 bis 19.00, Sa. u. So. von 12.00 bis 17.00 Uhr. Über verschlungenen Wegen gelangt man an den Ort, wo viele Studenten und alte Leute ihre Mittagsmahlzeit zu sich nehmen. Die Speisen sind einfach, gut und reichhaltig.
- **Chimera Salad Bar** (III), ul. św. Anny 3, Öffnungszeiten: tägl. 9.00–22.00 Uhr. Zur Mittagszeit ist das gemütliche Kellergewölbe ein beliebter Treffpunkt von Studenten, die hier für wenig Geld reichhaltige Portionen an frischen, leckeren und vielseitigen Salaten verspeisen. Dazu gibt es ein großes Angebot an Fruchtsäften. Von Mai bis September kann man diese Vitaminbomben auch im Hofgarten genießen.
- **Chimera Restaurant** (II), ul. św. Anny 3, Öffnungszeiten: tägl. 12.00–22.00 Uhr. Das stilvoll und schlicht eingerichtete Restaurant mit polnischer Küche kocht nach Rezepten aus der königlichen Küche des letzten Jahrhunderts. Deshalb sind die Geschmacksvariationen der Speisen vielleicht auch etwas gewöhnungsbedürftig.
- **Café U Zalipianek,** ul. Szewska 24, Öffnungszeiten: 9.00–22.00 Uhr. Dieses gemütliche Café orientiert sich an den farbenfrohen Gebräuchen des kleinen Traditionsortes Zalipie. Für den kleinen Hunger zwischendurch empfehlen sich die Champignon-Eierkuchen, die auf der kleinen Parkterrasse am besten schmecken.
- **Milchbar Kuchcik,** ul. Jagiellońska 12, Geöffnet tägl. 10–18 Uhr. Eine kleine und typisch polnische Milchbar für den großen Hunger und den schmalen Geldbeutel.
- **Herbaciarnia Gołebnik,** ul. Gołebia 5, Öffnungszeiten: Mo.–Fr. 8.00–22.00, Sa., So. 9.00–21.00 Uhr. Bei einer guten Tasse Tee, ausgewählt aus dem reichhaltigen Angebot an Teesorten, lässt es sich hier gut relaxen. Es gibt aber auch Kaffee.
- **Cyrano de Bergerac** (I), ul. Sławkowska 26. Öffnungszeiten: Mo.–Sa. 12.00–24.00 Uhr. Feine französische Küche in altem Gemäuer. Das Weinangebot ist beeindruckend.
- **Café Camelot,** ul. św. Tomasza 17, Öffnungszeiten: tägl. 9.00–24.00 Uhr. Das originelle Café bietet eine Vielzahl an guten Weinen zu angemessenen Preisen und leckere Kleinigkeiten an. Gelegentlich tritt hier das gleichnamige Krakauer Kabarett auf. Im Sommer bietet der kleine Platz vor dem Café die ideale Gelegenheit, sich eine entspannte Pause zu gönnen.
- **Restaurant und Pub Cherubio,** ul. św. Tomasza 15, Öffnungszeiten: täglich 13.00–24.00 Uhr. Neben großen Kutschen kann man kleine Speisen aus der toskanischen und polnischen Küche verzehren.
- **DYM Café Bar,** ul. św. Tomasza 15, Öffnungszeiten: tägl. von 10.00 bis 24.00, Sa. 10.00–1.00 Uhr. Treffpunkt der jungen Krakauer Szene.

●**Restaurant Guliwer** (II), ul. Bracka 6, Öffnungszeiten: tägl. 10.00–23.00 Uhr. In mediterraner Atmosphäre wird man hier mit leckeren französischen Gerichten verwöhnt.

●**Gospoda C. K. Dezerkrzy** (II), ul. Bracka 6, Öffnungszeiten: tägl. 9.00–23.00 Uhr. Ein gemütliches Restaurant mit leckeren slowakischen Speisen, in dem man sehr freundlich bedient wird. Was will man mehr?

●**Pavda** (II), ul. św. Anny 3 (Eingang an der ul. Jagiellońska gegenüber dem Collegium Maius), Öffnungszeiten: 9.00–2.00 Uhr. Feine italienische Küche im Kellergewölbe.

●**Metropolitan** (II), ul. Sławkowska 3, Öffnungszeiten: 7.30–24.00 Uhr. Ein gutes Angebot an internationalen Gerichten verwöhnt hier nicht nur den Jet-Set-Reisenden.

●**Pierogarnia** (III), ul. Sławkowska 32, Öffnungszeiten: 10.00 bis 21.00 Uhr. Die Pierogi (Maultaschen) werden hier frisch zubereitet und mit vielen fantastischen Füllungen versehen von einer Dame, die hinter einem kleinen Fensterchen sitzt. Auf essbaren Tellern serviert sind sie eine Köstlichkeit, die man sich nicht entgehen lassen sollte.

●**Chłopske Jadło** (II), ul. Św. Jana 3. Stilecht und mit viel Witz wird hier die polnische Bauerntradition gepflegt. Dicke Brotscheiben, Griebenschmalz, Volksmusik und derbe Stühle zum deftigen Essen. Einfach gut.

●**Rosenthal Café,** ul. Św. Jana. Wenn man Sehnsucht nach warmem Apfelstrudel mit Sahne bekommt, angerichtet auf Rosenthal-Porzellan, dann ist man hier richtig. Echte Klasse von Rosenthal.

●**Bodega Marques,** ul. Sławkowska 12. Schöne Tapas-Bar mit guter Auswahl an Weinen. Dazu spanische Musik (oft live) und der Abend kommt einem spanisch vor.

●**Osorya** (II), ul. Jagiellońska 5, Öffnungszeiten: tägl. 12.00–24.00 Uhr. Inmitten von Kunst lässt es sich gemütlich sitzen und speisen. Die Schauspieler des Alten Theaters sind hier häufig zu Gast. Im Sommer lädt ein kleiner Hofgarten zum Verweilen ein.

●**Moliere** (II), ul. Szewska 4, Öffnungszeiten: 8.00 bis 3.00 Uhr. Dies ist ein Kunst- und Kulturzentrum, das sich im Erd- und Kellergeschoss eines historischen Bürgerhauses befindet. Zum Komplex gehört neben einem Café auch ein Restaurant, eine Bar sowie ein kleines Theater, das unabhängig vom gastronomischen Betrieb agiert.

Nachtleben

Zutritt in die Nachtbars erst ab 21 Jahren!

●**Shakesbeer Night Club,** ul. Gołebia 2, Öffnungszeiten: tägl. 16.00–2.00 Uhr. Eine Bar, in der man gerne länger verweilt. Der Klub ist beliebt und immer gut besucht. Außerdem kann man hier Billard und Snooker spielen.

●**Strawberry Club,** ul. św. Tomasza 1, Öffnungszeiten: Mo.–Do. 10.00–24.00, Fr., Sa. 10.00–3.00 Uhr. Eine angenehme Neonbar mit Billardtischen und einer großen Auswahl an Cocktails.

●**Pod Papugami,** ul. św. Jana 18, Öffnungszeiten: tägl. 12.00–2.00 Uhr (Sa. ab 16.00 Uhr). Ein irischer Pub mit irischer Musik und irischem Bier vom Fass.

●**Maska,** ul. Jagiellońska 1, Öffnungszeiten: tägl. 9.00–3.00 Uhr. Eine Nachtbar in den Kellerräumen des Alten Theaters muss einfach etwas Besonderes sein. Und so wird man auch, sobald man die Räumlichkeiten betritt, in eine Zauberwelt geführt. Das Essen ist gut, die Auswahl an Getränken reichhaltig.

●**Pasja Pub,** ul. Szewska 5, Öffnungszeiten: tägl. 14.00–3.00 Uhr, Fr. und Sa. auch bis 4.00 Uhr. Disco und Billard erfreuen das Nachtschwärmerherz.

●**Equinox,**
Disco und Salatbar, ul. Sławkowska 13/15, Öffnungszeiten: tägl. 12.00–2.00 Uhr.

●**Le Fumoir,** ul. Sławkowska 26, Öffnungszeiten: 12.00–20.00 Uhr Café Club, und ab 20.00 Uhr bis zum letzten Gast: Piano Bar. Gepflegte Kellerbar mit einem großen Weinangebot.

Einkaufen

●**Holzspielzeug:** Pl. Szczepański 2.

●**Devotionalien** (religiöse Utensilien): ul. Sławkowska 24.

●**Flämische Teppiche:** ul. Sławkowska 11.

●**Volkskunst:** ul. Bracka 11.

●**Honig-Laden,** pl. Szczepański 8. Viele Sorten an Honig und Imkerzubehör.

●**Porcelit,** ul. Sławkowska 14. Große Auswahl an Bunzlauer-Geschirr.

●**Künstlerbedarf:** ul. Pijarska 2.

Wichtige Adressen

- **Bewachte Parkplätze:** Pl. Szczepański (innerhalb der Altstadt), ul. Karmelicka.
- **Taxistände:** ul. św. Tomasza, ul. Franciszkanska, Pl. Szczepański (alle innerhalb der Altstadt).

Rundgang III

Der **zweite Teil des Königsweges** führt die ul. Grodzka entlang zum Wawel. Allein sieben Kirchen säumen den Weg dorthin. Beim genaueren Hinschauen findet man in dieser Straße über einigen **Hauseingängen** Tiermotive, die durch die eigenwillige Darstellung der mittelalterlichen Bildhauer, die ja Elefanten (Nr. 38) oder Löwen (Nr. 32/14. Jh.) nur aus sagenumwobenen Erzählungen kannten, auffallen.

Am Pl. Wszystkich Świętych durchquert die Straßenbahn die Altstadt, und man spürt einen Hauch der Großstadt Krakau. Der Straße weiter folgend, am **Stadnicki-Palais** mit seinem Arkadengang vorbei, kann man sich den Düften aus dem kleinen Käse-, Wurst- und Weinladen *„Pod Aniołami"* (Bei den Engeln) kaum entziehen. Nebenan präsentiert die **Schmuckgalerie Skarbier** ihre ausgefallenen Stücke. Von dort aus stößt man dann unweigerlich auf die **St.-Peter-und-Paulus-Kirche** *(Kościół św. Piotra i Pawła)*, die als Erstes Barockgebäude der Stadt 1635 fertig gestellt wurde. Die zwölf mächtigen spätbarocken Apostelfiguren am Eingang zum Kirchenvorhof wurden Opfer der Luftverschmutzung. Völlig zerfressen, mussten sie durch Kopien ersetzt werden.

Der Kirche gegenüber fällt das **Collegium Juridicum,** seit 1403 im Besitz der Universität, mit seinen gut erhaltenen gotischen Bauelementen auf. Der Arkadeninnenhof ist dem des *Wawelschlosses* im 17. Jh. nachgebaut.

An der **St. Andreaskirche** *(Kościół św. Andrzeja)* verengt sich die Straße. Diese dreischiffige romanische Kirche birgt in ihrem Kirchenschatz Krippenfiguren, die zu den ältesten Europas zählen.

Die ul. Grodzka nähert sich immer mehr dem *Wawel*, und von der **St. Ägidiuskirche** aus bekommt man dann die Anlage in ihrer Erhabenheit zu Gesicht.

Der Weg vom *Wawel* herab wird durch die ul. Kanonicza verlängert, die, einst an der Stadtmauer gelegen, ihren Weg Richtung Marktplatz sucht. Die historische Atmosphäre dieser stillen Gasse, fernab vom üblichen Treiben der Altstadt, ist bemerkenswert. Die Gebäude, der Gotik und der Renaissance verhaftet, sind allesamt einen zweiten Blick wert.

Die Zeile beginnt mit Haus Nr. 25, dem **Długosz-Haus,** dem ehemaligen Badehaus des Königs Władysław II, dessen Muttergottesfigur noch heute die Einschüsse aus der Zeit der Schwedenangriffe aufweist. Das Haus Nr. 21, das **Dziekański-Haus** (Dekanhaus) ist ein Renaissancepalais und hat einen wunderschönen verwunschenen Arkadenhof, von *Santi Gucci* entworfen, den das Barockstandbild des Hl. Stanisław schmückt. Hier residierte von 1960 bis 1964 *Bischof Karol Wojtyła* und heute hat sich in diesem Gebäu-

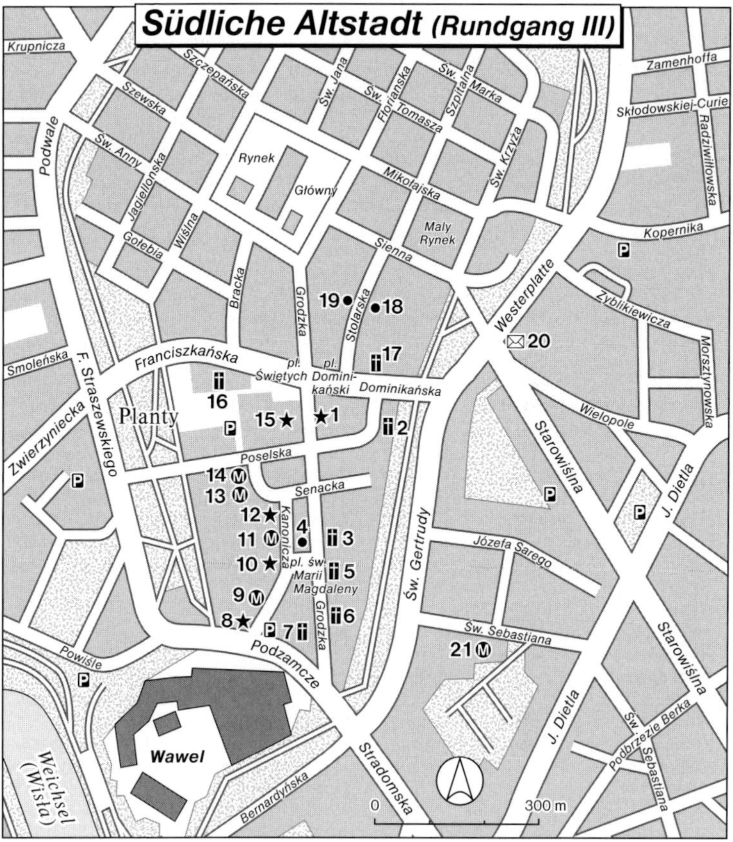

★	1	Stadnicki-Palais
⛪	2	St. Josefkirche
⛪	3	St.-Peter-und-Paulus-Kirche
•	4	Collegium Juridicum
⛪	5	St. Andreaskirche
⛪	6	St. Martin
⛪	7	St. Ägidiuskirche
★	8	Długosz-Haus
Ⓜ	9	Museum der Kirchengeschichte
★	10	Ciołek-Palais
Ⓜ	11	Stanislaw-Wyspiański-Museum
★	12	Theater "Criot 2"
Ⓜ	13	Geologisches Museum
Ⓜ	14	Archäologisches Museum
★	15	Wielopolski-Palais
⛪	16	Fanziskanerkirche
⛪	17	Dominikanerkirche
•	18	Dominikaner-Kramläden
•	19	Deutsches Konsulat
✉	20	Hauptpost
Ⓜ	21	Naturkunde-Museum
P		Bewachter Parkplatz

Tadeusz Kantor

Tadeusz Kantor (1915 bis 1990) war Maler, Kunsttheoretiker, Bühnenbildner und Regisseur. Er gilt als einer der herausragendsten Künstler des 20. Jahrhunderts und hat das Theater der zweiten Hälfte des 20. Jahrhunderts nachhaltig geprägt.

Kantor begann seine künstlerische Arbeit, die im Zeichen der Krakauer Avantgarde stand, in den 1930er Jahren und entwickelte sich zum Hauptvertreter der Moderne in Polen. Er besuchte die Akademie der Bildenden Künste in Krakau und hatte dort in den Jahren 1948–49 und 1967–69 einen Lehrstuhl inne. Als Maler schuf er zuerst dunkle Bilder mit vereinfachten Figuren. Ab den fünfziger Jahren entwickelte Kantor eine energiegeladene, informelle Malerei. Danach entstanden Werke mit Anordnungen einer Vielzahl von zerstörten Gegenständen, z. B. Taschen oder Schirme und verpackte Objekte, Gemälde und Figuren. In den siebziger und achtziger Jahren widmete er sich intensiv dem Theater, zur Malerei kehrte er erst wieder am Ende seines Lebens zurück. Während des Zweiten Weltkrieges leitete Kantor in Krakau ein unabhängiges, experimentelles Theater – das Konspirationstheater. Im Jahre 1956 gründete er das Theater Cricot 2, wo er später seine eigenen Stücke inszenierte. Seine längste und markanteste Schaffensphase war das Theater des Todes ab 1975. Es entstanden Inszenierungen wie zum Beispiel Umarla klasa (Die tote Klasse) 1975, Wielopole-Wielopole 1980, Niech sczezna artyści (Die Künstler sollen krepieren) 1985. Dziś są moje urodziny (Heute ist mein Geburtstag) 1990 wurde von ihm als „vielleicht mein Testament" bezeichnet. Es war sein letztes Werk. Noch während der Arbeiten daran, kurz nach seinem 75. Geburtstag, starb er in Toulouse.

Sein wohl bedeutendstes Stück ist „Die Tote Klasse", mit dem er 1975 den Seelenzustand der Nachkriegspolen ziemlich genau traf. Ein groteskes Spiel der Illusionen, in dem tote Gestalten auf die Schulbank ihrer Kindheit zurückkehren, um noch einmal ihre Vergangenheit zu erleben. Als gescheiterte Existenzen sind sie gezwungen, Bruchstücke ihres Lebens, ihrer Träume und Leidenschaften immer wieder durchzumachen. Die Figuren bilden sich im Verlaufe des Stückes ständig neu und doch finden sie keine Erlösung. Kantor legt in diesem Werk den Erinnerungsmechanismus bloß. Er sagt dazu: „Der Widerspruch zwischen Tod und Leben korrespondiert perfekt mit dem Gegensatz zwischen Fiktion und Wirklichkeit." Kantors Werke sind durchdrungen von Identifikationsfragen. Seine Kunst ist spezifisch polnisch aber auch immer auf der Suche nach dem allgemein Gültigen. Er hatte eine kämpferische Natur und hasste nichts mehr als die Stagnation. Für ihn waren die „Verachteten, Gefährdeten und Unbemerkbaren" die Quelle seiner Fantasie.

Mit seinem Avantgardetheater war Kantor in den 1990er Jahren sehr erfolgreich in Europa, Asien, Amerika und Australien unterwegs. Kurz vor seinem Tod erhielt er das Bundesverdienstkreuz der Bundesrepublik Deutschland. Sein Werk, das unmittelbar von seiner Person durchwirkt ist, konnte ohne ihn nicht fortgeführt werden. Das Ensemble des Cricot 2 versuchte noch etwa ein Jahr lang die Inszenierungen ohne ihn aufzuführen, doch es fehlte an Kantors kreativer Energie und so wurde das Theater aufgelöst. Zahlreiche Publikationen, Videoaufnahmen seiner Stücke, Fotos und Zeichnungen dokumentieren seine umfangreiche Arbeit und werden in den Ausstellungsräumen der Cricoteka in der ul. Kanonicza 5 verwaltet und präsentiert. Und auch in der Tadeusz-Kantor-Galerie in der ul. Sienna 7 begegnet man seinen Werken.

de das **Museum der Kirchengeschichte** eingerichtet. Auch der Hof des gotischen **Hauses Nr. 18** ist sehenswert. Im Nachbarhaus, dem **Ciołek-Palais** (Nr. 17), fällt das schiefe gotische Fenster auf.

An weiteren interessanten Häusern vorbei gelangt man zum **Stanisław-Wyspiański-Museum** (Nr. 9), das einen Überblick über das Schaffen des bedeutenden polnischen Künstlers der Jahrhundertwende bietet.

In Erinnerung an das experimentelle **Theater „Cricot 2"**, geprägt von dem Regisseur *Tadeusz Kantor*, wurden im Haus Nr. 5 Ausstellungsräume eingerichtet. Die Inszenierungen des Theaters können anhand verschiedener Medien nachvollzogen werden. Hier befindet sich auch das Archiv mit dem Gesamtwerk *Kantors*, das für wissenschaftliche Zwecke zur Verfügung gestellt wird (siehe Exkurs).

Die Straße nach links abbiegend, kommt man am **Geologischen Museum** vorbei. Der Eingang des sich im gleichen Gebäude befindlichen **Archäologischen Museums** liegt auf der ul. Poselska. In dem hübschen und ruhig gelegenen kleinen Park des Museums, den man nach dem Bezahlen des Eintritts durchschreitet, bietet sich eine kleine Erholungspause an. Das Gebäude hatte eine wechselvolle Geschichte. Ursprünglich als Herrenhaus der Familie Tęczyński erbaut, übernahm im 17. Jahrhundert der Karmeliterorden den Komplex. Mit der Machtübernahme der Österreicher bei der polnischen Teilung wurde es zum Sitz des Gerichts mit einem Gefängnis, das im Keller untergebracht war. Gegenüber vom Museumseingang befindet sich das **Wielopolski-Palais,** der Amtssitz der Krakauer Stadtverwaltung.

Der Weg führt nun zur **Franziskanerkirche** *(Kościół Franciszkanów)* an der ul. Franciszkańska. Um dorthin zu gelangen, wendet man sich nach rechts und schlendert ein kurzes Stück durch die *Planty*, bis man den Eingang der Basilika aus dem 13. Jahrhundert erblickt. Ihre neugotische Ausstattung mit den Jugendstilmalereien ist eine Besonderheit unter den Krakauer Kirchen. Die bunten Pflanzen, Blüten, Herzen u.Ä. und der mit goldenen Sternchen verzierte blaue Himmel im Querschiff geben diesem sakralen Raum einen fröhlichen Eindruck. Teile der Polychromien und die Glasmalerei im Presbyterium mit der Salomea und dem Hl. Franziskus sind künstlerische Leistungen von *S. Wyspiański.*

Wer die Kirche einmal längs durchschreitet, gelangt wieder auf den Pl. W. Świętych mit dem Wielopolski-Palast. Von hier aus ist die **Dominikanerkirche** *(Kościół Dominikański)*, zu sehen, die etwas zurückgesetzt den Pl. Dominikański abschließt. Mit dem Auge nicht zu erkennen, ist die ul. Grodzka die Trennungslinie zwischen diesen beiden Plätzen. Die Dominikanerkirche aus dem 12. Jh., an die ein **Kloster** angrenzt, brannte bei der Krakauer Feuersbrunst im Jahre 1850 fast vollständig aus; nur die Kapellen blieben erhalten. Heute steht sie wieder gewaltig mit ihren neugotisch-spitzen Bögen da. Die **Klosterkreuzgänge** zählen mit ihrer Vermischung von gotischen und romanischen Elementen zu den ältesten und schönsten Krakaus.

Von der Dominikanerkirche zweigt die ul. Stolarska ab, in der sich das *Deutsche Konsulat* befindet. Auf der rechten Seite ziehen sich die niedrigen **Dominikaner-Kramläden** entlang. Sie erinnern daran, dass ab dem 16. Jh. an dieser Stelle ein Markt mit Gebrauchsgütern ansässig war. Die heutigen Geschäfte orientieren sich eher an den Wünschen der Touristen.

Eine witzige Metallplastik aus Fahrzeugersatzteilen weist den Weg zur **Plakatgalerie** mit einer großen Auswahl an polnischen Plakaten. Am Ende der Straße ist man am *Mały Rynek* (Kleiner Markt) angekommen, auf dem, ehemals im Fleischerviertel gelegen, Fleisch- und Wurstwaren angeboten wurden.

Auf der ul. Sienna, die an der Südwest-Seite des Platzes entlangführt, verkauft das Geschäft *„Koszule"* Herrenhemden, die in Holzkästen und hinter Glas so völlig anders als auf den Wühltischen moderner Kaufhäuser zum Verkauf angeboten werden. Leider sind es gerade diese Läden in Krakau, die mit ihrem alten Interieur nicht mehr zeitgemäß sind und ihre Türen für immer schließen müssen.

Über die ul. Sienna gelangt man wieder zum Hauptmarkt.

Museen und Ausstellungen

● **Stanisław-Wyspiański-Museum,** ul. Kanonicza 9, Öffnungszeiten: Im Sommer 2003 bis auf weiteres geschlossen worden. Sonst Di., Do., Sa., So. 10.00–15.30 und Fr. 10.00–18.00 Uhr (am Donnerstag ist der Eintritt frei). Zum Andenken an *Stanisław Wyspiański.* Dem polnischen Multitalent der Jahrhundertwende (1869–1907) wurde Ende 1983 in diesem klassizistischen Gebäude eine Ausstellung eingerichtet. *Wyspiański,* eine schillernde Persönlichkeit der polnischen Kunst, war Dramaturg, Dichter und Maler. In seinen frühen Werken widmete er sich der Plastik. So entstanden die noch heute beeindruckenden Glasfenster in der Franziskanerkirche. Sein dramaturgisches Werk, das kritisch die zeitgenössischen gesellschaftlichen und politischen Entwicklungen in Polen reflektierte, wurde in der Theaterwelt kontrovers aufgenommen. Sein Theaterstück *Wesele* (Die Hochzeit) bekleidet heute den Rang einer Nationaldichtung.

● **Cricoteka,** Archiv und Ausstellung des Theaters Criot 2, ul. Kanonicza 5, Öffnungszeiten: Mo.–Fr. 9.00–15.00 Uhr. In dem kleinen Raum geben Zeitausstellungen Auskunft über die Geschichte dieses Theaters und seinen verstorbenen Regisseur *T. Kantor* (1915–1990, siehe Exkurs). In der *Cricoteka* werden Videos des Theaters aufbewahrt. Bei Voranmeldung im Büro ul. Szepanska 2 unter Tel. 4216975 kann man sie anschauen.

● **Archäologisches Museum** *(Muzeum Archeologiczne),* ul. Senacka (Eingang auch ul. Poselska) 3, Öffnungszeiten: Mo., Mi. u. Fr. 9.00 bis 14.00 Uhr, Di. u. Do. 14.00 bis 18.00 Uhr, So. 10.00 bis 14.00 Uhr. Durch einen Park gelangt man in das Gebäude, in dem

Eine idyllische Oase hinter dem archäologischen Museum

039kr Foto: cr

man in die Frühgeschichte der Krakauer Umgebung eingeführt wird. Ein weiterer Schwerpunkt des Museums ist der *Ägyptische Totenkult*. Die Ausstellung umfasst ca. 1500 Exponate, die die Zeit von ca. 2500 v. Chr. bis zum 4. Jh. n. Chr. dokumentieren. Ein herausragendes Ausstellungstück ist der ca. 2300 Jahre alte Sarkophag der *Priesterin Izido* samt Mumie. Ein Dokumentarfilm belegt die Untersuchungen, ihre Konservierung und erneute Verhüllung. Man kann auch eine Karte nur für den Eintritt in den Park erwerben.

- **Geologisches Museum**

(Muzeum Geologiczne), ul. Senacka 1-3. Öffnungszeiten: Do. und Fr. 10.00–15.00 und Sa. 10.00–14.00 Uhr. Größte polnische Meteoritensammlung.

- **Muzeum Archidiecezjalne**

(Museum zur Kirchengeschichte), ul. Kanoniza 21, Öffnungszeiten: Di. bis Fr. 10.00 bis 16.00 Uhr und Sa.–So. 10.00–15.00 Uhr. Zeigt Kirchenschätze u. Sakralgegenstände aus der Krakauer Umgebung, sowie das Zimmer von Papst Johannes Paul II, das er von 1960–1964 bewohnte. Zeitausstellungen ergänzen die Museumssammlung.

- **Naturkunde Museum**

(Muzeum Przyrodnicze), ul. Św. Sebastiana 9, Öffnungszeiten: Di.-Fr. 9.00 bis 14.00 Uhr. Das Museum hat neben den Stamm- auch viele Zeitausstellungen, die meistens in den Ferien vorbereitet werden. Daher sind die Räume in den Sommermonaten geschlossen. Zu den wertvollsten Exponaten des Museums gehört das Skelett (das einzige komplett erhaltene) eines behaarten Nashorns, das 1929 gefunden wurde. Unter der Adresse www.isez.pan.krakow.pl/museum/museum.htm findet man in englischer Sprache die aktuellen Themen der Ausstellungen.

Restaurants, Cafés und Bars

- **Taco Mexicano,** (II) ul. Poselska 20 (an der ul. Grodzka), Öffnungszeiten: tägl. 12.00–23.00 Uhr. Gute Mexikanische Küche in authentischer Umgebung.
- **U Literatow,** (III) Kanonicza 7 (eine Parallelstraße zur ul.Grodzka), Öffnungszeiten: tägl. 9.00–21.00 Uhr. Dieses Café mit Wohnzimmeratmosphäre hat eine längere Tradition in Krakau und bietet kleine polnische Speisen, Kuchen und Desserts an. Früher trafen sich hier die Krakauer Literaten. Im Sommer mit Hinterhof (Selbstbedienung).
- **Copernicus** (I), ul. Kanonicza 16, Öffnungszeiten: 12.00 bis 23.00 Uhr. Mittelalterliche Portale, Holzdecken, verknüpft mit modernen Stahlträgern und Glasdächern prägen das Bild des Hotels. Das Renaissance-Restaurant hat eine traditionelle Hofküche mit einer hervorragend ausgestatteten Weinstube. Eine Pianobar und ein Zigarrensalon laden zur stilvollen Verdauungsstunde ein.
- **Pod Aniołami** (II), ul Grodzka 35, Öffnungszeiten: tägl. 12.00–24.00 Uhr. Ein gemütliches Kellerlokal mit ausgezeichneter altpolnischer Küche zu relativ guten Preisen.
- **Restauracja Ukraińska** (II), ul. Kanonicza 15, Öffnungszeiten: tägl. 11.00–21.00 Uhr. Dieses schlichte und empfehlenswerte Restaurant ist Teil des Ukrainischen Kulturzentrums, zu dem auch ein Antiquariat und ein Antiquitätenhandel gehören. Hier finden regelmäßig Informations- und Kulturveranstaltungen statt.
- **Paese** (Korsisches Restaurant) (II), ul. Poselska 24, tägl. 12.00–24.00 Uhr. Im entsprechenden Ambiente werden bei korsischen Köstlichkeiten Inselgefühle geweckt. Exzellente Küche, Reservierung notwendig.
- **Restaurant Corleone** (II), ul. Poselska 19, Öffnungszeiten: täglich 12.00–24.00 Uhr. Man diniert wie in einem alten italienischen Castello. Italienische Küche vom Feinsten.
- **Orient Ekspres** (II), ul. Poselska 22, Öffnungszeiten: tägl.13.00–24.00 Uhr. Die Einrichtung erinnert an lange Zugreisen ferner Tage. Internationale Küche.
- **Restaurant Caruso** (II), ul. Grodzka 39, Öffnungszeiten:12.00–24.00 Uhr. Der Meister singt nicht selbst, aber die italienische Küche ist original.
- **Rock & Roll Club,** ul. Grodzka 50, Öffnungszeiten 12.00–24.00 Uhr. Nicht nur für Fans der 1950er Jahre.
- **Milchbar Jadłodajnia,** ul. Sienna 11, Öffnungszeiten: tägl. 11.00–19.00 Uhr. Eine sehr kleine, alte u. sehr polnische Milchbar.

Einkaufen

- **Jan Fejkiel Galerie,** ul. Grodzka 25. Polnische Grafiken.
- **Antiquariat,** ul. Stolarska 10. Auch deutschsprachige Bücher.
- **Tee:** ul. Kanonicza 23. Große Auswahl an Teesorten, die man auch probieren kann.
- **Plakatgalerie,** ul. Stolarska 8.
- **Schmuck,** ul. Grodzka 11 und 35.
- **Apotheke,** ul. Grodzka 17 und 26.
- **Krawatten,** Pl. Dominikański 5.
- **Devotionalien** (religiöse Utensilien), Mały Rynek 9.
- **Kinderkleidung,** ul. Grodzka 60.
- **Käse, Wurst und Wein,** *Pod Aniołami*, ul. Grodzka 35.
- **Bäckerei,** Pl. Dominikański 1 und ul. Stolarska 6.

Wichtige Adressen

- **Bewachte Parkplätze:** ul. Starowiślna, ul. Powiśle, ul. Zwierzyniecka.
- **Taxistand:** ul. Sienna, Pl. Dominikański, ul. Franciszkanska, Pl. Bernadyński (außerhalb der Altstadt).
- **Deutsches Generalkonsulat:** ul. Stolarska 7.
- **Bank:** ul. Grodzka 44.
- **Post:** ul. Westerplatte 20 (außerhalb der Altstadt)
- **PKP Büro** (Polnische Bahn), ul. Stolarska 8

Der Wawel

Geschichte

Der Wawel, der einst von Sümpfen umgebene **Hügel an der Weichsel,** bot natürliche Sicherheit und wurde mit der Zeit zum Platz einer Handwerker- und Kaufmannssiedlung. Besiedlungsanfänge reichen bis in die **Bronzezeit** zurück.

Bereits im **8. Jh.** entstand hier eine Wehrburg, die zum Sitz der Fürsten aus dem Stamm *Wiślanie* (von der Weichsel) wurde. Diese erlangte in Südpolen eine wichtige politische und administrative Rolle.

Im **10. Jh.** wurde der Wawel als königliche Residenz gewählt und seitdem von der *Dynastie der Piasten* bewohnt. Durch die gleichzeitige Gründung der Krakauer Diözese (1000 n.Chr.) wurde der Hügel darüber hinaus zum Mittelpunkt des Christentums in Polen.

1020 begann *Bolesław Chrobry (Boleslawus der Tapfere)* mit dem Bau der ersten romanischen Kirche, deren Überreste bis heute von Archäologen erforscht werden. Der Hügel wurde in zwei Teile unterteilt. Der eine, das *„obere Schloss"*, umfasste das östliche Wawelgebiet. Der untere Teil hatte Siedlungscharakter. Der gesamte Hügel wurde von Wehranlagen aus Erd-, Stein- und Holzwällen umgeben.

Im **11. und 12. Jh.** wurde die Anlage um zwei Bauten ergänzt. Anstelle der frühen, alten Kirche wurde eine romanische Kathedrale errichtet sowie ein romanisches Wehrschloss.

1320 fand auf dem Wawel die erste Krönung statt. Es war die Krönung von *Władysław Łokietek (Ladislaus der Ellenlange)* und seiner Gemahlin *Jadwiga (Hedwig).* Er ernannte den Wawel offiziell zu seinem ständigen Wohnsitz und bewirkte somit eine rege Bautätigkeit, die zum dritten Umbau der Kathedrale, zur Verbesserung des Schlosses und zum Ausbau der Wehranlagen mit gemauerten Wällen führte. Die Gotik eroberte den Hügel.

Auch sein Sohn *Kazimierz Wielki (Kasimir der Große)* führte mit großem Elan die angefangenen architektonischen Arbeiten des Vaters fort und begann anschließend mit dem Bau der gotischen Kirche.

Unter der Herrschaft *Kazimierz Jagiełłos* blühte das Hofleben auf. Es fanden Ritterspiele, Feste und Empfänge statt. Die Bauaktivitäten wurden weiter verstärkt, aber auch die Innenausstattung wurde nicht vernachlässigt.

Den Höhepunkt seines Glanzes erlangte der Wawel in der Renaissance zurzeit Königs *Zygmunt I.* und dessen Sohnes *Zygmunt August* **(1548–1572).** Wawel wurde zu einem der Zentren des Humanismus in Europa. Der König umgab sich mit den angesehensten Künstlern Europas, welche die neuesten Ideen der damaligen Zeit an seinen Hof brachten. So wurde das Schloss im Renaissance-Stil umgebaut und besticht bis heute durch seine Weiträumigkeit und die künstlerisch hervorragende Innengestaltung. Auch die Wawel-Kathedrale trägt noch heute die architektonischen Spuren der Renaissance.

Die Krakauer Legende

Einst lebte in den Höhlen des Wawelfelsens ein schreckliches und unbarmherziges Ungeheuer, welches die Bewohner der Stadt in Panik und Grauen versetzte. Der Drache fraß Rinder und Schafe, aber es kam auch vor, dass er Menschen, die sich in die Nähe seiner Höhle wagten, als seine Opfer wählte. Je mehr er fraß, um so mehr wuchs seine Gier.

Unerschrockene Ritter und edle Prinzen versuchten vergeblich, das Feuer speiende Ungeheuer zu bezwingen und mussten ihre Verwegenheit meistens mit dem Leben bezahlen. Es schien, dass niemand den Drachen überwältigen könne.

Da meldete sich eines Tages ein junger Krakauer Schuster, der behauptete, eine Möglichkeit gefunden zu haben, wie man den Drachen besiegen könnte. Die Stadtväter schauten den zierlichen und unscheinbaren Jungen ungläubig an, doch was blieb ihnen übrig, als ihn seine Methode erproben zu lassen. So stopfte der Schuster das Fell eines Schafes mit Schwefel aus und warf dieses vor die Höhle des Drachen. Das Ungeheuer bemerkte das Schaf sofort und verschlang es gierig. Bald danach fing der Schwefel an, ihm die Eingeweide zu verbrennen und der Drache warf sich in die Wasser der Weichsel, um das Feuer in seinem Leibe zu löschen.

Doch je mehr er trank, desto größer wurde sein Durst. Der Drache wurde immer dicker und dicker, und schließlich platzte er mit einem lauten Knall. Die Freude der Stadtbewohner war unbeschreiblich. Man feierte viele Tage und Nächte, und die Festtafeln wurden nicht leer. Der junge Schuster aber wurde für seine Tat zum persönlichen Schuster des Königs Krak ernannt.

1595 zerstörte ein Brand den nordöstlichen Teil des Schlosses. Dieses Ereignis führte zum Wiederaufbau des Flügels im Stile des Frühbarocks.

Nachdem 1596 der Königssitz nach Warschau verlegt worden war, wurde der Komplex systematisch der Inneneinrichtung beraubt und letztlich **1655-1657** während des schwedischen Überfalles komplett verwüstet.

Die Wawel-Kathedrale hingegen verlor nicht an Bedeutung. Sie wurde im **17. und 18. Jh.** durch eine Reihe von wertvollen Barockkunstwerken bereichert. Zusätzliche Kapellen wurden eingerichtet, andere umgebaut.

Zurzeit der Drei-Teilung Polens wurde Krakau von den Österreichern besetzt und der Wawel als Kaserne und Lazarett genutzt. Um einen Übungsplatz zu errichten, wurden zwei gotische Kirchen abgerissen, auch andere Gebäude fielen dem Zweckumbau zum Opfer.

Diese Behandlung des Wawels erregte jedoch die Gemüter der polnischen Bevölkerung. Die Kathedrale spielte dabei eine besondere Rolle, barg sie doch die Gräber polnischer Nationalhelden wie *Mickiewicz* und *Słowacki* (Nationaldichter) oder des „Rebellen" *Kościuszko.*

Durch das gute Einvernehmen zwischen dem galizischen Parlament und der österreichischen Monarchie kam es **1880** zur Übergabe der Wawel-Anlage an *Kaiser Franz Josef I.,* der den Abzug des österreichischen Militärs von dem Hügel veranlasste.

Schon **1890** begannen die ersten Restaurierungsarbeiten, und **1911** verließen die letzten Truppen die Anhöhe.

Doch der Wawel blieb nur bis **1939** in polnischem Besitz. Die Residenz wurde von den Nationalsozialisten besetzt und Sitz von Behörden des von den Nationalsozialisten gebildeten Generalgouvernements.

Glücklicherweise wurden die wertvollsten Exponate rechtzeitig vor der Besatzung nach Rumänien und später nach Kanada in Sicherheit gebracht. Auf Befehl des Generalgouverneurs *Hans Frank* wurden die Ställe und die königliche Küche abgerissen und die Schlafgemächer zu Büroräumen umgebaut. Die übrig gebliebenen Einrichtungsgegenstände wurden außer Landes gebracht.

Durch die nach dem Kriege durchgeführten Restaurierungsarbeiten hat die Wawelanhöhe heute wieder ihren alten Glanz erhalten. **1961** wurden die in Kanada aufbewahrten flämischen Teppiche und das Krönungsschwert auf den Wawel zurückgebracht. Dieses Ereignis wurde zu einem Fest für die Krakauer Bevölkerung.

1992 wurde mit umfangreichen Restaurierungsarbeiten sowohl im Königsschloss als auch in der Kathedrale begonnen. Mit diesem Vorhaben wurde der Wawel auf das Jubiläum des 1000-jährigen Bestehens der Krakauer Diözese im Jahr 2000 vorbereitet.

Doch die Arbeiten gehen auch nach **2000** weiter. Die regelmäßigen und kostspieligen Restaurierungen können nicht ausschließlich von staatlichen Geldern bezahlt werden. So werden immer Sponsoren gesucht.

40 Jahre nach der Ankunft der königlichen Schätze im Wawel wurden diese erneut in Kisten verpackt und wieder nach Québec in Kanada verfrachtet. Diesmal aber für die Ausstellung *Trésors polonais* (Polnische Schätze) die anlässlich des 40-jährigen Jubiläums konzipiert wurde.

Rundgang

Einst der Wohnsitz der polnischen Könige, ist der Wawel heute die prächtigste und bedeutendste Schlossanlage Polens. Von Wehrmauern umgeben, befindet sich auf der ca. 6 ha großen Fläche des 25 m hohen Hügels ein **Komplex von Gebäuden und Ausstellungsräumen.**

Die Fülle historischer Informationen und Eindrücke ist so gewaltig, dass es sich empfiehlt, für die Besichtigung einen ganzen Tag einzuplanen.

Zwei Wege führen zum Wawel. Der erste von der Südseite ist der neuere, der auch für Anlieger freigegeben wurde. Der zweite, der ursprüngliche Weg, führt von der Kanonicza-Straße (Nordseite) zu den Toren des Wawel. Hier beginnt auch der Rundgang.

Achtung: Es gibt nur zwei Kassen, die Eintrittskarten für die Königlichen Gemächer, Schatz- und Rüstungskammer, Drachenhöhle etc. verkaufen. Diese befinden sich direkt an den Eingängen zum Wawel-Komplex (siehe Karte). Um unnötige Lauferei zu vermeiden, sollte man die Karten gleich zu Anfang besorgen. Die Eintrittskarten für die Ausstellungen in der Kathedrale gibt es an einer Extrakasse.

In der **Mauer,** die den Komplex umgibt, befinden sich Tafeln mit Namen von Firmen und Privatpersonen, die mit Geldspenden den Wiederaufbau des Wawel ermöglicht haben.

Auf dem Weg nach oben kommt man am **Kościuszko-Denkmal** vorbei. Die Statue wurde 1920 aufgestellt, doch schon 1940 von den Nationalsozialisten zerstört. Das heutige Standbild ist eine Kopie, die der Krakauer Bevölkerung 1960 von der Stadt Dresden geschenkt wurde.

Durch das **Wasa-Tor** *(Brama-Wasów)* gelangt man auf den Wawelhof. Auf dem weiträumigen Platz befand sich im Mittelalter ein kleines Städtchen. Hier wohnten die Beamten des Königs, Handwerker und Diener. Öffentliche Gebäude und eine Kirche ergänzten die Siedlung. Doch 1803 (nach der III. Teilung Polens) wurden die meisten dieser Gebäude abgerissen. Stattdessen entstand ein Truppenübungsplatz für die österreichischen Soldaten. Außerdem errichteten die Österreicher hier zwischen 1854 und 1858 mehrere Kasernen.

Nach dem Zweiten Weltkrieg räumte man das Gelände des ehemaligen Wawel-Städtchens auf und legte Fundamente und **Fragmente zweier gotischer Kirchen aus dem 14. und 15. Jh.** und die eines Wohnhauses frei. Diese sind noch heute auf dem grünen Rasen in der Mitte des Hofes zu sehen.

Die **Kathedrale** *(Katedra),* deren Türme schon von weitem zu sehen sind, ist das erste Gebäude, welches besondere Aufmerksamkeit verdient.

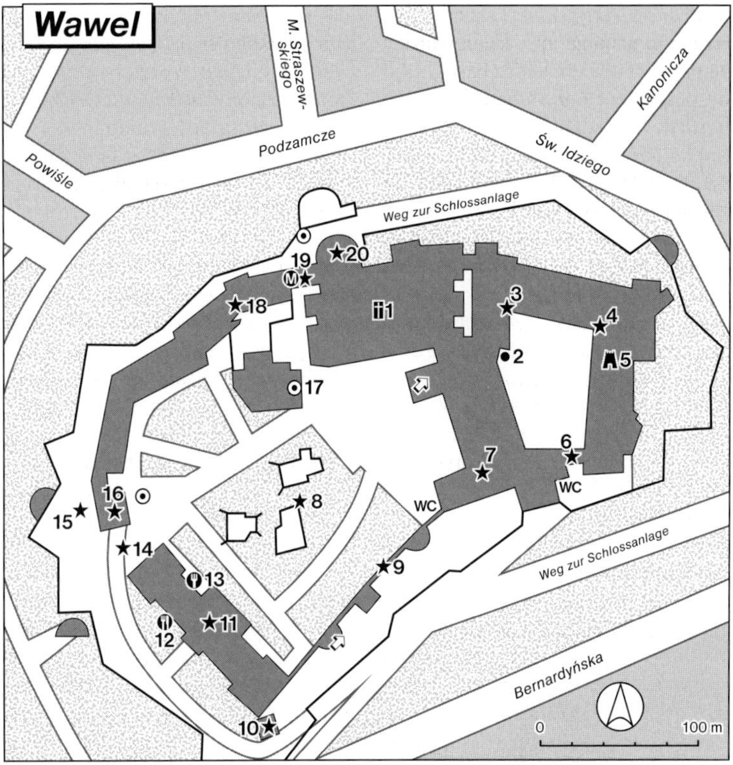

- 1 Kathedrale
- ● 2 Gepäck Aufbewahrung
- ★ 3 Orientsammlung
- ★ 4 Schatz- und Rüstungskammer
- 5 Königsschloss
- ★ 6 Senatorenbastei (Lubranka)
- ★ 7 Gebäude der ehm. königl. Küchen, Ausstellung: Verschwundener Wavel
- ★ 8 Fundamente alter Kirchen und Häuser
- ★ 9 Rekonstruktionen mittelalterlicher Wehrmauern
- ★ 10 Sandomierz-Bastei
- ★ 11 Gebäude des ehem. Krankenhauses
- 12 Restaurant „Na Wawelu"
- 13 Snack Bar
- ★ 14 Eingang ul. Zamkowa
- ★ 15 Die Drachenhöhle
- ★ 16 Diebes-Turm
- ⊙ 17 Kasse für Eintrittskarten **nur** für die Kathedrale, Königsgräber u. Zygmunt-Turm
- ★ 18 Kathedralhäuser mit dem Kathedralmuseum
- ★ 19 Eingang ul. Kanonicza (Wasa-Tor)
- ★ 20 Kościuszko-Denkmal

- ⊙ Kassen
- Führungen

Die Eintrittskarten, auch für den Zygmunts-Turm und die Königsgräber, kann man in einem Wirtschaftsgebäude gegenüber der Kathedrale erwerben. Die Kathedrale selbst ist die dritte Kirche, die an dieser Stelle gebaut wurde. In Anbetracht der Entstehungszeit (14. Jh.) und durch das Übergewicht gotischer Elemente wird sie zu den gotischen Bauten gezählt. Bei näherer Betrachtung jedoch entdeckt man auch Romanik-, Renaissance-, Barock-, und sogar Jugendstilformen.

Die Bedeutung der Kathedrale war schon immer sehr groß, denn hier fanden bis in das 18. Jh. die Krönungsfeierlichkeiten der polnischen Könige statt.

Gleich am Eingang (links), noch vor der Kirche, erwecken **alte Knochen,** die an einer Kette hängen, die Aufmerksamkeit der Besucher. Es sind die Überreste eines Wales, eines Nashorns und eines Mammuts, welche am Ufer der Weichsel gefunden worden sind und für die Knochen eines Riesen gehalten wurden. Man hat sie schon im 12. Jh. hier aufgehängt, um die Kirche vor bösen Geistern zu schützen. Eine Legende erzählt, dass, wenn die Knochen von der Kette herunter fallen, das Ende der Welt naht. Es ist zwar eine Legende und heidnischer Aberglaube, doch die Knochen hängen bis heute am Eingang der Kirche, und die Kette wird regelmäßig gepflegt.

Nun zur **Innenausstattung** der Kirche: Aus Platzmangel konnte die Kathedrale nicht beliebig und großzügig ausgebaut werden, deshalb baute

040kr Foto: cr

Die Kathedrale auf dem Wawel

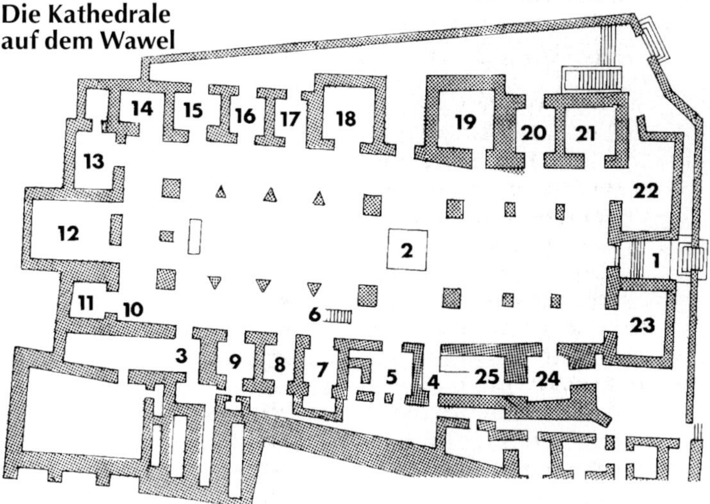

1 Eingang
2 Confessio des Hl. Stanislavus
3 Eingang zum Zygmunt-Turm
4 Nikolaus-Kapelle
5 Maciejowski-Kapelle
6 Adam-Mickiewicz- und Juliusz-Słowacky-Kapelle
7 Lipski-Kapelle
8 Skotnicki-Kapelle
9 Bischof-Zeprzydowski-Kapelle
10 Gnadenkreuz der Königin Jadwiga
11 Kapelle der Hl. Katharina
12 Marienkapelle
13 St.-Thomas-Kapelle
14 Evangelist-Johannes-Kapelle
15 Jan-Olbracht-Kapelle
16 Bischof-Jakub-Zadzik-Kapelle
17 Bischof-Konarski-Kapelle
18 Zygmunt-Kapelle
19 Wasa-Kapelle
20 Szafraniec-Kapelle
21 Potocki-Kapelle
22 Heilig-Kreuz-Kapelle
23 Kapelle der Königin Sophie
24 Szartoryski-Kapelle
25 Kapelle der Hl. Jünglinge (Eingang zu den Königsgräbern)

man ohne jegliches Konzept kleine Kapellen an den Außenwänden an und füllte sie mit unzähligen Schätzen und Kunstwerken.

Es sind insgesamt 19 Kapellen, die mit ihren wertvollen Grab- und Denkmälern, Altären, Malereien und Skulpturen den Reichtum und die Bedeutung der Kirche Polens widerspiegeln.

Zu den schönsten und berühmtesten gehört die **Zygmunt-Kapelle** *(Kapela Zygmunta)*. Im Renaissance-Stil erbaut, gilt sie als eines der besten Beispiele für toskanische Renaissance. Szenen aus der Mythologie und der Bibel, Grotesken, pflanzliche und tierische Motive schmücken Wände und

Wawel: die Senatorenbastei

041kr Foto: cr

11 Tonnen: Die Zygmunt-Glocke

Innenhof des Wawelschlosses

die Decke. Die Kuppel dieser Kapelle ist von außen vergoldet und von der Südseite her zu bewundern. Vor den Kapellen befinden sich Sarkophage der polnischen Könige, die ihren Wohnsitz auf dem Wawel hatten.

Besondere Aufmerksamkeit verdient auch das im Barock-Stil erbaute **Confessio-Mausoleum des Heiligen Stanislavus.** Es steht in der Mitte der Kathedrale und verdeckt mit seiner Pracht den ebenfalls im Barock-Stil erbauten Hauptaltar. In dem silbernen Confessio liegen seit 1254 die Überreste des 1079 hingerichteten *Bischofs Stanislavus.* Laut Chronik wurden ihm auf Befehl des Königs *Boleslavus des Kühnen* (1058–1079) die Gliedmaßen abgeschnitten.

Im hinteren Teil der Kathedrale (linke Seite) befindet sich der Eingang zum **Zygmunt-Turm** und zur **Zygmunt-Glocke** *(Dzwon Zygmunta).* Durch sehr enge, dunkle und steile Gänge erreicht man die Glocke. Sie wurde 1520 von *Hans Beham* gegossen. Der Durchmesser beträgt 2,60 m, die Höhe 2,07 m, sie hat ein Gewicht von ca. 11 t. Im Juli 1521 wurde der *„Zygmunt"* (nach *König Zygmunt I., dem Älteren,* genannt) mit großen Feierlichkeiten von hundert Zugbullen auf den Turm gezogen. Die Glocke wird zu besonderen Anlässen geläutet, und man sagt, das Berühren ihres „warmen Herzens" verheißt dem Menschen Glück und besonders jungen Mädchen eine baldige Heirat. Doch das Herz bekam vor kurzem einen Sprung. Nach einigen aufwendigen Analysen ist es gelungen, die Metallbeschaffenheit des Herzens zu bestimmen und Anfang 2001 konnte es neu gegossen werden. In das neue Metall wurden Teile des ursprünglichen Herzens zugefügt. So ist gewährleistet, dass dessen alte Seele weiter wirken kann.

Die Besichtigung der Kathedrale wird mit dem Besuch der **Königsgrä-**

ber *(Grobowce Królewskie)* abgeschlossen. Diese befinden sich in den Kellerräumen und beherbergen die sterblichen Überreste der Könige, ihrer Familienangehörigen und der polnischen Nationalhelden *Kościuszko, Poniatowski, Piłsudski.* Auch zwei der großen Nationaldichter, *Mickiewicz* und *Słowacki,* ruhen in der Kathedrale. Durch unterirdische Gänge führt ein Weg nach draußen.

Gegenüber der Kathedrale befinden sich die **Bibliothek,** das **Archiv** der Kirchenverwaltung sowie das **Kathedralmuseum.** Die Ausstellung bietet dem interessierten Besucher wenige Informationen über die Kathedrale und ihre Geschichte, zeigt jedoch Meisterwerke der sakralen Kunst. Erstaunlich ist die Tatsache, dass so manche der hier ausgestellten Kronen und Zepter lediglich gelungene Duplikate sind. Die Originale liegen in den Gräbern der Besitzer.

042kr Foto: cr

Durch einen dunklen Gang, rechts an der Kathedrale vorbei gelangt man auf den schönen **Arkadenhof** des Schlosses. Er entstand zwischen 1507 und 1536 im Renaissance-Stil. Der ganze Hof ist durch die sehr harmonische Architektur der damaligen Zeit geprägt. Die Wände sind mit Malereien geschmückt, die um ca. 1534 von *Dionisos Stuba* und *Hans Dürer* (Bruder von *Albrecht Dürer)* angefertigt wurden. Dem Zeitgeist der Renaissance entsprechend, haben die beiden Künstler Motive aus der Antike gewählt, u.a. Portraits der römischen Kaiser mit ihren Ehefrauen. Es fällt dem Besucher nicht schwer, sich vorzustellen, dass hier vor wenigen Jahrhunderten Hofspiele, Ritterturniere und künstlerische Veranstaltungen stattgefunden haben. Durch diesen Hof gelangt man zu den Eingängen **der Rüstungs- und Schatzkammer,** der **Sammlung der Orientalischen Kunst,** der **Königlichen Gemächer** und der sehr wichtigen Gepäckaufbewahrung, denn mit Rucksack, Schirm oder Tasche wird der Eintritt verwehrt.

Das Schloss selbst wurde ursprünglich im gotischen Stil erbaut, jedoch durch unzählige Brände und Modernisierungen letztendlich in einen Barock-Bau umgewandelt. Der Besucher kann wählen, ob er die Königlichen Gemächer (dies ist die Hauptausstellung) oder die privaten königlichen Appartements besichtigen möchte. Für beide Routen gibt es getrennte Karten. Es wird täglich nur eine begrenzte Anzahl an Besuchern hereingelassen. Empfehlenswert ist es, beide Routen gesehen zu haben.

Die **königlichen Gemächer** *(Komnaty Królewskie)* befinden sich im ersten und zweiten Stock. Die Stimmung in diesen Räumen wird durch dezente klassische Musik untermalt. Besondere Aufmerksamkeit verdienen die Decken des Schlosses. Die Vielfalt der Muster und Ornamente ist einzigartig.

In einem der Säle (*Sala Poselska*, Abgeordnetensaal) schmücken kleine Frauen- und Männerköpfe aus Holz die Decke. Ursprünglich betrug die Zahl dieser Figuren 194, doch durch die Brände und Plünderungen verkleinerte sie sich auf 30.

Die Wände der Gemächer sind mit kostbaren **flämischen Bildteppichen** geschmückt, die eine der wertvollsten Sammlungen des Wawels bilden. Auch bei den Ledertapeten, mit ausgefallenen Mustern bedruckt, geprägt und gefärbt, lohnt sich ein genauer Blick.

Die **Privaten königlichen Appartements** (Prywatne apartamenty królewskie) kann man ausschließlich mit Führung und in kleinen Gruppen besichtigen. Die Route führt durch die privaten Räume des Königs, durch die Räume der Bediensteten sowie durch die Zimmer der königlichen Gäste. Auch hier schmücken die wertvollen flämischen Bildteppiche die Wände. Kleine Zeitausstellungen ergänzen das Arrangement der Räume sinnvoll.

Das Erdgeschoss des nordöstlichen Teils des Schlosses beherbergt in den ersten vier Sälen **königliche Schätze** *(Skarbiec Koronny)*, zu denen Kronen, Krönungsschwerter, Zepter, Kelche, reich geschmückte Gewänder und andere Kostbarkeiten gehören. Hier ist auch der Bogen des *Heiligen Mauritius* ausgestellt.

Die **Rüstungskammer** *(Zbrojownia)*, die fünf weitere Säle und Teile des Kellers belegt, zählt zu den reichsten des Landes. Die Fülle an Waffen, Fahnen und anderen militärischen Utensilien ist beeindruckend.

Eine getrennte Ausstellung im westlichen Flügel des Schlosses ist die **Orientalische Kunst in der Wawel-Sammlung** *(Sztuka Wschodu)*. Wie der Name schon verrät, werden hier türkische und persische Kunstobjekte präsentiert. Die meisten wurden von dem siegreichen Feldzug vor Wien 1683 von König *Jan III Sobieski* mitgebracht. Eine Besonderheit bildet die Sammlung von sechs orientalischen Zelten, die zu einer der größten und wertvollsten in Europa zählt. Leider ist der Zustand der Stoffe so schlecht, dass sie oft Restaurierungsarbeiten unterliegen und nur selten alle auf einmal zu sehen sind. Ein Raum ist der chinesischen und japanischen Kunst der 17. und 18. Jahrhunderts gewidmet.

Noch eine Ausstellung verdient besondere Erwähnung: die **Ausstellung des verschwundenen Wawel** *(Wawel zaginiony)*. Sie umfasst die Überreste der Bebauung aus vorromanischer und romanischer Zeit, die sich unter den neueren Fundamenten des heutigen Wawel befinden. Diese werden auf ungewöhnliche Art und Weise präsentiert. Wie ein Band schlängelt sich der Weg durch die Mauerüberreste an Schaukästen den mit Ausgrabungsfunden vorbei. Gedämpftes Licht sorgt für mystische Stimmung.

Das Schloss hinter sich, die Kathedrale rechts lassend, steuert man geradeaus auf den **Diebesturm** *(Baszta Złodziejska)* zu. Dahinter an der Wawelmauer erstreckt sich ein schönes Weichselpanorama. Einen interessanten Blickfang bietet „Manggha", das Zentrum der Japanischen Kunst und Technik am Ufer auf der anderen Seite. Das wellenförmige Gebäude wurde von dem bekannten japanischen Architekten *Arata Isozaki* entworfen.

Hinter dem Diebesturm befindet sich der Eingang in die **Drachenhöhle,** die von Mai bis Oktober geöffnet ist und besonders für die Kinder einen aufregenden Abschluss des Wawel-Besuchs bietet. Zur Einstimmung empfiehlt es sich, die Krakauer Legende (siehe Exkurs) zu lesen. Unzählige Stufen einer Wendeltreppe führen 70 m tief hinunter und lassen den Besucher in die unterirdische Landschaft eindringen. Im Mittelalter befand sich hier ein Wirtshaus für die Fischer der Umgebung. Vor der Höhle empfängt der ehemalige Bewohner, der Drache persönlich (in Bronze gegossen), mit Feuer speiendem Maul seine Gäste.

Eine Schiffsfahrt auf der Weichsel, die den Wawelhügel aus einer anderen Perspektive bietet, kann einen gelungenen Abschluss des Tages bilden (siehe Kapitel „Sport und Erholung").

Arrasy Wawelskie oder die flämischen Bildteppiche

In mehreren Sälen des Wawel-Schlosses hängen an den Wänden außergewöhnliche Bildteppiche. Sie gehören zu einer der berühmtesten Tapisserie-Kollektionen der Welt. In Polen wurden sie unter dem Namen *Arrasy Wawelskie* (Wawel-Bildteppiche) bekannt. Sie wurden im 16. Jh. auf Bestellung des Königs *Zygmunt August* (1553–1571) in den Brüsseler Werkstätten hergestellt, waren für die Wawel-Gemächer bestimmt und den Wänden auf den Zentimeter genau angepasst. Im 16. Jh. umfasste die Sammlung 356 Exemplare.

Im Jahre 1571 wurde die Kollektion nach dem Testament König Zygmunt Augusts Eigentum des polnischen Staates. 1795, nach der dritten Teilung Polens, gelangten sie nach Russland und wurden Polen erst 1921 von der Sowjetunion zurückgegeben.

Während des Zweiten Weltkrieges wurden die Teppiche noch rechtzeitig vor dem Einmarsch der Nationalsozialisten erst nach Rumänien und schließlich nach Kanada transportiert. 1961 schließlich kehrten die Tapisserien, mittlerweile sind es nur noch 140 Exemplare, zum Wawel zurück.

Die Motive der Bildteppiche, die aus Wolle und Seide gewebt wurden, sind mit Silber- und Goldfäden durchwirkt. Sie gliedern sich in drei Serien:

Die erste umfasst die figürliche Darstellung biblischer Motive von Adam und Eva, der Sintflut und dem Turmbau zu Babel. Die zweite Serie zeigt Wappen und Monogramme. In der Natur spielende Szenen aus dem Leben der Tiere sind der Inhalt der dritten Serie. Betrachtet man die exotischen Tiere genauer, fällt auf, dass sie nur annähernd an ihre Originale (Antilopen, Leoparden) erinnern. Die Weber, die sie erschufen, waren auf mündliche Beschreibungen angewiesen und ließen ansonsten ihrer Fantasie freien Lauf.

Der Wawelkopf – eine alte Krakauer Legende

Vor über 400 Jahren war der Krakauer Marktplatz voller Handwerkerbuden. Jeden Tag wurden hier die unterschiedlichsten Waren angepriesen. An der Südseite des Marktes hatte auch ein Posamentierer seinen Stand. Er war Meister seines Faches und stellte unter anderem sehr kostbare Gürtel her. Eben solch einer, mit Goldfäden durchwirkt und mit Edelsteinen besetzt, wurde ihm eines Morgens gestohlen. Er verfolgte den Dieb über den ganzen Marktplatz, aber dann verlor er ihn im Gedränge. Gerade wollte er verärgert und enttäuscht umkehren, da sah er seinen Gürtel auf dem Boden liegen, direkt zu Füßen einer armen Witwe. Alle Unschuldsbeteuerungen halfen der armen Frau nichts, der Handwerker meinte, seinen Dieb gefunden zu haben. Er ließ sie gefangen nehmen und klagte sie des Verbrechens an. Nach einigen Tagen im Kerker fand die Verhandlung vor dem Königlichen Gericht statt. Die Versammlung tagte im schönsten Saal des königlichen Schlosses, dem Thronsaal, in dem die Decke aus lauter Holzköpfen bestand, die auf den Betrachter hinunterblickten. Die Witwe wurde in den Saal geführt, in dem König Sigismund höchstpersönlich den Fall entscheiden sollte. Obwohl sie bei allem was ihr heilig war schwor, den Gürtel nicht gestohlen zu haben, wurde ihr kein Glauben geschenkt. Und so verurteilte sie der König zu einer Prügelstrafe. Die Frau brach in Tränen aus und flehte verzweifelt um Gerechtigkeit. Plötzlich erklang im Saal eine weibliche Stimme, die eindringlich die Worte sprach: „König August, urteile gerecht!" Alle wandten ihre Augen erstaunt zur Decke, von wo die Stimme erklang und sahen noch, wie sich bei einem der Köpfe die Lippen bewegten. Die arme Witwe wurde sofort von aller Schuld freigesprochen und nach Hause entlassen. Danach aber ließ der König um den Mund des sprechenden Kopfes eine hölzerne Binde anbringen. Einerseits froh, doch noch gerecht geurteilt zu haben, wollte er sich aber in Zukunft nicht mehr in seine Rechtsprechung hineinreden lassen.

Der Kopf ist heute im Abgeordnetensaal des Wawelschlosses mit 29 weiteren an der hölzernen Kassettendecke zu besichtigen.

Foto: 043kr-cr

Die Holzköpfe an der Decke im Abgeordnetensaal

Ausstellungsorte

Achtung: Die Eintrittskarten für Individualtouristen (dies betrifft nicht die Kathedrale mit ihren Ausstellungen) werden zu bestimmten Eintrittszeiten verkauft (10 Karten alle 10 Minuten). Am Montag ist der Eintritt für die Königlichen Gemächer, die Rüstungs- und Schatzkammer sowie die Orientalische Ausstellung und die Ausstellung Verschwundener Wawel frei. Die Karten müssen dennoch an der Kasse geholt werden. Da die Zahl der Besucher auch an diesem Tag begrenzt ist, sind die Karten erfahrungsgemäß schon um 10.00 Uhr vergriffen. Man kann unter www.wawel.krakow.pl die aktuellen Informationen, z. B. zu den Preisen, in deutscher Sprache erfahren.

- **Wawel-Anhöhe** *(Wzgórze Wawelskie):* ist von April bis September täglich von 6.00 bis 20.00 Uhr und von Oktober bis März von 6.00 bis 17.00 Uhr geöffnet. Der Arkadenhof des Königsschlosses ist eine halbe Stunde vor Schließung der Waweltore nicht mehr für Besucher zugänglich.
- **Kathedrale, Königsgräber und Zygmunt-Turm** *(Katedra, Grobowce i Wierza Zygmunta):* Mai bis September 9.00 bis 17.15, sonn- und feiertags 12.15 bis 17.15 Uhr, Oktober bis April 9.00 bis 15.15 Uhr, sonn- und feiertags 12.15 bis 15.15 Uhr. Die Eintrittskarten sind im Gebäude Nr. 3 erhältlich *(Wikarówka)*, wo auch die Führungen beginnen.
- **Kathedral-Museum** *(Muzeum Katedry):* Di.–So. 10.00–16.00 Uhr, Eintrittskarten sind am Eingang des Museums erhältlich. Dieses befindet sich in den ehemaligen Räumen der Bediensteten aus dem 14. Jh. Zu den wertvollsten Exponaten gehört die Kupferkrone *Kazimiers des Großen*.
- **Königliche Gemächer** (*Komnaty Królewskie,* Schloss): Mo. 9.30 bis 12.00 Uhr, Di. und Fr. 9.30–16.00, Mi.–Do. 9.30–15.00, Sa. und So. 10.00–15.00 Uhr. Bei großem Andrang werden immer nur 10 Besucher im Abstand von 10 Minuten in die musealen Räume gelassen. Der Rundgang führt den Besucher durch den I. und II. Stock des Ost- und Nordflügels.
- **Private königliche Appartements** (Prywatne apartamenty królewskie); Di. u. Fr. 9.30 bis 16.00 Uhr, Mi., Do. u. Sa. 9.30 bis 15.00 Uhr, So. 10.00 bis 15.00 Uhr. Hier ist die Besichtigung nur in Gruppen möglich. Wie der Name schon sagt, werden hier die privaten Seiten des königlichen Lebens gezeigt. Auch die Räume der Bediensteten und die der königlichen Gäste sind zu sehen. Kein Tag mit freiem Eintritt.
- **Orientalische Ausstellung** *(Sztuka Wschodu):* Di. u. Fr. 9.30–16.00, Mi., Do., Sa. 9.30–15.00, So. 10.00–15.00 Uhr. Diese beeindruckende Sammlung orientalischer u.a. Zelte bildet die größte und wertvollste dieser Art in der Welt.
- **Schatz- und Rüstungskammer** *(Skarbiec und Arsenał).* Mo. 9.30 bis 12.00, Di. u. Fr. 9.30–16.00, Mi. Do. Sa. 9.30–15.00, So. 10.00–15.00 Uhr. Die Ausstellung kann ergänzend zu einer Besichtigung der Königlichen Gemächer wirken. Sie spiegelt die Macht der königlichen Herrschaft durch die Pracht der Gegenstände wider.
- **Ausstellung „Verschwundener Wawel"** *(Wawel Zaginiony):* Mo. 9.30 bis 12.00 Uhr, Mi. und Do. 9.30–15.00, Fr. 9.30–16.00, Sa. 5.30–15.00 und So. 10.00–15.00 Uhr. Diese Ausstellung wurde 1975 eröffnet. Sie beherbergt Fragmente der Kirchenfundamente aus dem 10. und 11. Jh. und Gegenstände, die während der archäologischen Ausgrabungen gefunden wurden.
- **Die Drachenhöhle** *(Jama Smocza):* vom 2. Mai bis 31. Oktober Mo. bis So. 10.00 bis 17.00 Uhr. Die Drachenhöhle, insgesamt 250 m lang, (für Besucher ist nur ein 70 m langer Trakt zugelassen) bietet ein großartiges Vergnügen für alle kleinen und großen Besucher. Der Ausgang befindet sich unten am Weichselufer.
- **Zentrum der Japanischen Kunst und Technik „Manggha"** *(Centrum Sztuki i Techniki Japońskiej)*, ul. Konopnickiej 26, Tel. 2672703, Öffnungszeiten: tägl. außer Freitag 10.00–18.00 Uhr.

Das Zentrum bietet neben der Stammausstellung mit japanischer Kunst des 19. Jahrhunderts Wechselausstellungen der modernen japanischen Kunst und Kulturveranstaltungen. Um die japanischen Kultureindrücke abzurunden, findet man hier neben kleinen kulinarischen Köstlichkeiten auch einen Teeraum. Die Teezeremonie findet mehrmals im Monat statt (mit Voranmeldung).

Essen und Trinken

- **Na Wawelu** (I), Wzgórze Wawelskie 9, Öffnungzeiten: 12.00–24.00 Uhr. In dem eleganten Restaurant serviert man schmackhafte internationale Küche. Das Restaurant dient auch für Empfänge bei Staatsbesuchen. Zuletzt speiste hier der französische Präsident Jacques Chirac.
- **Snackbar,** in dem Gebäude des ehem. Krankenhauses. Einfache Gerichte, einfach serviert.
- Auf dem Wawelgelände findet man zwei **kleine Imbiss- und Cafébuden,** die den Durst und den kleinen Hunger stillen. Bei schlechtem Wetter sind die Sitzmöglichkeiten jedoch sehr begrenzt.

Sonstiges

Führungen in deutscher Sprache werden zwischen 9.00 und 15.30 Uhr in zwei Büros auf dem Wawelgelände (siehe Karte) angeboten. In den Führungen sind die Eintrittskarten enthalten und sind je nach Gruppengröße und Route unterschiedlich teuer.

Kazimierz

Geschichte

Der jüdische Stadtteil Kazimierz (damals selbstständige Gemeinde) ist im **14. Jh.** mit der Verdrängung der Juden aus Krakau entstanden. Anfangs nahm die Siedlung ein kleines Territorium an der heutigen ul. Szeroka (Breite Straße) ein. Doch mit der Ansiedlung weiterer Juden aus Böhmen, Deutschland und den südeuropäischen Ländern erweiterte es sich schnell. So entstanden neben der schon vorhandenen *Alten Synagoge* aus der zweiten Hälfte des 15. Jh. fünf weitere (u.a. *Remu* 1533, *Poppera* 1620, *Ajzyka* 1638). Man baute ein Gemeindehaus und mehrere Krankenhäuser.

044kr Foto: cr

Tor zur alten Synagoge in Kazimierz

Im **16. und 17. Jh.** wurde Kazimierz zum **größten jüdischen Wohnviertel Europas.** Es beherbergte ca. 4500 Menschen, hatte aber nur 188 Häuser und war so das dicht besiedelste Gebiet der Umgebung. Dieser Zustand änderte sich auch nach 1867 nicht, als das jüdische Stadtviertel aufgelöst und der Stadt Krakau angegliedert wurde.

Doch zurück ins 17. Jh.: Die Überbevölkerung und die zweijährige Schwedenbesatzung **(1655-1657)** brachte Kazimierz den Ruin. Ein Drittel der Häuser wurde zerstört, und die Verarmung ermöglichte nur einen sehr langsamen Wiederaufbau.

Eine Besserung der wirtschaftlichen Lage und insbesondere der sanitären Verhältnisse trat erst im **19. Jh.** ein, als die österreichischen Okkupationsbehörden Kazimierz an Krakau anschlossen. Kazimierz bekam einen Gemeindevorstand, unterstand aber der Verwaltung des Krakauer Magistrats. Die reichen jüdischen Familien zogen nach 1867 aus Kazimierz fort und siedelten in andere komfortablere Gebiete Krakaus über.

In den Zwischenkriegsjahren nahm die jüdische Bevölkerung erneut zu. Bis 1921 wuchs die Zahl in Krakau auf 45.000 und bis 1938 auf 64.000 (ca. 25 % der Gesamtbevölkerung). Dieser enorme Zuwachs und die traditionelle Dominanz im Handel führte zur Ansiedlung jüdischer Familien auch in den Stadtteilen von Stradom, Podgórze und in der Innenstadt.

Von **1939 bis 1943,** nach der Errichtung des *Krakauer Gettos,* verlor Kazimierz alle seine Bewohner. Die meisten wurden aus Krakau **ins Warschauer Getto umgesiedelt.** Der Rest fand den Tod in den KZs und Arbeitslagern der Umgebung.

Heute leben in Kazimierz nur noch ca. 180 Juden, davon sind 60 % Frauen. Der Jüngste der jüdischen Gemeinde ist 52 Jahre alt.

Rundgang

50 Jahre lang lag Kazimierz in Vergessenheit. Heute ist das verschlafene Viertel wieder zum Leben erwacht. Mit dem Film „Schindlers Liste" von *Steven Spielberg,* der hier 1993 gedreht wurde, wuchs das Interesse der Touristen an diesem Stadtteil. Und so fließt aus dem In- und Ausland Geld, um die vernachlässigten Häuser, vor allem die kleinen architektonischen Perlen der jüdischen Kultur, zu renovieren und zu restaurieren. Die traditionelle jüdische Kunst, Musik und Lebensart kann sich in dieser Umgebung wieder frei entfalten.

Ein Rundgang durch Kazimierz ist kein anstrengender Lauf von einer Sehenswürdigkeit zur nächsten, sondern ein ruhiger Spaziergang durch einen Stadtteil, der im Begriff ist, seine Vergangenheit wiederzuerlangen, ohne auf die Gegenwart und das moderne Leben zu verzichten. In den letzten Jahren hat sich Kazimierz auch zu einem Szeneviertel entwickelt. Hier muss man gefeiert haben, denn hier gibt es die angesagtesten Klubs, die coolsten Kneipen und die hippesten Drinks. Für jeden Geschmack ist hier etwas dabei.

Wir starten in der ul. Szeroka (Breite Straße), die eher einem Platz als einer Straße ähnelt. Hier befinden sich die meisten historischen Objekte.

Die im Jahre 1553 gestiftete, immer noch für Gläubige geöffnete **Synagoge** (Nr. 40) trägt den Namen *Remuh (Rabbi Moses)* nach dem berühmten jüdischen Schriftsteller und Philosophen, dessen Grab sich auf dem Friedhof neben der Synagoge befindet. Der Eintritt in das Gebetshaus ist Touristen gestattet, Männern jedoch nur mit Kopfbedeckung, die man leihen kann.

Neben der Synagoge befindet sich ein aus dem Jahre 1551 stammender **Friedhof.** Auch hier ist eine Kopfbedeckung für Männer vorgeschrieben. Im Jahre 1800 wurde der Friedhof auf Befehl der österreichischen Besatzung aus hygienischen Gründen geschlossen. Danach wurde er vernachlässigt und vergessen. Während des Zweiten Weltkrieges kam es zum endgültigen Verfall der Anlage, man benutzte das Gelände schließlich als Müllkippe. Erst 1959, bei der Restaurierung der Synagoge, wurde man auf den alten Friedhof aufmerksam. Man säuberte das Gelände und fand unter Erde und Kompost unzählige alte Grabsteine. Insgesamt wurden ca. 700 Gräber freigelegt. Viele Reste, die nicht von archäologischem Interesse waren, mauerte man in die 20 m lange Innenmauer des Friedhofes ein. So entstand ein einzigartiges Mosaik mit hebräischen Zeichen, Symbolen und Ornamenten der jüdischen Kultur.

Besondere Beachtung verdient eine Sammlung seltener und gut erhaltener Grabsteine aus dem 14. Jh. Das Grab des *Remuh,* von der jüdischen Bevölkerung geehrt und geachtet, wird heute wieder gepflegt. Täglich kommen aus der ganzen Welt Besucher, die *Remuh* ihre Bitten und Sorgen auf kleinen Zetteln anvertrauen. Die vielen kleinen Steine auf den Gräbern haben die gleiche Bedeutung wie Blumen auf christlichen Friedhöfen. Dieser Brauch stammt aus jener Zeit, als die Juden in der Wüste lebten.

Die *Nissenbaum Gesellschaft,* gegründet von amerikanischen Juden, hat neben der Synagoge einen modernen Restaurantkomplex errichtet, der koschere Speisen anbietet. Trotz des guten Willens erscheint er doch als architektonischer Fremdkörper in dieser Straße, die von alten Zeiten erzählt. Aber es gibt andere Cafés, Restaurants und Hotels, die in den letzten Jahren ihre Türen öffneten, und durch Klezmer-Konzerte, Lesungen und Ausstellungen dazu beitragen, dass die jüdische Kultur lebendig bleibt.

Dieses Vorhaben wird nicht zuletzt auch durch das **Festival der Jüdischen Kultur,** das seit neuestem im Juni jeden Jahres hier stattfindet, unterstützt. Dann wird der Stadtteil zu einem einzigen Straßenfest. Besucher aus aller Welt stürmen hierher und eine Stimmung aus Wehmut, Trauer und Lebensfreude liegt in der Luft.

Ergreifende Stimmung erlebt man aber auch, wenn man in Kazimierz auf Menschen trifft, die hier ihrer Kindheit oder Jugend begegnen. Da gibt es Gesichter, die in Erinnerungen schwelgen, Tränen und zitternde Hände.

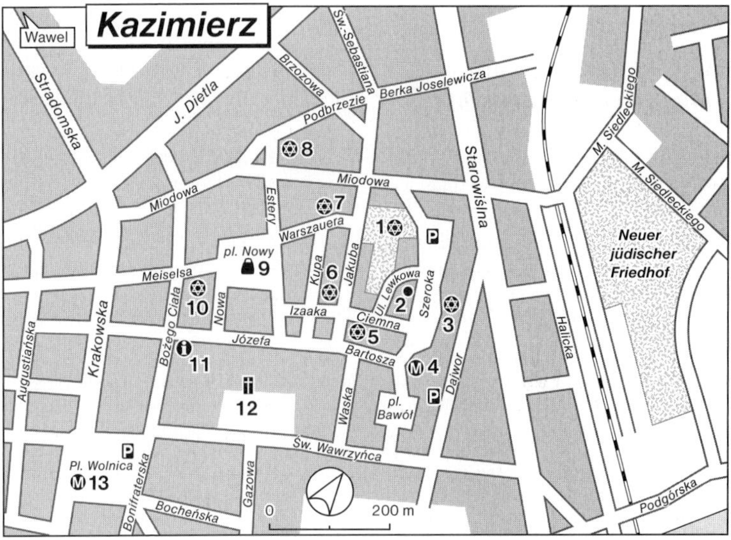

- 1 Remuh-Synagoge und -Friedhof
- 2 Polizei
- 3 Popper-Synagoge
- 4 Alte Synagoge (Museum)
- 5 Synagoga Wysoka (Hohe Syn.)
- 6 Ajzyka-Synagoge
- 7 Kupa-Synagoge
- 8 Tempel-Synagoge
- 9 Okrąglak (Markthalle)
- 10 Jüdisches Kulturzentrum
- 11 Infostelle
- 12 Fronleichnam-Kirche
- 13 Rathaus und Etnographisches Museum

Am Ende der ul. Szeroka findet man mit der Hausnummer 24 die **Alte Synagoge** *(Stara Synagoga),* die in der zweiten Hälfte des 15. Jh. erbaut wurde. Mehrmals umgebaut, dient sie heute zu Ausstellungszwecken. Sie ist der Geschichte der polnischen Juden und deren Kultur gewidmet. Neben den ausgestellten Gebrauchsgegenständen werden Fotos und Gemälde gezeigt. Die sehr interessante Innenarchitektur trägt zur Einzigartigkeit des Museums bei.

Wer sich tiefer gehend mit der Geschichte der Juden in Krakau auseinander setzen will, findet in der kleinen **Buchhandlung** in der ul. Szeroka 2 ein breites Informationsangebot.

Durch die ul. Ciemna (Dunkle Straße), vorbei an der **Hohen Synagoge** (ul. Józefa 38) gelangt man durch die ul. Kupa in die **Synagoge Ajzyka,** auch **Izaak** genannt. Die barocke Synagoge wurde 1644 erbaut und war die größte und prächtigste Krakaus. Bis 1939 befand sich vor ihren Toren ein Fischmarkt, der das charakteristische Bild des Stadtteils prägte und sehr oft fotografiert wurde. 1997 wur-

Die Legende vom Traum des Rabbi Ajzyk

Vor ungefähr 300 Jahren lebte in Krakau ein frommer Jude mit dem Namen *Ajzyk* (Isaak). Obwohl er große Not litt, haderte er nicht mit seinem Schicksal und vertraute in allem dem Wort Gottes. So viel Demut musste belohnt werden und so hatte Ajzyk eines Nachts einen bedeutsamen Traum. Er sah eine wunderschöne Stadt mit goldenen Dächern und mittendrin eine große beeindruckende Brücke aus Stein. Eine geheimnisvolle Stimme sagte ihm eindringlich, er solle sich so schnell wie möglich in diese Stadt begeben, denn auf der Brücke würde ihn eine gute Nachricht ereilen, die sein Leben verändern würde. Die Stimme sagte auch, es handele sich um die Stadt Prag und die Brücke führe über die Moldau. Der Traum beschäftigte Ajzyk den ganzen folgenden Tag, aber er zögerte, der Stimme zu vertrauen. Der Traum kehrte nun jede Nacht wieder und die Stimme wurde immer eindringlicher. Als sie ihn eines Nachts zornig aufforderte, endlich loszuziehen, packte er am nächsten Morgen sein Bündel, verabschiedete sich schweren Herzens von Frau und Kindern und zog los. Nach einigen Wochen seiner mühevollen Reise zu Fuß erreichte er voller Spannung und Zuversicht die goldene Stadt Prag. Er brauchte auch nicht lange zu suchen, um die steinerne Brücke zu finden. Sie sah genau so aus wie in seinem Traum. Unermüdlich schritt er sie ab, schaute in die Wellen der Moldau, beobachtete das rege Treiben auf der Brücke und wartete auf ein Zeichen. Tagelang passierte nichts. Sobald Zweifel aufzukommen drohten, erinnerte sich Ajzyk an die unerschöpfliche Macht Gottes und schritt voller Vertrauen weiter. Am siebten Tag trat ein Mann, der die Brücke mehrmals täglich überqueren musste, an ihn heran. Er fragte ihn, warum er sich hier ständig aufhalte und ob er jemanden suche. Da erzählte im Ajzyk von seinem Traum, in dem ihm geraten wurde nach Prag zu kommen. Einer inneren Stimme folgend nannte er jedoch nicht seinen Namen und auch nicht die Stadt, aus der er kam. Der Fremde brach in schallendes Gelächter aus und verspottete den frommen Juden für seine Naivität, einem Hirngespinst zu folgen. Nachdem er sich beruhigt hatte, erzählte er von seinem eigenen Traum, der recht ähnlich war. Eine ihm unbekannte Stimme sagte ihm, dass im fernen Krakau ein Jude Namens Ajzyk wohne. Dort in seinem Garten sei unter dem Birnbaum ein Schatz vergraben. Aber er wäre im Leben nicht dazu gekommen, dem Traum glauben zu schenken und sich auf den Weg nach Krakau zu machen.

Ajzyks Herz machte einen Sprung und er sandte ein inniges Dankgebet an Gott. Dann verabschiedete er sich rasch von dem Unbekannten und machte sich auf den Weg nach Hause. Die Zeit der Heimreise verging wie im Flug und schon bald konnte er seine Lieben wieder in den Armen halten. Sofort nach seiner Ankunft nahm er einen Spaten und begann unter seinem Birnbaum zu graben. Es dauerte nicht lange und er traf auf etwas Hartes – und tatsächlich: Unter dem Baum war eine Truhe vergraben. Als er sie öffnete, erblickte er Gold und Edelsteine in unfassbarer Menge. Von diesem Tage an war er ein reicher Mann. Da er aber noch allzu gut wusste, wie schlimm es ist, arm zu sein, half er vielen bedürftigen Menschen. Um Gott seine tiefe Dankbarkeit auszudrücken, ließ er eine prächtige Synagoge errichten, die auch heute noch in Kazimierz steht und seinen Namen trägt.

de die Synagoge nach Beendigung der Restaurierungsarbeiten für Gläubige und Touristen wiedereröffnet. Die alte Pracht konnte nicht wieder hergestellt werden, aber eine beeindruckende Ausstellung füllt die Räume der Synagoge. Alte Wochenschauen, die das Leben der Krakauer Juden bis 1944 darstellen, sind hier zu sehen. In Verbindung mit dem geschichtlichen Wissen, das der Besucher mit sich bringt, sind die Filmaufnahmen, die strahlende Kindergesichter beim Milchtrinken, das Straßenleben oder Familienausflüge zeigen, sehr ergreifend.

An der ul. Warszauera 8 befindet sich die gerade restaurierte **Kupa-Synagoge.** Die **Tempel-Synagoge** an der ul. Miodowa 24 wurde zwischen 1860 und 1862 erbaut und diente bis zum 2. Weltkrieg als Gotteshaus der Fortschritts-Israeliten. Das bedeutete, dass die Gottesdienste nach den Gesetzen der im 19. Jahrhundert reformierten Liturgie geführt wurden. Formal ähnelten diese eher der christlichen Messe. Zwischen 1995-2000 wurde die Synagoge gründlich restauriert. Sie überrascht durch die Schönheit der Innenräume und steht den Gläubigen und den Besuchern offen.

Die ul. Podbrzezie, gleich nebenan, überrascht dagegen durch die Vielfalt an verschiedenen Kneipen und Klubs. Die Straße ist eng und relativ kurz, dennoch reihen sich hier spannende

045kr Foto: cr

Die Synagoge Ajzyka, benannt nach dem Rabbi aus der Legende

Etablissements aneinander, die das junge Kazimierz widerspiegeln. Da gibt es z. B. **Navara** mit den besten Bagles von Krakau, oder **La Habana,** wo die Lieblingsdrinks von Hemmingway serviert werden, **Wysypisko** (die Müllhalde) mit einer Ansammlung an unterschiedlichen Gegenständen ist gleich daneben und, und, und ...

Durch die ul. Estery gelangt man auf den **Plac Nowy** (Neuen Platz). Hier befand sich schon immer der Markt des Stadtteils. Das Zentrum des Platzes bildet der so genannte **Okrąglak** aus dem Jahre 1900. Von 1927 an wurde dieses Gebäude als Schlachthof genutzt, in dem nach jüdischer Sitte geschlachtet wurde.

Heute befinden sich in dem Gebäude eine Fleischerei und Verkaufsbuden mit Lebensmitteln. Marktstände auf dem Platz erweitern das Angebot. Rund um den Platz reihen sich unzählige Kneipen und Cafés auf, denen das Viertel u.a. den modernen Ruf zu verdanken hat. Die Tische stehen bei schönem Wetter vor den Lokalen, aber viele von ihnen besitzen auch im Hinterhof einen kleinen Biergarten oder eine Terrasse, die man häufig nur dann entdeckt, wenn man durch das Lokal geht. An der Ecke zur ul. Meiselsa sticht ein großes renoviertes Gebäude aus den Häuserzeilen hervor. Die *Nissenbaum Gesellschaft* spendete das Geld für dieses moderne **jüdische Kulturzentrum,** das neben Veranstaltungsräumen und einer Bibliothek auch eine Galerie, ein Café und ein Antiquariat beherbergt.

Beim weiteren Gang durch das Viertel wird man mit Erstaunen feststellen, dass so manche Bauruinen von Menschen bewohnt sind und viele zerstörte Hinterhöfe zum Spielplatz für Kinder wurden. Aber an zahlreichen Stellen lässt sich auch erkennen, dass Kazimierz langsam seinen alten Glanz zurückbekommt.

Den Abschluss des Spaziergangs kann der Besuch des **Neuen Friedhofs** bilden, der an der ul. Miodowa liegt. Er wurde 1800 eingerichtet und dient auch heute den Krakauer Juden als letzte Ruhestätte. Der Eingang befindet sich im Treppenhaus des Hauses Nr. 55.

Empfehlenswert ist es aber auch, durch die Straßen von Kazimierz zu schlendern und anschließend an der Fronleichnam Kirche *(Kościół Bożego Ciała)* auf den Pl. Wolnica zu treten. Das **Ethnographische Museum,** das sich hier in dem ehemaligen Rathaus von Kazimierz befindet, hat eine sehr interessante Ausstellung, die die polnische Volkskultur in prächtigen Farben präsentiert.

Verlässt man das Viertel Richtung ul. Paulińska, trifft man unweigerlich auf einen außergewöhnlichen Baukomplex, der die **Kirche der Hl. Katharina** (Kośćół Św. Katarzyny) und das **Augustiner Kloster** beherbergt. Die Architektur der Kirche repräsentiert hervorragend die Krakauer Gotik. Sie ist durch zwei Nebeneingänge zu erreichen. Entweder von der ul. Skałeczna oder von der ul. Augustińska. Der Eingang von der ul. Augustiańska führt den Besucher durch die Kreuzgänge des Klosters mit schönen mittelalterlichen Fresken in das Innere der Kirche. Hier ist der Altar von 1634 im Stil des Frühbarocks sehenswert. Eine weitere sakrale Sehenswürdigkeit befindet sich nicht weit entfernt. Man braucht nur seine Schritte nach dem Verlassen der Kirche nach Westen richten. Schon nach wenigen Minuten offenbart sich das **Kloster Skałka** mit der Kirche des Hl. Michaels und Stanislawus *(Kośćół Św. Michała i Stanisława).* Siehe Kapitel Krakau Extras.

Außergewöhnliche Ausstellungsfläche: Die Hausfassade einer Hausruine

046kr Foto: cr

Museen

- **Stara Synagoga** (Alte Synagoge), ul. Szeroka 24, Öffnungszeiten: Vom 14. Oktober bis 14. April: Mo. 10.00 bis 14.00 Uhr, Mi., Do., Sa., So. 9.00 bis 15.30 Uhr, Fr. 10.00 bis 17.00 Uhr. Vom 15. April bis 13. Oktober: Mo. 10.00 bis 14.00 Uhr, Di.-So. 10.00 bis 17.00 Uhr. Änderungen vorbehalten. Zu den wertvollsten Gegenständen des Museums gehören Gebetstücher, Ritualgegenstände und eine Bilderreihe mit Motiven aus dem Leben und der Kultur der jüdischen Bevölkerung. Zu den Themen der Ausstellung gehören unter anderem Rituale und Traditionen, die Geschichte des Stadtteils Kazimierz und der Juden im Zweiten Weltkrieg.
- **Ethnographisches Museum,** Pl. Wolnica, Öffnungszeiten: Mo., Mi.-Fr. 10.00-17.00, Sa. und So. 10.00-14.00 Uhr. Der letzte Einlass ist 30 Minuten vor dem Schließen. Das Museum ist stolz auf seine Kollektion an Volkstrachten aus ganz Polen. Aber auch die Innenräume eines alten Bauernhauses und viele andere Zeugnisse der polnischen Alltagskultur sind sehenswert.
- **Synagoga Ajzyka** (Izaaka), ul. Kupa 16, Öffnungszeiten für die Besucher: Mo.-Fr. 9-19.00 und So. 9-19.00 Uhr. Erbaut wurde sie 1644 und von einem der reichsten Krakauer Juden gestiftet. In ihrem Inneren blieben die barocke Stuckdekoration des Gewölbes und Teile von Wandmalereien in der Frauengalerie erhalten. Eine Stammausstellung mit Filmaufnahmen, die das Leben der Jüdischen Bevölkerung bis zum Jahr 1944 dokumentiert, wird hier gezeigt.

Synagogen und Friedhöfe

- **Synagoga Remuh** und **Remuh-Friedhof,** ul. Szeroka 40, Öffnungszeiten: Mo.-Fr. 9.00-16.00 Uhr. Der Eintritt zur Synagoge und zum Friedhof beträgt 5 zł (ermäßigt 2 zł) und wird zu Renovierungszwecken verwand. Männer dürfen den Synagogenkomplex nur

mit Kopfbedeckung betreten, die nach Bedarf am Eingang ausgeliehen werden kann.
- **Neuer Friedhof,** ul. Miodowa 55.
Der Eingang ist nur durch das Treppenhaus des Hauses Nr. 55 zu erreichen.
- **Synagoga Kupa,** ul. Warschauera 8.
Während des Zweiten Weltkrieges ausgeplündert und zerstört, diente sie bis vor kurzem einer Arbeitergenossenschaft als Lagerraum und Werkstätte. Zurzeit finden hier Restaurationsarbeiten statt. Die Funktion der Synagoge ist noch nicht festgelegt.
- **Synagoga Tempel** *(Postępowa),*
ul. Miodowa 24. Diese wurde 1860–1862 von den *Fortschrittsisraeliten* erbaut. Die innere Einrichtung wurde erhalten. Neben der Synagoge befindet sich das einzige geöffnete jüdische Badehaus *(mykwa)* in Krakau.
- **Synagoga Wysoka** (Hohe Synagoge),
ul. Józefa 38. Der Gebetsraum befindet sich hier im ersten Stock, daher auch der Name. Während der Okkupation ausgeplündert und zerstört, dient sie seit 1966 der Denkmalpflege als Werkstätte.
- **Synagoga Poppera,** ul. Szeroka 16.
1620 gebaut, dient sie heute als Zentrum der Jugendkultur.
- **Mykwa,** ul. Szeroka 6. In dem ehemaligen traditionellen jüdischen Bad *(Mykwa)* befindet sich heute ein Café und Restaurant. In den Kellerräumen findet man noch die Überreste der Mykwa.

Restaurants, Cafés und Klubs

Die Anzahl der Lokale ist riesig und für jeden Geschmack steht das richtige bereit. Daher empfehlen wir, durch die Gassen zu schlendern und sich von den Düften, Musikklängen oder spannenden Einrichtungen verführen zu lassen. Zusätzlich liegt in den Kneipen und im Informationszentrum ein Infoheft **(INformacja KAZIMIERZ)** aus, das jede zweite Woche neu erscheint. Hier findet man auch in englischer Sprache die aktuellen Veranstaltungstipps und Neues aus Kazimierz. Hier eine kleine Auswahl.

In der ul. Szeroka:

- **Alef** (II), ul.Szeroka 17 und 18,
Öffnungszeiten: Mo.–So. 10.00–22.00.
Der aufmerksame Besucher wird im Haus Nr. 17 auf Spuren des *Spielberg*-Filmteams stoßen, das in diesen Räumen seinen bevorzugten Drehpausenaufenthalt hatte.
- **Café Noah's Ark,** ul. Szeroka 2,
Öffnungszeiten: tägl. 10.00–24.00 Uhr. Das gemütlich eingerichtete Café bietet regelmäßig Live-Musik jüdischer Art.
- **Klezmer-Hois,** ul. Szeroka 6.
Öffnungszeiten: 8.00–23.00 Uhr. Hotel, Restaurant, Café. Zu dem wunderschönen Ambiente gehören auch Konzerte mit jüdischer und russischer Musik sowie Zigeunermusik.
- **Ariel,** ul. Szeroka 18, Öffnungszeiten:
9.00–24.00 Uhr. Hotel, Restaurant, Café.
- **Szeroka Nr.1,** Öffnungszeiten: 10.00 Uhr bis zum letzten Gast. Die ganze Fassade des Hauses besteht aus Nachbildungen von kleinen jüdischen Krämerläden. Da gibt es den Laden von Abraham Rattner dem Händler oder von Benjamin Holzer dem Tischler. Aus dem Inneren duftet es nach Eintopf.
- **Taboo,** ul. Szeroka,
Öffnungszeiten: 18.00 Uhr bis zum letzten Gast. Eintritt nur mit Klubkarte, Empfehlung oder Gesichtskontrolle. Starke Schwulen- und Lesbenszene. Das Lokal steht unter dem Patronat von Amnesty International Krakau.

Auf dem Pl. Nowy:

- **Alchemia,** ul. Estery 5, Öffnungszeiten: 10.00 Uhr bis zum letzten Gast. Eine gemütliche Kneipe mit Live-Konzerten und Ausstellungsflächen. Abends ausschließlich von Kerzen erleuchtet. Bekannt durch gute Musik sowohl zum Tanzen als auch zum Hören.
- **Tarot,** Pl. Nowy 9, Öffnungszeiten: 9.00 Uhr bis zum letzten Gast. Ein ruhiger Ort, wo die Wahrsagerin am Dienstag und Freitag ab 9.00 Uhr die Karten legt und den Job sehr ernst nimmt. So mancher war schon von der Treffsicherheit der Dame beeindruckt.
- **Drukarnia,** Pl. Nowy 7, Öffnungszeiten: 9.00 Uhr bis zum letzten Gast. Helle moderne Ausstattung. Am Freitag und Samstag ist Disco. Viele Konzerte, die man den Aushängen vor der Kneipe entnehmen kann.
- **Singer,** ul. Estery 20, Öffnungszeiten: 9.00 bis 3.00 Uhr. Die Getränke werden an den alten Singer Nähmaschinen serviert. Getanzt

047kr Foto: cr

wird spontan und überall. Treffpunkt von Schauspielern und Künstlern.

- **Królicze oczy,** ul. Estery 14, geöffnet von 11.00 Uhr bis zum letzten Gast. Hübscher Garten im Inneren des Lokals.

Ul. Podbrzezie und ul. Miodowa:

- **Nawara** (III), ul. Podbrzezie 2, Öffnungszeiten: 10.00 bis 22.00 Uhr. Die einzigen und somit auch die besten Bagles von Krakau. Hier gibt es aber auch Salate und Suppen.
- **Propaganda,** ul. Miodowa 20, Öffnungszeiten: 11.00 Uhr bis zum letzten Gast. Alles ist gut.
- **La Habana,** ul. Miodowa 22, Öffnungszeiten: 9.00 Uhr bis zum letzten Gast. Hier werden zu kubanischen Klängen kubanische Zigarren, kubanisches Essen und die Lieblingsdrinks von Hemingway serviert.
- **Osmy dzień tygodnia** (Der achte Wochentag), ul. Podbrzezie 4, Öffnungszeiten: 9.00 Uhr bis zum letzten Gast. Klub, Pub, Café, Lesungs- und Diskussionsforum - und am achten Tag sollst du feiern.

In den anderen Straßen:

- **Warsztat,** ul. Izaaka 3, Öffnungszeiten: 10.00 bis 2.00 Uhr. Viele Musikinstrumente schmücken die Decke dieses Lokals. Gute Musik, lockere Atmosphäre.
- **Mleczarnia (Die Molkerei),** ul. Meiselsa 20, Öffnungszeiten: 10.00 Uhr bis zum letzten Gast. Alte Bilder, Krüge, Radios und Grammofone. Alles ist gemütlich und ulkig. Im Sommer gibt es einen fantastischen Garten mit Off-Szene.
- **Pierogi u Vincenta** (III), ul. Józefa 11, Öffnungszeiten: 12.00 bis 20.00 Uhr. Pierogi in allen Variationen, sogar solche, die für viele Polen außergewöhnlich sind, wie z. B. mit Nüssen.
- **A la Carte** (I), ul. Izaaka 7, Tel. 4306550, Öffnungszeiten: 12.00 bis 1.00 Uhr. Der französische Küchenchef Oliver Boudon zaubert hier hervorragende Speisen, die das kleine Restaurant zu einem Geheimtipp der Extraklasse erheben. Die Reservierung ist notwendig, da das Restaurant nur 45 Plätze besitzt.
- **Łaznia,** ul. Paulińska 28, Öffnungszeiten: 16.00 bis sehr spät. Ein außergewöhnlicher Studentenklub mit Experimentaltheater, Konzerten, Filmvorführungen.

Internetcafés

- **Kawiarnia Internetowa,** ul. Miodowa 26, Öffnungszeiten: 9.00 bis 22.00 Uhr.
- **Labirynth,** ul Józefa 15, Öffnungszeiten: 10.00 bis 22.00 Uhr.

Sonstiges

- **Jüdisches Kulturzentrum,** ul. Meiselsa 17. In diesem modernen Gebäude, das von der *Nissenbaum Gesellschaft* amerikanischer Juden finanziert wurde, finden regelmäßig kulturelle Veranstaltungen statt. Es gibt wechselnde Ausstellungen in der Galeria Labyrint (tägl. 10.00–18.00 Uhr), und in dem im Keller gelegenen Antiquariat findet man einige interessante Stücke, unter anderem auch deutschsprachige Bücher.

048kr Foto: cr

- **Informationszentrum,** ul. Józefa 7, Tel. 4220471. Neben Stadtplänen und Informationen zu Öffnungszeiten informieren die Mitarbeiter vorwiegend über kulturelle Angebote im Stadtteil Kazimierz.
- **Flohmarkt,** Pl. Nowy. Der Flohmarkt findet hier jeden Samstag statt. Im Sommer natürlich viel opulenter.
- **Apotheken,** Plac Nowy 12 a, ul. Kupa 3.
- **Post,** ul. Strowiślna 56/50, Öffnungszeiten: 8.00 bis 20.00 Uhr
- **Polizei,** ul. Szeroka.

Einkaufen

- **Galerie Ariel,** ul. Szeroka 17.
- **Galerie Labyrint No. 2,** ul. Józefa 15.
- **Galerie Labyrint,** ul. Meiselsa 17.
- **Blazko,** ul Józefa 11. Außergewöhnlicher und moderner Bernsteinschmuck.
- **Antiquariat,** ul. Meiselsa 17.
- **Jordan Book Shop,** ul. Szeroka 2, Öffnungszeiten: Mo.-Fr. 9.00-18.00 und Sa.-So. 10.00-18.00 Uhr. Man erhält hier neben einer großen Auswahl an Büchern über die jüdische Kultur auch Karten für eine *„Schindlers-Liste-Tour"*, die verspricht, den interessierten Touristen an die Drehorte des gleichnamigen Filmes zu führen.

Anfahrt

- Mit den **Straßenbahnen** 3, 9, 11 und 13
- Mit den **Bussen** 184 und 198
- **Haltestelle** ul. Miodowa
- **Zu Fuß:** Vom Rynek Mały über die ul. Sienna und dann auf der ul. Starowiślna bis zur Kreuzung ul. Miodowa (ca. 15 Minuten).

Galeria Labyrint No. 2

Das Krakauer Getto

Geschichte

Am **6. September 1939** wurde Krakau von der Deutschen Wehrmacht besetzt. Kurz danach übernahm Hans Frank das Amt des Generalgouverneurs von Südpolen mit Sitz in Krakau.

Nun begann die Einschränkung der Rechte der jüdischen Bürger in allen Bereichen und die Isolierung von der polnischen Bevölkerung. Es war ihnen verboten, die Altstadt zu betreten, und sie durften nur noch mit Sondererlaubnis die öffentlichen Verkehrsmittel benutzen. Es erfolgten die Beschlagnahmung jüdischen Vermögens sowie Zwangszuweisungen von Wohnungen und Arbeit. Jeder Jude musste am rechten Ärmel die Armbinde mit dem blauen Davidstern tragen, und durch das Zuteilen besonderer Geschäfte, Krankenhäuser und sogar der Plätze in den öffentlichen Verkehrsmitteln wurde er zusätzlich ausgegrenzt. **Ende 1940** begann man mit der Aussiedlung der Krakauer Polen in verschiedene Teile des Landes. Von den 64.000 Juden, die 1938 in der Stadt lebten, blieb nur etwa ein Viertel in Krakau. Nachdem am 3. März 1941 die Errichtung eines Gettos im Stadtteil Podgórze beschlossen worden war, begann die Zwangsumsiedlung dieser Menschen dorthin. Die Lebensverhältnisse waren katastrophal.

Bis zum 20. März hatte man auf dem Areal am rechten Weichselufer mit seinen 320 Häusern 15.000 Personen untergebracht. Im **Mai 1941** wur-

Es brennt!

Es brennt, Brüder, ach, es brennt!
Ach, unser armes Städtchen, alles brennt!
Böse Winde voller Rasen
reißen, brechen und zerblasen,
fahren in die wilden Flammen,
alles ringsum brennt!

Und ihr steht und guckt nur um euch
und regt nicht die Händ.
Und ihr steht und guckt nur um euch,
wenn unser Städtchen brennt!

Es brennt, Brüder, ach, es brennt!
Ach, unser armes Städtchen, alles brennt!
Es haben schon die Feuerzungen
das ganze Städtchen heiß umschlungen,
und die bösen Winde blasen,
alles ringsum brennt!

Und ihr steht und guckt nur um euch ...
Es brennt, Brüder, ach, es brennt!
Es kann, behüte, kommen der Moment:
Unsre Stadt mit uns zusammen
wird zu Asche, steht in Flammen,
bleiben solln wie nach der Schlacht
nur schwarze, leere Wänd!

Und ihr steht und guckt nur um euch ...
Es brennt, Brüder, helft, es brennt!
Die Hilfe liegt in eurer Hand, es brennt!
Ist euch euer Städtchen teuer,
nehmt die Eimer, löscht das Feuer,
löscht mit eurem eignen Blut,
beweist, dass ihr es könnt!

Steht nicht, Brüder, steht nicht länger
und regt nicht die Händ!
Steht nicht, Brüder, löscht das Feuer
unser Städtchen brennt!

Mordechai Gebirtig,
Lied aus dem Krakauer Getto
(übertragen von Heinz Kahlau)

den noch weitere Juden aus umliegenden Ortschaften ins Krakauer Getto umgesiedelt. In den einstöckigen Häusern, die ursprünglich von der ärmeren Bevölkerung Polens bewohnt worden waren, gab es pro Stockwerk nur ein Badezimmer und eine Toilette. Mehrere Familien mussten sich eine Wohnung teilen. Dass unter diesen Umständen keine Epidemie ausbrach, grenzt schon an ein Wunder. Jüdische Institutionen, wie der Judenrat, die jüdische Selbsthilfe, das Krankenhaus und das Weisenhaus waren nun auch im Getto untergebracht. Das Gelände wurde von einer Mauer mit vier Toren umgeben, die von der Polizei bewacht wurden. Bei unerlaubtem Verlassen des Gettos musste man mit der Todesstrafe rechnen. Menschen, die sich illegal und ohne Arbeitserlaubnis im Getto aufhielten, meistens orthodoxe Juden, wurden aufgespürt, verschleppt oder gleich vor Ort umgebracht.

Nachdem im **Januar 1942** auf der Wannseekonferenz die Endlösung der Judenfrage beschlossen worden war, begann man auch in Krakau mit der Deportation der Juden in die umliegenden Konzentrationslager. Das Getto wurde zum Schauplatz blutiger Aussiedlungsaktionen. Im Juni mussten 5000 Menschen ihre Häuser verlassen und wurden in das Lager Bełýek abtransportiert. Im Verlauf dieser Maßnahme kam es am Zgoda-Platz, dem Mittelpunkt des Jüdischen Wohnbezirks, zu Massenerschießungen. Im Oktober erfolgte die zweite Welle der Aussiedlung, diesmal von 6000 Perso-

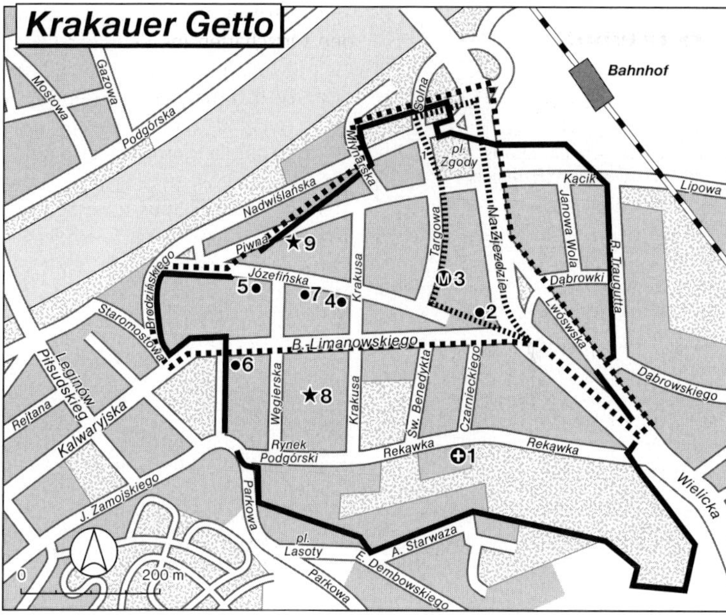

- ✚ 1 Krankenhaus
- ● 2 Polizei
- Ⓜ 3 Apotheke (heute Museum)
- ● 4 Kinderheim
- ● 5 Arbeitsamt und Krankenhaus
- ● 6 Stadtverwaltung
- ● 7 JUS (Jüdische Selbsthilfe)
- ★ 8 Fabrik "Optim"
- ★ 9 Rituelles Badehaus

[1] Pl. Zgody heißt heute Pl. Bohaterów

Gettogrenzen :

- ▬▬ März 1941
- ■■■■ Juni 1942
- ||||||| Oktober 1942

nen. Es gab kein Entrinnen für die, die sich der Deportation zu entziehen versuchten. Die Häuser wurden von der SS durchsucht und die dort aufgespürten Menschen sofort erschossen. Mit Beginn der Aussiedlungsaktionen gründete sich eine jüdische Kampforganisation (ŻOB), die im Oktober verzweifelt versuchte, durch mehrere Attentate auf deutsche Zivilpersonen Vergeltung zu üben. Dies hatte jedoch nur noch grausamere Erschießungsaktionen der SS zur Folge. **Ende des Jahres 1942** wurde das Getto-Gelände verkleinert und in zwei Teile geteilt: *A* – für Arbeitsfähige und *B* – für Arbeits-

049kr Foto: cr

unfähige (meistens alte und kranke Menschen, Frauen und Kinder). **Mitte März 1943** begann die Liquidierung des Gettos.

Etwa 4000 Menschen wurden ins Zwangsarbeitslager nach Płaszczków bei Krakau gebracht, 2000 kamen ins Vernichtungslager Auschwitz-Birkenau und viele der Juden ermordete die SS gleich an Ort und Stelle. Am 14. März wurden binnen weniger Stunden bis zu 1000 Menschen erschossen. Bis **Dezember 1943** arbeiteten im Getto Ordnungsgruppen, die alle hinterlassenen Gegenstände zusammentrugen und sortierten. Anschließend wurde die Mauer abgerissen und das Gebiet wieder zu einem offenen Viertel.

Heutige Spuren des Gettos

Sichtbare Spuren findet man auf dem ehemaligen Gettogelände nur wenige. Zu ihnen gehört die **„Apotheke zum Adler"** *(Apoteka pod Orłem),* die sich von 1941 bis 1943 dort befand. Sie wurde von *Tadeusz Pankiewicz* geleitet, einem christlichen Polen, der eine ständige Aufenthaltserlaubnis im Getto besaß. Hier fanden viele Juden in den schrecklichen Zeiten ein Asyl, wo sie Hilfe und Trost erwarten konnten. Heute beherbergt das Gebäude ein **Museum,** das mit seiner Stammausstellung an das Leben im Getto erinnert. Des Apothekers *Tadeusz Pankiewicz* wird ebenfalls gedacht. Besondere Beachtung verdienen die Fenster, die der Künstler *Prof. Witold Chomicz* 1983 anfertigte.

Von der **Gettomauer** sind nur noch wenige Fragmente vorhanden. Man findet sie in der ul. Lwowska 25 und in der ul. Limanowskiego 62 (auf dem Spielplatz der Grundschule). Das ist alles, was an die grausamen Ereignisse der Gettozeit erinnert. Angesichts des alltäglichen städtischen Treibens, das heute das Leben in Podgórze bestimmt, erscheinen die Erinnerungen kaum vorstellbar und weit entfernt.

An der ul. Lipowa, also außerhalb des Gettos, befand sich die bekannte **Emaillefabrik von Oskar Schindler.** Die Originalgemäuer sind nur noch teilweise erhalten und stehen auf dem Gelände eines Elektrobetriebes. Es gibt nicht viel zu sehen, aber da die Nachfrage sehr groß ist, wird eine Führung angeboten. Das einzig Interessante ist das Treppenhaus der Fabrik, das auch im Spielberg-Film zu sehen ist.

Museum

- **Apoteka pod orłem** *(Apotheke zum Adler)*, Museum und Nationale Gedenkstätte, Plac Bohaterów Getta 18, Öffnungszeiten: Mo.-Fr. 10.00-16.00, Sa. 10.00-14.00 Uhr.

Anfahrt

- Mit **Bus** 184 und **Straßenbahn** 3, 9 und 11.
- **Haltestelle:** Pl. Bohaterów Getta oder Na Zjeździe.
- **Zu Fuß:** Vom Rynek Główny in südöstlicher Richtung über die Weichselbrücke Powstańców Slaskich (20-30 Minuten).

050kr Foto: cr

Eines der Glasfenster der Apotheke zum Alder

Einst 2,50 m hoch, ragt heute nur der obere Rand der Gettomauer aus dem Grund

Krakaus Extras

Kleparz

Nördlich der Altstadt befindet sich der Stadtteil Kleparz, dessen Ursprünge bis ins 12. Jahrhundert zurückführen. Damals siedelten sich dort die ersten Handwerker außerhalb der Stadtmauern an. *König Kasimir III.* verlieh den Bürgern der Siedlung im Jahre 1366 die Stadtrechte. Der Markt Rynek Kleparski war Mittelpunkt der Stadt, die aus einfachen Holzhäusern bestand und vor allem von kleinen Handwerkern und Straßenhändlern bewohnt war. Mehrfach wurden die Gebäude zerstört, da sie nicht, wie die Königsstadt selbst, von einer Stadtmauer umgeben waren. So war Kleparz oft Ziel der feindlichen Angreifer, die vor Krakau lagerten. Der einfache Ort erfuhr bis ins 18. Jahrhundert hinein aber ab und zu eine ganz **besondere Bedeutung.** Denn bis 1734 war Krakau die Stadt, in der Könige gekrönt und königliche Hochzeiten gefeiert wurden. Der festliche Zug formierte sich in Kleparz, zog über die ul. Florianska und die ul. Grodzka durch die Stadt und endete auf dem Wawel.

Kleparz wurde im Jahre **1791** zu einem **Stadtteil Krakaus,** führte aber bis ins 19. Jahrhundert hinein ein Schattenleben. Es trat erst nach 1850 daraus hervor, als eine rege Bautätigkeit einsetzte, die den Ort nach Norden hin erweiterte und ihm sein heutiges Aussehen verlieh. Der **Matejkoplatz** *(pl. Matejki),* der von der Barbakane aus gut zu erkennen ist, bildet den repräsentativen Mittelpunkt von Kleparz. Dort fällt vor allem das **Grunwalddenkmal** *(Pomnik Grundwaldzki)* in der Mitte des Platzes sofort ins Auge. Es wurde 1910 zum 500. Jahrestag des Sieges über den deutschen Orden in der Schlacht bei Grunwald (Tannenberg) errichtet. Das Denkmal zeigt *König Władysław II* auf dem Pferd und unter ihm *Fürst Witold,* seinen litauischen Verbündeten. Beiden zu Füßen liegt der getötete Großfürst des Deutschen Ordens *Ulrich von Jungingen.*

Hinter dem Denkmal steht die barocke **Florianskirche,** die ebenfalls häufiger zerstört wurde. Ihr heutiges Aussehen stammt aus der Mitte des 17. Jahrhunderts.

Im Haus Nummer 13 an der Westseite des Platzes öffnete 1877 die **Schule der Bildenden Künste** das erste Mal ihre Tür. *Jan Matejko,* Polens bedeutendster Historienmaler (siehe Exkurs) war hier der erste Rektor. Hier studierten unter anderem der Maler, Dichter und Dramatiker *Stanyslaw Wyspianski,* der Regisseur *Andrzej Wajda* und das Multitalent *Tadeusz Kantor.*

Wenn der Matejkoplatz auch die meisten Sehenswürdigkeiten aufzuweisen hat, so blieb der **Rynek Klepar-**

Zentraler Punkt des Matejkoplatzes:
das Grunwalddenkmal

051kr Foto: cr

ski doch wie eh und je der Lebensmittelpunkt von Kleparz. Auf der Höhe des Grunwalddenkmals führt die ul. Paderewskiego direkt auf den Platz zu, auf dem **einer der größten Straßenmärkte Krakaus** stattfindet. Das ganze Jahr über bieten die Marktstände von 7 Uhr morgens bis in den Nachmittag hinein die unterschiedlichsten Waren zum Verkauf an. Wer Frisches vom Land bevorzugt, ist hier genau richtig. Hier findet man das normale Krakauer Alltagsleben, das sich deutlich von dem touristischen Getümmel der Altstadt unterscheidet.

Nowa Huta – das andere Krakau

Nowa Huta ist mit seinen 200.000 Einwohnern der größte Stadtteil Krakaus. Vor noch nicht allzu langer Zeit war es etwas Besonderes, hier zu wohnen. So hätte ein Pole, der in Nowa Huta wohnt, noch in den 1980er Jahren niemals gesagt, er wohne in Krakau. Er wohnt in Nowa Huta, **Arbeiterstadt des sozialistischen 20. Jahrhunderts.**

Im Februar 1949 beschlossen, auf dem Reißbrett geplant und in den 1950er Jahren gebaut, sollte sie ein Zeichen der neuen Zeit, des neuen kommunistischen Polens werden. Dem Arbeiter als Helden des Sozialismus wurde neben einer besseren Lebensqualität auch eine optimale Arbeitssituation versprochen. Also entstand 1954 das größte Stahlwerk Europas: Nowa Huta – die neue Hütte. Die Bauern aus der Umgebung wurden zu Stahlarbeitern ausgebildet und zogen als stolze Proletarier, die sich ihrer Herkunft nicht mehr schämen mussten, in die Arbeiterstadt. Sie lebten in Wohnungen mit bisher unbekanntem Luxus, denn ein Badezimmer, Heizung und Balkon gehörten zum Standard. Sie durchschritten breit angelegte Straßenfluchten, wandelten unter Arkaden und ihr Weg zur Arbeit führte eine mit Bäumen gesäumte Allee entlang. Hier im Viertel gab es die beste medizinische Versorgung der Stadt, und die Geschäfte kannten keine Lieferschwierigkeiten. Wen wundert es da, dass die Krakauer Damen nach Nowa Huta fuhren, um einzukaufen, denn hier, in der Vorzeigestadt Polens, gab es immer das frischeste Gemüse und die größte Auswahl an Wurst und Seidenstrümpfen. Nur eins störte die Bewohner. Eine Kirche war in der sozialistischen Mustersiedlung nicht vorgesehen. Die starke Glaubensbindung der Polen ist bekannt und so setzten sie sich vehement für den Bau von Kirchen in Nowa Huta ein. Es dauerte aber noch 20 Jahre, bis das erste Gotteshaus, dessen Bau an die Arche Noah erinnert, von Kardinal *Karol Wojtyła* eingeweiht werden konnte.

Der anfängliche Stolz, in Nowa Huta leben und arbeiten zu dürfen, schlug in den 1980er Jahren allmählich um. Auch hier verloren die Menschen den Glauben an den Sozialismus und setzten sich für bessere soziale und wirtschaftliche Verhältnisse ein. Die Bewohner Nowa Hutas waren unter den ersten, die sich der verbotenen Gewerkschaft *Solidarność* anschlossen. Außerdem wies der Industriekomplex katastrophale Emissionswerte auf. Der Himmel war grau über Krakau. Die massive **Luftverschmutzung** in der Umgebung schädigte Mensch, Natur und Kultur gleichermaßen. Die Bewohner klagten über Allergien und Atemwegserkrankungen.

Dies ist alles lange her. Anfang der 90er Jahre des letzten Jahrhunderts wurden große Teile des Stahlwerks stillgelegt. Das führte zwar zu verbesserten Emissionswerten, aber nun griff die Arbeitslosigkeit um sich. Wer kein Geld verdient, kann sich nichts kaufen. So schlossen immer mehr Geschäfte oder reduzierten ihr Angebot. Wer konnte, zog weg - dorthin wo es Arbeit gab. Heute regiert die Tristesse den Stadtteil. Kaum jemand ist auf der Straße zu sehen, die Gesichter derer die vorbeihuschen sehen müde aus und in den Grünanlagen sitzen Männer schon morgens mit der Bierflasche in der Hand.

Der Name *Lenin,* einst prägend für Nowa Huta, ist ebenfalls aus diesem Stadtteil verschwunden. Die Lenin-Hütte heißt nun *Huta Sendzimira*, benannt nach einem polnischen Erfinder, der in Amerika zum Millionär wurde. Das Lenin-Museum ist geschlossen, die Lenin-Straße ist zur Al. Solidarnośći geworden und das Lenindenkmal ist abmontiert.

Dennoch lohnt sich ein Ausflug in den Stadtteil. Nowa Huta ist ein Paradebeispiel sozialistischer Wohnraumplanung, die beseelt ist von dem Glauben, den besseren Menschen schaffen zu können. Vom halbrunden **Pl. Centralny** führen die Straßen sternförmig in separate Stadtviertel, auch benannt als Sektoren A, B, C und D. Die Einförmigkeit der Innenhöfe, Toreingänge und Seitenstraßen wird geordnet durch die systematische Einteilung der Viertel in Blocks. Da hilft dem Orientierungslosen nur der Plan am Straßenrand. Grünanlagen und Parks sind großzügig verteilt und lockern die Wohnanlagen auf.

Der ursprünglich durchstrukturierte Komplex wurde und wird ständig erweitert und verliert zunehmend an Konzeption. Am Pl. Centralny ist das Typische dieses Stadtteils aber erhalten, und es hat durchaus seinen Reiz, wenn man unter den großzügig angelegten Arkaden wandert und sich weiter in die Wohnviertel hineinwagt.

Die Monotonie wird durch ein paar architektonische Besonderheiten ein wenig aufgelockert. So z. B. durch das **Volkstheater** in der Teatralne-Siedlung 34 oder auch durch die **Arche-Kirche der Muttergottes** in der Bieńczyce-Siedlung (nord-westlich vom Pl. Centralny). Sie, die auch „Arche des Herren" genannt wird, wurde in Form eines Bootes gebaut und mit 2 Mio. Gebirgsflusskiesel verkleidet.

Das **Sommerhaus von Jan Matejko** in der ul. Melchiora Wańkowicza (nordöstlich vom Pl. Centralny) ist für Interessierte ein weiterer Besichtigungspunkt. Die *Gesellschaft der Freunde der Schönen Künste* hat die ehemalige Einrichtung des Hauses rekonstruiert und dort eine Ausstellung mit Erinnerungsstücken an *Jan Matejko* eröffnet. Der Weg dorthin führt an einer Park- und Seeanlage entlang und durch den

Ort *Krzesławice*, der mit seiner alten **Holzkirche** an die vielen kleinen Dörfer in Krakaus Umgebung erinnert.

Anfahrt

- Nowa Huta liegt östlich vom Stadtkern. Den Pl. Centralny erreicht man mit den **Straßenbahnlinien 4** und **15**, die von den Planty an der Barbakane abfahren.

Museum polnischer Luftfahrt

Auf dem ehemaligen Krakauer Flughafen *Rakowice-Czyżyny* befindet sich seit 1967 eine sehenswerte Ausstellung, die in zwei Flugzeughallen untergebracht ist. Unter den über 100 Flugzeugen, Hubschraubern und Gleitflugzeugen überwiegend militärischer Art findet man auch das letzte Exemplar des Schulungsflugzeugs der deutschen Luftwaffe *Albatross B IIa* aus dem Ersten Weltkrieg.

- **Museum polnischer Luftfahrt** *(Muzeum Polskiego Lotnictwa)*, Al. Jana Pawła II 39 (auf dem Weg vom Zentrum nach Nowa Huta). Öffnungszeiten: Wintersaison: Mo.–Fr. 9.00 bis 15.00 Uhr, Sommersaison (ab 1. Mai): Di.–Fr. u. So. 9.00 bis 16.00 Uhr, Sa. 10.00 bis 15.00 Uhr.

Anfahrt

- Mit der Straßenbahn 4, 5, 9 und 10 Richtung Nowa Huta, Haltestelle: Politechnika Krakowska.

Hauptgebäude des Nationalmuseums *(Gmach Główny)*

Westlich der Altstadt befindet sich das Hauptgebäude des Nationalmuseums. Hier werden drei Stamm- und eine Wechselausstellung präsentiert.

Die Galerie des Kunsthandwerks vom Mittelalter bis zum Jugendstil mit seinen 3000 Ausstellungsstücken ist eine der Dauerausstellungen. Ergänzt wird sie durch arrangierte Wohnsituationen aus verschiedenen Epochen, Souvenirs, die eng mit der polnischen Geschichte verknüpft sind sowie Gegenstände die berühmten Persönlichkeiten gehörten.

Polnische Kunst des 20. Jh. heißt die zweite Ausstellung, die Bildhauerei und Malerei von der Młoda-Polska-Epoche (Junges Polen) bis in die Gegenwart präsentiert.

Waffen und Farbe in Polen ist die Ausstellung, die das militärische Handwerk von Mittelalter bis in die Gegenwart aufzeigt.

- **Hauptgebäude** *(Gmach Główny)*, Al. 3 Maja 1, Tel. 63353-1 o. 6337764, Öffnungszeiten: Di.–Do. 9.00 bis 15.30 Uhr, Mi.–Fr. 11.00 bis 18.00 Uhr, Sa. u. So. 10.00 bis 15.30 Uhr.

Anfahrt

- mit der Straßenbahn 15 u. 18 (Haltestelle: Cracovia).

Józef-Mehoffer-Haus *(Dom Józefa Mehoffera)*

Józef Menhoffer (1869–1946) war ein Schüler von *Jan Matejko* und gehörte zu der Künstlergruppe, die mit dem Begriff *Młoda Polska* (Junges Polen) in Verbindung gebracht werden. Er malte Portraits, Landschaften, Stillleben, religiöse Motive und alegorisch-historische Monumentalkompositionen. Seine Glasmalerien und Polychromien gehören zu den besten in Polen.

Das Haus, in dem der Künstler in den 1930er Jahren gelebt hat, gehört heute dem Nationalmuseum. Es befindet sich nordwestlich vom Planty. Man findet hier eine interessante Sammlung an Kunstgegenständen, die die wunderschönen Räume der Villa schmücken.

- **Józef-Mehoffer-Haus,** ul. Krupnicza 26, Tel. 4211143, Öffnungszeiten: Di. u. Do. 9.00 bis 15.30 Uhr, Mi. u. Fr. 11.00 bis 18.00 Uhr, Sa. u. So. 10.00 bis 15.30 Uhr.

Anfahrt

- mit der Straßenbahn 15 u. 18 (Haltestelle: Cracovia).

Flohmärkte

Dies ist meist eine Wochenendattraktion, die in den Vormittagsstunden auf dem Plac Nowy im Kazimierz und an der Kreuzung der ul. Wielopole und ul. J. Dielta neben der Markthalle *(Hala Targowa),* östlich von der Altstadt stattfindet.

Zu besonderen Anlässen werden auch Antiquitätenmärkte auf dem Rynek Główny hinter den Tuchhallen veranstaltet. Hier wird in der Regel Eintritt verlangt.

Die Krakauer Hügel

Wer auf dem Wawel über die Drachenhöhle in Richtung Westen über die Stadt blickt, dem fallen unweigerlich zwei Hügel auf, die sich kugelrund aus der Landschaft erheben. Ein dritter lässt sich mit etwas Glück im Süden Krakaus ausmachen. Die Vermutung liegt nahe, dass sie nicht auf natürliche Weise entstanden sind. Tatsächlich wurden sie zu Ehren jeweils eines Landsmannes in mühseliger Arbeit aufgeschichtet.

Der kleinste und älteste von ihnen, der **Krak-Hügel** *(Kopiec Kraka),* steht im Stadtteil Podgórze südlich der Altstadt. Es ist der Grabhügel des *Herzogs Krak,* der Sage nach der Begründer von Krakau. Der Sage weiter folgend, haben seine Untertanen im 7. Jh. die Erde für den 16 m hohen Hügel in ihren Rockärmeln herbeigetragen, um ihrem Herren zu huldigen. An diesen Herzog erinnert alljährlich am 3. Osterfeiertag das **Ärmelfest** *(Rękawka),* das an der nahe gelegenen kleinen Benediktinerkirche ausgelassen gefeiert wird.

Die beiden größeren Hügel im Westen der Stadt sind erst vor kürzerer Zeit entstanden. Der vordere, der **Kościuszko-Hügel** *(Kopiec Kościuszki),* erinnert an den Freiheitskämpfer *Tadeusz Kościuszko,* der in Polen und in Amerika kämpfte. Innerhalb von drei Jahren, 1820-1823, trugen Tausende von Polen die Erde für den 326 m hohen Hügel zusammen. Darunter ist auch Erde der Schlachtfelder von Racławice, Maciejowice, Dubienka sowie Erde aus Amerika. Angesicht der Entstehung ist die Bedeutung der Hügel für alle Polen ungeheuer groß. Daher glich es einer nationalen Katastrophe, als 1997 nach schweren Niederschlägen mehrere gefährliche Risse (30 cm breit und 1 Meter tief) im Kościuszko-Hügel entstanden sind. Sie wurden zuerst provisorisch gesichert, denn erst 1999 begannen die Restaurierungsarbeiten, die im Oktober 2002 beendet wurden.

Der Hügel ist zu besichtigen und von seiner Spitze, die innerhalb einer ehemaligen österreichischen Befestigungsanlage steht, hat man einen wunderbaren Blick über die Stadt und deren Umgebung. Das in der Bastion gelegene Hotel Pod Kopcem bietet dem Tagesausflügler einen schönen kulinarischen Abschluss des Tages. Danach ermöglicht das kleine, in der Nähe gelegene **Wäldchen Sikornik** einen Verdauungsspaziergang.

Etwas weiter westwärts erstreckt sich außerdem der große **Wald Wolski,** der zu ausgedehnteren Spaziergängen einlädt. Der **Piłsudski-Hügel** *(Kopiec Piłsudskiego),* im Norden dieses Waldes, wurde 1936 zu Ehren des *Marschalls Józef Piłsudski* zusammengetragen. Ein Waldrestaurant am **zoologischen Garten** ermöglicht dem erschöpften Wanderer eine kleine Rast.

Anfahrt

• Krak-Hügel
Man erreicht den im Süden der Stadt gelegenen Hügel mit den **Buslinien 108** und **184** (Haltestelle am Bahnhof) oder mit den **Straßenbahnlinien 3, 6, 9, 13** oder **23** (Haltestelle am Dnorcona). Oder man steigt kurz hinter der Brücke Piłsudskiego an der Haltestelle *Korona* aus und erreicht den Hügel durch den Park *Bednarskiego.* Dort in der Nähe befinden sich auch die **weißen Kreidefelsen** des ehemaligen Steinbruchs, aus dem die Krakauer ihre Stadt aufbauten. Dem Spaziergänger sei der Weg von der Altstadt durch den **Stadtteil Kazimierz,** das ehemalige Judenviertel, über die Weichsel zum Hügel empfohlen.

• Kościuszko-Hügel
Mit der **Buslinie 100** vom Pl. Matejki wird man regelmäßig direkt in die ehemalige Bastion gebracht (Endstation), die westlich des Stadtzentrums liegt. Wer noch ein wenig laufen möchte, kann sich vorher absetzen lassen und die Al. Waszyngtona entlang den Hügel selbst ersteigen.

Von der Bastion aus bietet sich ein Spaziergang zurück zur Altstadt durch den **Park Jordana** an, angeblich der schönste Krakaus.

Ein **Souvenirladen** unterhalb des Hügels versorgt die *Kościuszko*-Anhänger mit allerlei Andenken an den Nationalhelden.

• Piłsudski-Hügel
Die **Buslinie 134** fährt von der Al. Krasińskiego in den westlich gelegenen Wald Wolski und hält nicht weit vom Hügel an der Endstation Zoo. Wanderwege führen auf die 383 m hohe Anhöhe.

Las Wolski (Wolski-Wald)

Das über 400 ha. große Naturreservat, mit märchenhaften Schluchten und Waldlichtungen sowie alten Eichen und Buchen, ist ein wunderbares Ausflugsziel. Dank der ausgeschilderten Wanderwege findet man leicht auch zu mehreren interessanten Punkten, die der Wald außerdem noch zu bieten hat.

So kann man zu den **Jungfrauenfelsen** *(Skałki Panieńskie)* wandern, wo

Die Dębnicki-Brücke über die Weichsel, hinten links der Kościuszko-Hügel

die Krakauer sehr gerne zwischen den Felsen picknicken. Hier befindet sich auch ein kleines Freilichtmuseum *(Skansen)* mit einer Schenke, einem Speicher und einer Kirche aus dem 18. Jahrhundert.

Der ca. 20 ha. große **Zoo** in nordöstlicher Richtung beherbergt an die 250 verschiedene Tiergattungen, die teilweise in Gehegen leben. Der höchste Punkt des Wolski-Waldes ist Sowiniec mit dem **Piłsudski-Hügel.** Auf dem *Silbernen Berg (Srebrna Góra)* befindet sich das **Einsiedlerkloster der Kamaldulenser,** das nur Männer betreten dürfen. Frauen wird das Privileg nur 12-mal im Jahr erteilt.

Anfahrt

- Mit dem Bus **100** bis Kościuszko Hügel oder **134** zum Zoo.

Skałka

Die **Klosteranlage der Pauliner** steht auf einem Kreidefelsen und ist eng mit der Legende vom Tod des Krakauer Bischofs *Stanisław ze Szczepanowa* verbunden. Der Geschichte nach wurde Stanisław von dem polnischen König *Bolesław Śmiały* 1079 während einer Messe erdolcht und anschließend zerstückelt. Laut Chronik ist der abgeschlagene Kopf in Richtung eines Tümpels gerollt, der bis heute vorhanden ist. Mittlerweile umzäunt, bildet er eine religiöse Kultstätte. Kurze Zeit nach dem Tod des Bischofs verließ der König aus geschichtlich ungeklärten Gründen für immer das Land. Die Überreste des Märtyrers wurden in die Kathedrale auf dem Wawel gebracht und 170 Jahre später heilig gesprochen.

1472 wurde der Paulinerorden in die romanische Kirche auf dem Kreidefelsen geholt. Der Orden hat bis heute das Patronat über den Hügel und deren angesammelten Schätze.

Während ihres langen Bestehens veränderte die Klosteranlage mit der Kirche ihr Aussehen. Das jetzige Bild entspricht einem Umbau von 1733 bis 1751 nach den Plänen von *Antonio Müntzer* im spätbarocken Stil. Das Innere der Kirche ist reich geschmückt und voller Marmoraltäre, Stuckaturen und figurativer Darstellungen. Vor dem Altar des *Hl. Stanislawus* legte man die Originaltreppe frei, auf der der Bischof im Moment seiner Hinrichtung stand. Jedes Jahr am 8. Mai zieht eine Prozession vom Wawel nach Skałka, um dem *Hl. Stanislawus* zu gedenken. Dieses Ereignis gilt als einer der Höhepunkte der religösen Veranstaltungen in Krakau.

Anfahrt

Skałka ist sehr gut zu Fuß von der Altstadt oder Kazimierz zu erreichen und liegt auf dem rechten Ufer der Weichsel südlich vom Wawel und westlich von Kazimierz. Mit der **Straßenbahn: 18, 19 oder 22** Haltestelle Orzeszkowej und dann zu Fuß durch die ul. Św. Stanisława oder mit der **6, 8** oder **10,** Haltestelle pl. Wolnica und dann zu Fuß durch die ul. Paulińska oder Skałeczna.

Die Umgebung von Krakau

Salzbergwerk Wieliczka

Der 10 Kilometer von Krakau entfernt liegende Ort besitzt eines der schönsten und **ältesten Salzbergwerke der Welt.** Mit 2148 Kammern, die durch unzählige Korridore auf 9 Ebenen miteinander verbunden sind (insgesamt 300 km lang), ist das 700 Jahre alte Bergwerk von der UNESCO in die Liste des Weltkulturerbes aufgenommen worden. Seit Sommer 1996 sind die Vorräte an Salz ausgeschöpft, und so lebt das Bergwerk vorwiegend als Touristenattraktion weiter.

Der Besucher von Wieliczka wird auf dem 2,6 km langen Weg durch Gänge, Kapellen, Kammern und riesige Hallen geführt. Der Rundgang beginnt in 64 m Tiefe und führt **bis zu 135 m hinab.** Geheimnisvolle unterirdische Seen, Wendeltreppen, Brücken, das brechende Licht in den Salzkristallen, die makellos glänzenden Skulpturen und Reliefs und das Echo der Stimmen versetzen den Betrachter in eine faszinierende Fantasiewelt. Der Rundgang garantiert ein einzigartiges, unvergessliches Erlebnis.

Alles aus Salz: St.-Antonius-Kapelle im Salzbergwerk Wielczka, hier noch unbeschadet

KAPLICA

065kr Foto: cr

Das spezielle Mikroklima des Salzbergwerks konservierte über Jahrhunderte hinweg Holzmaschinen und Werkzeuge der Bergleute. Daher verfügt Wieliczka über die einzige Sammlung solcher Holzgeräte aus dem 14. Jh. Diese werden in einem **Museum** (130 m unter der Erde) zusammen mit alten Bekleidungsstücken der Bergleute, Dokumenten aus deren Leben und Funden aus den Stollen in 16 Kammern ausgestellt.

Am Ende der Besichtigung wird man mit einem **Bergwerksfahrstuhl** hinaufbefördert. Es kann für manch einen Besucher sehr unangenehm sein, im Stockdunkeln und auf engem Raum zusammengepfercht eine Minute in diesem Aufzug zu verbringen. Leider gibt es keine andere Möglichkeit, wieder an die Erdoberfläche zu gelangen.

Das Mikroklima in den Stollen hilft gegen Asthma und Allergien

Neben dem Konservierungseffekt besitzt das Klima auch **heilende Wirkung,** die seit mehreren Jahrhunderten bekannt ist. So wurde in 211 m Tiefe ein **Kur-Zentrum** eröffnet. Hier werden mit Hilfe der gesunden Luft Krankheiten der Atemwege, insbesondere Asthma, aber auch bestimmte Allergien geheilt.

Die Schönheit dieses Ortes wird schon seit Jahren von der Tatsache überschattet, dass das Salzbergwerk auf der Liste der bedrohten Weltkulturstätten steht. Der **Feind** des Bergwerks ist die **Feuchtigkeit,** die sich durch die Wände hindurchfrisst und das Salz auflöst. Spezialisten aus aller Welt bemühen sich, den zerstörerischen Vorgang zu stoppen. Dies soll in erster Linie durch die neue Air-Condition-Anlage ermöglicht werden, die die Luftfeuchtigkeit reduziert.

Öffnungszeiten

- **Salzbergwerk:** ul. Daniłowicza 10, Tel. 2787302, Fax 12 2787333, www.salt-mine.com, Öffnungszeiten: vom 1.4. bis 31.10. täglich 7.30–19.30 Uhr und in der übrigen Zeit täglich 8.00–16.00 Uhr. Der Rundgang ist 2614 Meter lang und erfolgt nur in Gruppen mit einem Führer. Sein Weg führt durch 28 Kammern, Schächte und Kapellen und endet mit der **Besichtigung des Museums der Krakauer Salzgruben** *(Muzeum Kopalni Soli)* in 130 Meter Tiefe. Der Rundgang im Museum führt durch 14 Kammern, die durch einen 1,4 km langen Gang verbunden sind. Die Besichtigungsdauer beträgt 3 Stunden (Rundgang 2 und Museum 1 Stunde). Im Sommer wird empfohlen, warme Kleidung mitzubringen, da die Temperatur untertage konstant 14° Celsius beträgt. Am Ende der Führung besteht die Möglichkeit, sich in einem **unter-**

irdischen Restaurant nach der langen Tour zu stärken. **Deutsche Führungen** finden im Juli und August um 10.45, 14.15 und um 16.00 Uhr statt, im Mai, Juni und September nur um 16.00 Uhr. In den anderen Monaten muss man auf englischsprachige Führungen ausweichen. Der Eintrittspreis mit deutscher Führung beträgt 38 zł/ 9 € (ermäßigt 28 zł/ 6 €). Filmen und fotografieren darf man nur gegen eine Gebühr. Es wird auch eine **geologische Route** angeboten. Hierzu muss man geländetaugliche Kleidung mitbringen und klettert dann mit Lampen, Schutzhelm etc. ausgerüstet für 25 zł durch die Kammern und Schächte außerhalb der Touristenroute. Gruppenreservierungen können telefonisch oder über die Internetadresse erfolgen.

- **Zamek żupny** (Schloss), ul. Zamkowa 8, Tel. 012 2783266, Fax 012 2783028, Öffnungszeiten: vom 15.10. bis zum 15.04. Mo., Mi.-Sa. 9.00-15.00 Uhr, vom 15.04. bis zum 15.10. Mo., Mi.-So. 10.00-16.00 Uhr. Im Juli und August: Sa.-Mo. 9.00-16.00 Uhr, Mi.-Fr. 10.00-18.00 Uhr. Hier befindet sich eine Stammausstellung, die sich mit der Geschichte der Stadt beschäftigt. Eine außergewöhnliche Sammlung an Salzstreuern ergänzt die Schau.

Touristeninformation

- ul. Zamkowa 8, Tel./Fax 012 2785849, www. muzeum.wieliczka.pl (Information auf Englisch).

Anfahrt

- Mit dem **Bus** in den Morgenstunden vom Busbahnhof.
- Vom Hauptbahnhof fährt jede Viertelstunde für ca. 2,60 € ein so genannter **Luxbus** zum Salzbergwerk.
- Mit dem **Auto** erreicht man das Salzbergwerk auf gut ausgeschildertem Wege auf der E 40 in südöstlicher Richtung. Der bewachte Parkplatz am Eingang kostet 3 €, bewachte Parkplätze in der Umgebung kosten nur 2 €.
- Die Reisebüros in Krakau bieten täglich **Ausflüge** (Dauer 4 Stunden) für ca. 15 € pro Person an (Ermäßigungen für Studenten und Kinder unter 12 Jahren).

Die Mitgift der Königin Kinga

Aus einer Zeit, als Salz noch eine Kostbarkeit war, berichtet die Legende von folgenden Begebenheiten: In Polen war das Gewürz bis zur Herrschaft *König Bolesławs* kaum bekannt und es mochten die Speisen keinem so recht schmecken.

Nun begab es sich, dass der König heiraten wollte. Er hatte sich die schöne und tugendhafte *Kinga,* Tochter des Ungarischen Königs ausgesucht. Da sie auch sehr fromm und wohltätig war, bat sie ihren Vater, nicht nur Gold und Edelsteine als Mitgift mitzugeben, sondern auch etwas für das Volk. Es sollte etwas sein, was sie bisher vermissen mussten, denn auch sie sollten sich über die neue Königin freuen.

Nachdem sie erfahren hatte, dass den Polen bisher das Würzen mit Salz versagt blieb, fuhr sie zu den ungarischen Salzgruben. Dort zog sie zum Erstaunen ihrer Begleiter einen reich geschmückten Ring vom Finger und warf ihn in einen tiefen Schacht. Kurz darauf reiste sie mit großem Gefolge nach Krakau und wurde dort festlich empfangen. Nach den Hochzeitsfeierlichkeiten bat sie ihren Ehemann, sie zu dem nahe gelegenen Ort Wieliczka zu begleiten. Dort ließ sie von ein paar Bauern an einer vorgegebenen Stelle einen Graben ausheben.

Plötzlich stießen sie auf eine harte Gesteinsschicht und mussten ihre Arbeit unterbrechen. Kinga bat um ein Stück des Steins. Als er ihr gereicht wurde, stellten alle verwundert fest, dass es ein Salzkristall war. Und in seiner Mitte glitzerte der Ring, den sie in Ungarn zurückgelassen hatte.

Seitdem schmecken die polnischen Speisen vorzüglich und die Polen sind der Königin Kinga bis heute dankbar für dieses wertvolle Geschenk.

Ojców-Nationalpark *(Narodowy Park Ojców)*

Etwa 25 km nordwestlich von Krakau liegt der 1570 ha große Nationalpark Ojców. Seine schönen Schluchten, Hohlwege, Felstore, auch Felskeulen genannt (die Steine sehen wie riesige Keulen aus), machen den Ausflug in diesen kleinen Park mit mehreren **Höhlen,** darunter einer echten Räuberhöhle, und der Ruine einer Ritterburg zu einem abenteuerlichen Erlebnis. 400 verschiedene Schmetterlingsarten verschönern das Ausflugserlebnis zusätzlich.

Einige wenige Kilometer nördlich im Ort **Pieskowa Skała** steht eine **Burg,** die ein gut erhaltenes Beispiel der Renaissance-Architektur ist. Mit dem **Burgmuseum** und einem stilvoll eingerichteten Restaurant in der Südbastion der Wehrmauern bietet sie einen gelungenen Abschluss des Ausflugs in den Nationalpark.

Anfahrt

- Mit dem **PKS-Bus** über Bronowice. Abfahrt vom Zentralbusbahnhof am Hauptbahnhof Krakau.
- Mit dem **Auto** über die E 22.

Kloster Tyniec

An der Weichsel, 12 Kilometer von Krakau entfernt erhebt sich auf weißem Kreidefelsen das Benediktiner-Kloster Tyniec. Es wurde im 11. Jh. im romanischen Stil erbaut und unzählige Male umgebaut, bis es im barocken Stil sein endgültiges Aussehen bekam.

Die Besichtigung des Klosters und der Kirche ist nur für Gläubige interessant, da Gebet und Meditation die Stimmung dieses stillen Ortes bestimmen. Schön und stimmungsvoll sind die lateinischen Gesänge der Mönche, die jeden Morgen zum Sonnenaufgang gesungen werden. Mit den letzten gesungenen Noten erhellt die Sonne das Innere der Kirche. Das Haupttor wird um fünf Uhr in der Frühe für die Besucher geöffnet.

Anfahrt

- Mit **Bus 112** vom Rondo Grundwaldzkie.
- Mit dem **Weichseldampfer** kann man von Krakau aus zum Kloster gelangen. Die Fahrt beginnt unterhalb des Wawelhügels (4 Stunden Aufenthalt).

Auschwitz und Birkenau *(Oświęcim i Brzezinka)*

„Wer sich nicht an die Geschichte erinnert, ist verdammt, sie noch einmal zu erleben."
(George Saitajana)

In dem ca. 60 km westlich von Krakau entfernt gelegenen Ort **Oświęcim** mit ca. 50.000 Einwohnern lässt sich kaum nachvollziehen, was dort vor 60 Jahren geschah. Erst das **Konzentrationslager** selbst, heute ein Museum, lässt die Vergangenheit wieder aufleben.

Das hier 1940 auf einem verlassenen Kasernengelände entstandene erste Lager (Stammlager) wurde nach dem Beschluss der Vernichtung der Juden auf der *Wannseekonferenz* im Januar 1941 zu einem Menschenvernichtungslager unglaublichen Ausmaßes ausgebaut. Mit den insgesamt

drei großen Lagern Auschwitz I (Stammlager), Auschwitz II (Birkenau) und III (Monowitz bei Oświęcim) und den 40 kleineren Lagern ist es der **größte Konzentrationslagerkomplex,** den die Deutschen errichteten. Zwei Lager, das Stammlager und das Außenlager Birkenau, sind bis heute erhalten geblieben.

Beide verhindern zu vergessen, zu welchen Dingen Menschen fähig sind, wenn sie der Hass treibt. Über 4 Mio. Menschen, davon alleine 2,5 Mio. Juden, kamen in den Lagern ums Leben. Neben Juden waren auch Homosexuelle, Sinti, politisch Verfolgte, Geistliche, Kriegsgefangene, so genannte Asoziale und gewöhnliche Verbrecher interniert – Menschen aus Polen, Jugoslawien, Russland, Deutschland, Holland und vielen anderen Ländern. Die meisten von ihnen fanden in den Gaskammern von Birkenau, die je 2000 Menschen fassten, durch das Nervengas *Cyclon B* den Tod. Es wirkt innerhalb von 20 Minuten. Vorher mussten die Gefangenen ihre Kleider ablegen, die dann in Kleiderkammern sortiert dem deutschen Volk zur Verfügung gestellt wurden. Nach der Leichenplünderung wurden die Menschen in den anliegenden Krematorien verbrannt. Auch im Stammlager Auschwitz I, dass bis zu 20.000 Menschen gleichzeitig aufnahm, wurde vergast. Es waren 70.000 Menschen in den Jahren 1941–1945. Die Gaskammer und das Krematorium sind heute zu besichtigen.

Die übrigen Gefangenen, deren Arbeitskraft noch genutzt werden konnte, wurden von Seuchen, Hunger, Folter, Hinrichtungen, medizinischen Versuchen und Krankheiten innerhalb weniger Monate dahingerafft. An ihren Gesichtern auf den langen Korridoren im **Museum des Stammlagers** kommt man heute nicht ohne weiteres vorbei. Bei einem Blick auf die Registratur unter den Fotos fällt auf, dass die Frauen kaum länger als einen Monat im Lager am Leben blieben, die Männer starben nach spätestens einem Jahr.

Die Häftlinge, die im **Stammlager** und in den meisten Außenlagern untergebracht waren, arbeiteten in der eigens dafür an diesem Standort errichteten IG-Farben-Fabrik, in der Rüstungsindustrie und anderen Betrieben zehn Stunden am Tag. Das Tor, das sie durchschritten, um das Stammlager zu verlassen, versprach ihnen zynisch: *„Arbeit macht frei"*.

Die ungleich größere Menschenvernichtungsanlage in **Birkenau** mit vier Krematorien und Gaskammern wurde von den Nazis kurz vor der Befreiung zerstört.

Das Lager Birkenau unterschied sich vom Stammlager nicht nur durch seine Größe (175 ha mit über 300 Baracken), sondern auch durch seine Funktion: sofortige und möglichst rationelle Menschenvernichtung stand hier an oberster Stelle. Der Ort wurde wegen seiner verkehrsgünstigen Lage gewählt, denn hier trafen mehrere Schienenwege aufeinander. Ab 1942 führte ein Schienenstrang direkt ins Lager. Die Menschen, die in Viehwaggons gesperrt waren, hatten teilweise sogar für die Fahrt gezahlt, die sie in den Tod

1	Parkplatz	**11**	Block 21*: „Italien und Holland“
2	Eingang, Information Ausstellung	**12**	Block 20*: „Frankreich und Belgien“
3	SS-Wache, Eingangstor zum KZ	**13**	Block 18*: „Ungarn“
4	Block 4: Ausstellung „Vernichtung“	**14**	Block 17*: „Jugoslawien und Österreich“
5	Block 5: „Beweise des Verbrechens“	**15**	Appellplatz und Sammelgalgen
6	Block 6: „Das Leben des Häftlings“	**16**	Kommandantur und Lagergestapo
7	Block 7: „Wohn- und sanitäre Verhältnisse“	**17**	Block 16*: „Tschechoslowakei“
8	Block 10: „Sterilisationsversuche“	**18**	Block 15*: „Polen“
9	Block 11: „Todesblock“	**19**	Block 14*: „UdSSR“
10	Block 27*: „Märtyrertum der Juden“	**20**	Gaskammer und Krematorium I

*zerstörte Baracken

führte. 70–80 % wurden direkt von der Rampe ins Gas geschickt.

Die Zahl in den Geschichtsbüchern – 4 Mio. Menschen vergast – ist viel zu abstrakt und wird schnell überlesen. Hier jedoch löst die Masse sich in Einzelschicksale auf. Die peinlich genaue Verwaltung durch die Deutschen macht es möglich, die Vernichtung genau nachzuvollziehen. Die Ausstellung legt ein erschreckendes Zeugnis darüber ab. Fotodokumente, Häftlingsutensilien, Folterkammern, Berge von Haaren, aus denen man Textilien fertigte, beschlagnahmte Koffer, Prothesen, Brillen und Schuhe aus der letzten „Lieferung", die bereits zum Versand nach Deutschland bestimmt waren, hinterlassen eine Bestürzung, der man sich nicht entziehen kann – auch heute fließen noch Tränen.

Das komplette Gelände des ehemaligen KZs Auschwitz-Birkenau wurde von der UNESCO 1979 in die Liste des Weltkulturerbes aufgenommen.

Besichtigung Auschwitz

Das Lager ist mit seinen 40 zweistöckigen Blocks aus Stein, der Gaskammer und dem Krematorium, dem Sammelgalgen, der Todeswand und einigen Funktionsbaracken vollständig erhalten. In insgesamt 14 Blocks sind Ausstellungsräume eingerichtet worden. Die Besichtigung der Blocks 4 bis 7 und 11 sei besonders empfohlen, ebenso Block 27, der sich speziell mit dem Martyrium der Juden befasst.

Nachdem man, wie die Häftlinge damals, das **Eingangstor** mit der Aufschrift „Arbeit macht frei" durchschritten hat, führt der Weg geradeaus an mehreren Gebäuden vorbei zum **Block 4.** In der darin befindlichen Ausstellung wird der Verlauf des Vernichtungsprozesses der Juden von der Ankunft ins Lager bis zur Vergasung nachgezeichnet. Im nächsten Gebäude, dem **Block 5,** befinden sich die Kleidungstücke und andere Gegenstände, die den Häftlingen abgenommen wurden. Die Nazis hatten es nicht geschafft, diese letzte Ladung zu vernichten, und so legen sie ein beeindruckendes Zeugnis dieser vielen menschlichen Tragödien ab. Gleich daneben befindet sich in **Block 6** eine Ausstellung, die sich mit dem Leben der Häftlinge befasst. Hier sind u.a. auf langen Fluren die Fotos der Häftlinge zu sehen. Gesichter, die einem beim weiteren Verlauf der Besichtigung nicht mehr aus dem Kopf gehen wollen. In dem sich anschließenden **Block 7** werden die Lebensbedingungen der Häftlinge dokumentiert. Die rekonstruierten Lagerräume lassen die Verhältnisse jedoch nur erahnen, unter denen die Menschen gelebt haben. Im weiteren Verlauf des Weges kommt man an **Block 10** vorbei, in dem der Gynäkologe Prof. Dr. Carl Clauberg an Frauen Sterilisationsexperimente durchgeführt hat. Dieser Block ist nicht zu besichtigen. Daneben befindet sich **Block 11,** in dem das Lagergefängnis untergebracht war. Hier befanden sich u.a. Menschen, die gegen die Lagerordnung verstoßen hatten, die der Konspiration verdächtigt wurden oder die an Fluchtversuchen beteiligt waren. Die meisten Inhaftierten wurden nach langen und grausamen Verhören zum Tode verurteilt und an der **Todesmauer** (im Innenhof) erschossen. Dieses Gebäude wurde auch **Todesblock** genannt. Der Weg macht nun einen Bogen und führt an weiteren Gebäuden vorbei, die Ausstellungen einzelner Völkergruppen beherbergen. Es wird der Leidensweg der Menschen aus einigen europäischen Ländern dokumentiert, die ebenfalls in Auschwitz inhaftiert waren und dort starben. Auf dem freien Platz, der auf der linken Seite ins Auge fällt, stand die **Baracke der Lagergestapo.** Heute sind noch die Fundamente zu erkennen. Am 16.4.1947 wurde an dieser Stelle der Gründer und zugleich erste Kommandant des Lagers, Rudolf Höss gehängt. Dieses Urteil hatte zuvor der höchste Polnische Gerichtshof beschlossen. Vor dem Gestapogebäude befand sich der **Appellplatz,** wo sich die Häftlinge täglich zu versammeln hatten. Mehrere Stunden, manchmal bis zu zehn, mussten sie dort stehen und sich schikanieren lassen. Der Weg führt nun an weiteren Blocks mit Ausstellungen einzelner Länder vorbei und weiter geradeaus zum **Krematorium** und zur **Gaskammer I.** Beide waren bis Juli 1943 in Betrieb, danach übernahm das Lager Birkenau die komplette Vernichtungsarbeit. Die Anlage ist teilweise rekonstruiert und macht den Ablauf der Vergasung mit Zyklon B deutlich.

Nach der Besichtigung wird man außerhalb des Lagers wieder zum Museumseingang zurückgeführt.

Museum

• **Museum Konzentrationslager Auschwitz** *(Obóz Konzentracyjny Oświęcim),* ul. Więźniów Oświęcimia, 32-620 Oświęcim, Tel. 0048 033 8448102, Fax 8431934, im Internet: **www.auschwitz.org.pl,** Öffnungszeiten: 16. Dez.–Feb. tägl. 8.00–15.00 Uhr, April bis Oktober 8.00–17.00 Uhr, März, November und 1.–15. Dezember 8.00–16.00 Uhr, Mai und Sept. 8.00–18.00 Uhr, Juni bis Aug. 8.00–19.00 Uhr. Am Neujahrstag, 1. Weihnachtsfeiertag und Ostersonntag ist das Museum geschlossen. Der Eintritt zur Museumsanlage ist frei, aber es wird um eine dringend notwendige Spende gebeten. Hunde sind auf dem Gelände verboten. Es wird empfohlen, die Ausstellung **nicht mit Kindern unter 13 Jahren** zu besichtigen.

Eine **Führung** auf Deutsch wird täglich je nach Bedarf zu unterschiedlichen Zeiten angeboten, dauert ca. 3,5 Stunden und kostet 25 zł/6 €. Führungen in englischer Sprache finden täglich um 11.00 Uhr statt. Es gibt auch intensivere Studienbesichtigungen. Sie dauern 6 Stunden (1 Tag) bzw. 8 Stunden (2 Tage). Gruppen sind verpflichtet, einen Museumsführer zu engagieren (Reservierungen unter: Tel. 033 8432133, Fax 033 8432227 oder über das Internet).

Ein kurzer **Dokumentarfilm (15 min),** den die Sowjets kurz nach der Befreiung des Lagers drehten, wird in englischer, deutscher, französischer und polnischer Sprache für ca. 3 zł/0,70 € gezeigt. **Gepäckaufbewahrung** und **Geldwechsel** im Informationsgebäude. Zwei **Cafeterias** bieten kleine Snacks.

053kr Foto: cr

Anfahrt

- Das Museum erreicht man von Krakau aus mit dem **Zug** (der Bahnhof von Oświęcim liegt nicht weit vom Museum). Die Fahrt kann unter Umständen sehr lange dauern.
- Mit dem **Bus** erreicht man es vom Busbahnhof Krakau.
- Mit dem **Auto** fährt man die A 4 Richtung Kattowitz *(Katowice)*. Man verlässt die Autobahn über die Abfahrt Nr. 46 und erreicht über die Orte Chrzanów und Libąż schließlich Oświęcim. Der Weg zum Museum ist ausgeschildert.
- Die Reisebüros in Krakau bieten täglich **Ausflüge** (Dauer ca. 6 Stunden) für ca. 20 € pro Person an (Ermäßigungen für Studenten und Kinder unter 12 Jahren).

Besichtigung Birkenau

Birkenau war das mit Abstand größte Vernichtungslager der Nazis. Obwohl vom Lager selbst kaum noch etwas übrig geblieben ist, fällt es nicht schwer, sich das riesige Ausmaß der Menschenvernichtungsfabrik vorzustellen. Im Januar 1945 wurde das Lager aufgelöst. Die SS hatte zu diesem Zeitpunkt fast das ganze Areal angezündet bzw. gesprengt, um die Spuren des Grauens zu verwischen. Aber das **Eingangstor** mit dem Stacheldrahtzaun ist erhalten geblieben. Von den ehemals 171 hölzernen Baracken auf der rechten Seite des Eingangstors steht noch die erste Reihe mit 22 Baracken, von den Übrigen sieht man noch die Fundamente und die Kamine. In diesem Teil des Lagers waren die Männer untergebracht. Die erhalten gebliebenen Bahngleise mit der ehemaligen **Rampe** führen vom Eingangstor aus geradewegs durch das Lager. Links davon befanden sich die Steinbaracken, in denen die Frauen zusammen gepfercht waren. Es sind noch 45 dieser Gebäude zu sehen, von den anderen sind ebenfalls noch die Fundamente zu erkennen. Der Bau eines weiteren Lagers, rechts von den Holzbaracken wurde kurz nach dem Beginn (Ende 1943) wieder gestoppt. Dennoch waren auch hier Frauen untergebracht, die häufig unter freiem Himmel leben mussten. In den Baracken lagen teilweise bis zu 500 Menschen auf dreistöckigen Pritschen dicht nebeneinander. Man musste sich eine Pritsche mit maximal 8 Personen teilen. Im Jahre 1944 befanden sich zu Spitzenzeiten 90.000 Menschen im Lager. Seuchen und Ungeziefer breiteten sich unter diesen Umständen in rasender Geschwindigkeit aus und nahmen den Deutschen einen Teil der Vernichtungsarbeit ab. Den Bahnschienen folgend, gelangt man zu den Ruinen von zwei der vier Krematorien und der Gaskammern. An diesem Ort, an dem man noch die unterirdische Kleiderablage und Reste der fünf Krematoriumsöfen erkennen kann, wurde 1967 das **Internationale Mahnmal für die Opfer des Faschismus** errichtet. Hinter dem Holzbarackenlager befanden sich die **Magazine,** *Kanada* genannt, in denen die Besitztümer der deportierten Menschen gelagert, sortiert und versandfertig gemacht wurden. In der Nähe (hinter diesem Areal) findet man auch die **Zentralsauna.** In diesem gut erhaltenen Backsteingebäude wurden die arbeitsfähigen Häftlinge registriert, desinfiziert und es wurden ihnen Nummern auf den Unterarm tätowiert. Auch führte man hier regelmäßig die Entlausungsaktionen durch. Heute ist das Gebäude für Besucher geöffnet. Die Räume wurden sorgfältig rekonstruiert und zeigen ihre ursprüngliche Funktion. Der Weg durch die Ausstellung ist der gleiche, den die Häftlinge damals gehen mussten. Eindrucksvoll wird hier der kontrollierte Irrsinn dokumentiert.

Auf dem gesamten Gelände sind **Gedenktafeln** aufgestellt. Weitere Tafeln mit Erläuterungen erleichtern dem Besucher die Orientierung und bieten Hintergrundinformationen.

Öffnungszeiten

- täglich von 8.00 Uhr bis zur Dämmerung. Der Eintritt zur Museumsanlage ist frei. Hunde sind auf dem Gelände verboten.

Anfahrt

- Man erreicht die Anlage vom Stammlager Auschwitz I mit dem **Taxi,** dem **Auto** oder mit einem stündlich verkehrenden **Bustransfer.** Natürlich kann man die 3 km auch zu Fuß bewältigen. Der Weg führt über ein Gelände, auf dem sich deutsche Industriebetriebe befanden, in denen die Häftlinge gearbeitet haben. Zu sehen sind noch Überreste von Bahnnebengleisen und Rampen, an denen Menschen aus Zügen entladen und selektiert wurden. Vom Museum Auschwitz aus führen Hinweisschilder nach Birkenau.

Z MARYJĄ OCZEKUJEMY DUCHA ŚWI

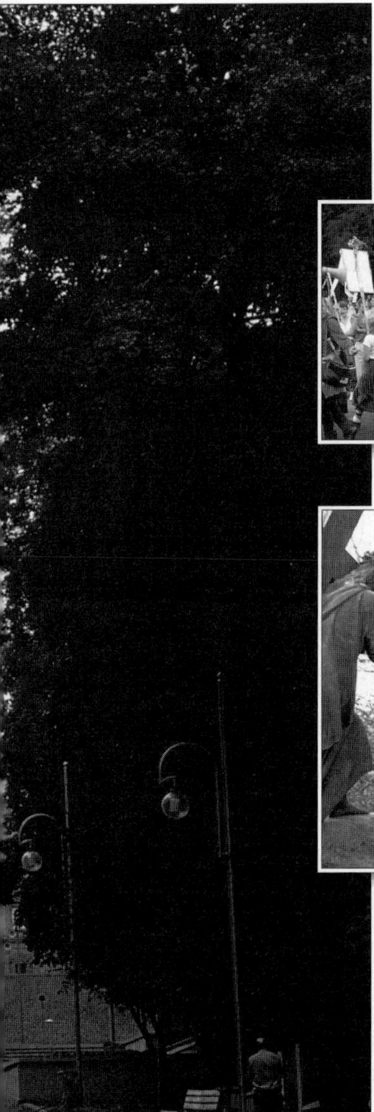

Tschenstochau (*Czestochowa*)

056kr Foto: cr

057kr Foto: cr

Die Massen pilgern zum Kloster

Der Kreuzweg

Einer der wichtigsten katholischen Wallfahrtsorte: das Kloster Jasna Góra

Die Stadt

Die Stadt Tschenstochau mit z.Z. etwa 255.500 Einwohnern ist vor allem durch das **Eisenhüttenkombinat,** ihrem größten und bedeutendsten Betrieb, geprägt. Neben der Metallindustrie ist traditionsgemäß die Textilindustrie von Bedeutung. Zahlreiche Woll-, Baumwoll- und Leinenbetriebe gehören seit der Jahrhundertwende zu den wichtigsten Zentren dieses Industriezweigs. Darüber hinaus werden in Tschenstochau aber auch Tapeten, Spielzeugwaren, Musikinstrumente, Zündhölzer, Büroartikel, Leder- und Haushaltswaren hergestellt.

Kultur und Wissenschaft sind durch zwei Hochschulen (Technik und Pädagogik) vertreten. Die staatliche Philharmonie ist überregional bekannt.

Ansonsten hat Tschenstochau als **typische Industriestadt** kaum etwas zu bieten und wäre für den Touristen relativ uninteressant, wenn es nicht das **Kloster Jasna Góra** gäbe, das die Stadt im In- und Ausland berühmt gemacht hat. Das Kloster gehört nach Lourdes (Frankreich) und Fatima (Portugal) zu den bedeutendsten Wallfahrtsorten Europas und ist das religiöse Zentrum Polens.

Ankunft

Der **Hauptbahnhof** *(Dworzec Kolejowy)* liegt im Stadtzentrum, ca. 2 km von Jasna Góra entfernt. In diesem großzügigen Neubau finden sich auch ausländische Touristen gut zurecht, da alle wichtigen Anlaufpunkte auf Wegweisern mit Piktogrammen gekennzeichnet sind. Der rollstuhlgerecht eingerichtete Bahnhof hat zwei Ein- und Ausgänge, wobei sich der Hauptausgang im Westen befindet. Von dort aus weisen Schilder den Weg zur Post, zur Polizei und zum Busbahnhof. Auf dem Bahnhofsvorplatz wird der suchende Tourist von einem Bahnhofsgebäudeplan und einem Stadtplan genauestens informiert. Im Bahnhof befinden sich mehrere Bistros, eine Gepäckaufbewahrung und ein Buchladen. Geld wechseln kann man in einem Nebengebäude, in dem auch die Polizei untergebracht ist.

Hinweis: Manche Züge aus Warschau oder Krakau halten nicht am Hauptbahnhof, sondern an einem zweiten Bahnhof am Stadtrand. Auf der Fahrkarte steht dann als Zielort

B	1	Busbahnhof
✉	2	Post
H	3	Hotel "Polonia"
H	4	Herberge "Mały"
H	5	Hotel "Patria"
H	6	Herberge "Turystyczny"
	7	Kloster Jasna Góra
i	8	Touristeninformation
⚠	9	Campingplatz
P		Parkplatz

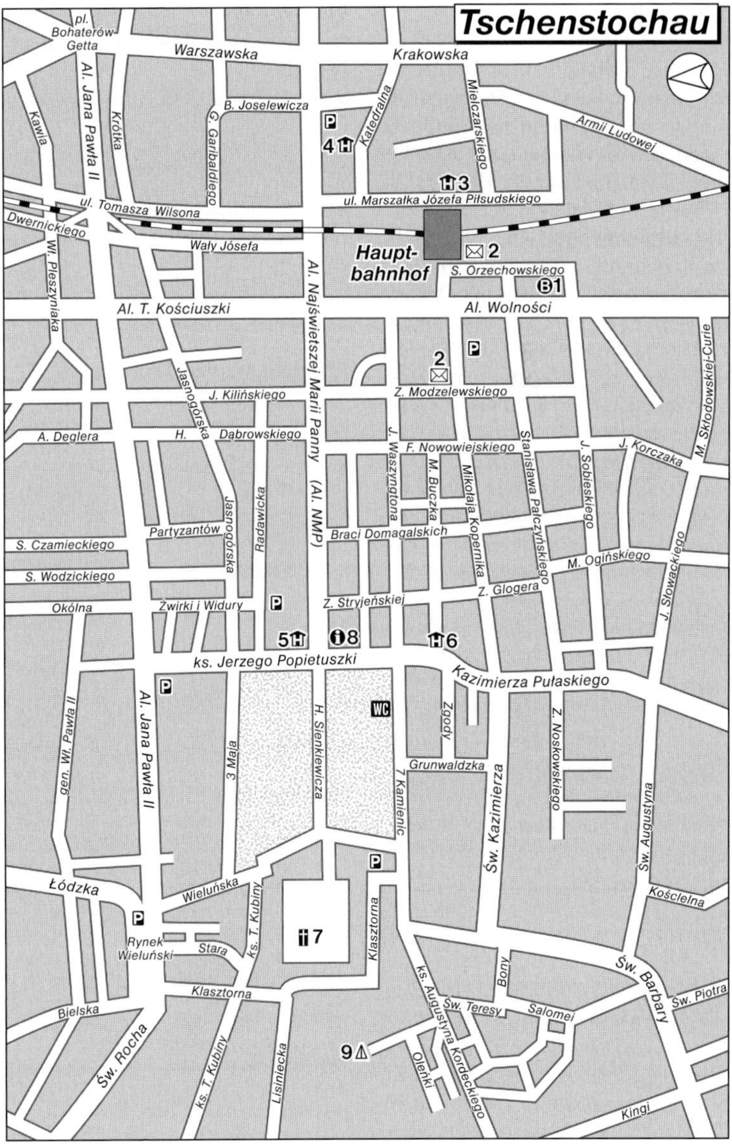

Tschenstochau

„Częstochowa Stradom". Von hier aus gibt es eine Busverbindung ins Stadtzentrum, und auch Taxis stehen zur Verfügung. Man kann aber auch sein Gepäck abgeben und zu Fuß die ca. 2,5 km bis nach Jasna Góra zurücklegen (ein Stadtplan im Inneren des Gebäudes informiert über den Weg).

Der **Busbahnhof,** ca. 300 m vom Hauptbahnhof entfernt, verfügt über eine übersichtliche Halle mit Gepäckaufbewahrung und Bar. Die unregelmäßigen Öffnungszeiten der Gepäckaufbewahrung bringen es allerdings u.U. mit sich, dass man sein Gepäck im Hauptbahnhof abgeben muss.

Das **Zentrum** befindet sich rund um die Al. Najświętszej Marii Panny (Al. NMP) und ist von beiden Bahnhöfen bequem erreichbar. Auf dem Weg zum Klosterberg, überwiegend entlang der Al. NMP, befinden sich ein paar kleinere Lebensmittelgeschäfte, Boutiquen, mehrere Fast-Food-Restaurants und nette kleine Cafés.

Touristeninformation

- **Informacja Turystyczna,** Al. Najświętszej Marii Panny 65, Tel. 034 3682250 oder 3682260.
- **Informacja Turystyczna,** ul. O. Kordeckiego 2 (Jasna Góra), Tel. 3653888, Fax 3654343, www.jasnagora.pl (auch auf Deutsch).

Wichtige Telefonnummern

Polizei	997
Feuerwehr	998
Unfallrettungsdienst	999

Unterkunft

Hotels

- **Mercure Patria*****, ul. Ks. J. Popiełuszki 2, Tel. 034 3247001, Fax 3246332, www.orbis.pl, E-mail: patria@orbis.pl.
- **Polonia** ***, ul. M.J. Pilsudskiego 9, Tel. 034 3242388, Fax 034 3651105
- **Ibis** **, ul. Jaskrowska 22, Tel. 034 3774500, Fax 034 3774555, www.ibishotel.com, E-mail: H3368@accor-hotels.com.
- **Orbis Tranzyt** ** (Motel), Al. Wojska Polskiego 281/291, Tel. 034 3610233, Fax 034 3655605, E-mail: tranzyt@orbis.pl.

Jugendherbergen, Wohnheime

- **Haus des Pilgers Johannes Paulus II,** ul. Kardynała Wyszyńskiego 1, Tel. 034 3243302
- **Mały****, ul. Katedralna 18, Tel. 034 3243391
- **Turystyczny,** ul. Pułaskiego 4/6, Tel. 034 3244536

Campingplatz

- **Oleńka,** Kat. 1 (direkt hinter der Klosteranlage), ul. Oleńki 20/30, Tel. 034 3655799, Fax 034 3247495. Man kann Campinghäuschen mieten (rechtzeitige Anmeldung ist erforderlich), Öffnungszeiten: 1.5.–30.9.

Anfahrt

aus Warschau

- Mit dem **Zug** vom Hauptbahnhof. Die Züge fahren regelmäßig, man sollte aber die unterschiedlichen Fahrzeiten vergleichen (zwischen 2,5 und 5 Std.), da manche Züge in jeder kleinen Ortschaft halten. Der Preis beträgt etwa 18 € mit dem Expresszug.
- **Bus** vom Busbahnhof *(Dworzec Zachodni).*
- Mit dem **Auto** auf der E 82 Richtung Piotrków Trybubunalski, von dort auf der E 16 Richtung Częstochowa (217 km).

aus Krakau

- Vom Hauptbahnhof gibt es eine regelmäßige **Zugverbindung.** Der Preis beträgt ca. 12 € und die Fahrt dauert etwa 2 Stunden.

- Mit dem **Bus** vom Busbahnhof. Die günstigsten Verbindungen bestehen am frühen Morgen (7.30 und 9.40 Uhr). Die Fahrzeit beträgt etwa 3 Stunden.
- Mit dem **Auto** auf der E 22 Richtung Dęńbrowa Górnicza, von dort auf der E 16 Richtung Częstochowa (116 km).
- Die meisten Touristenbüros bieten **Tagesfahrten** nach Tschenstochau an.

Kloster Jasna Góra

Die Geschichte des Klosters auf Jasna Góra (Heller Berg)

Der **Pauliner-Orden** stammt ursprünglich aus Ungarn und wurde **1246** von *Eusebius von Gran* gegründet. Die Regeln des Ordens wurden **1309** festgelegt und waren durch eremitische Einflüsse geprägt. So war z. B. die Möglichkeit, das Kloster zu verlassen, eingeschränkt. Verwandte zu besuchen war verboten. Es galt das Gebot, körperliche Arbeit mit Gebet und Meditation zu kombinieren.

1382 brachte der *Herzog Władysław von Opole* den Orden der Pauliner nach Alt-Tschenstochau. Hier stiftete er dem Orden eine Pfarrkirche in der Nähe des Ortes und eine Ikone der Muttergottes (die *Schwarze Madonna*).

Schon bald zog das Bildnis zahlreiche Pilger an, und das Eremiten-Kloster, das auf dem Berg Jasna Góra stand, wurde ein Pilgerort. Diese Entwicklung verdankte man nicht zuletzt den Geschichten über Wunderkräfte, die man der Ikone zuschrieb (Heilung von Kranken, Schutz vor dem Bösen und vor Feinden).

Der heilige Paulus – Vorbild der Pauliner

Der Hl. Paulus gilt als der erste Eremit in der Geschichte des Christentums. Paulus von Theben wurde 228 n. Chr. als Sohn einer wohlhabenden Familie in Oberägypten geboren. Im Jahre 234, während der Christenverfolgung, flüchtete er in die Wüste und lebte dort ca. 90 Jahre lang. Seine Besitztümer waren eine Palme und ein Rabe. Laut Überlieferung gab die Palme Blätter für seine Kleidung und der Rabe brachte ihm täglich Brot. Manchmal werden ihm auch zwei Löwen zugeordnet, die mit ihren Tatzen sein Grab gegraben haben sollen.

König *Władysław Jagiełło* stellte, nachdem er das Kloster mit Waffengewalt dem Herzog *Władysław von Opole* genommen hatte, größere finanzielle Mittel zur Verfügung, die den Ausbau des Klosters ermöglichten **(16. Jh.).** Doch der große Ruhm und Reichtum zog nicht nur Pilger, sondern auch Raubritter an. So kam es ständig zu Überfällen, und das nahe gelegene Städtchen Tschenstochau wurde häufig zerstört und ausgeraubt.

Aus diesem Grund fasste die Klosterverwaltung den Beschluss, mit Unterstützung des Königs eine Stadtmauer zu errichten. Der Bau förderte die rasche wirtschaftliche Entwicklung von Stadt und Kloster. Tschenstochau wurde zur am stärksten bevölkerten Siedlung in der Umgebung. Es entstanden verschiedene Mühlen, Handwerkerzünfte, Brauereien und Wirtshäuser. Die Pilger trugen zusätzlich zu dem wirtschaftlichen Wachstum bei, doch gleichzeitig führten die Menschenmassen zu mangelhaften hygienischen Verhältnissen und somit zur Verbreitung von Seuchen, die die Entwicklung der Stadt immer wieder stoppten und zurückwarfen.

Auf Initiative des Königs *Zygmunt III.* bekam das Kloster eine weitere Befestigungsanlage, die als Schutz gegen Artilleriegeschosse dienen sollte. Ab **1652** wurde das Kloster durch eine königliche Verordnung verpflichtet, eine militärische Besatzung zu unterhalten. Dieser Beschluss sollte sich bald als sehr nützlich erweisen, denn schon im November **1655** kam es zu einer Belagerung des Klosters. Zwar waren die sechswöchigen Auseinandersetzungen nur ein kleines Scharmützel im schwedisch-polnischen Krieg, doch die schwere Niederlage der so übermächtigen Schweden vor Tschenstochau ließ die Verehrung für das Marienbildnis ins Unermessliche wachsen. Man glaubte, die Macht der Madonna habe Schweden besiegt.

Aufgrund der Kriegshandlungen lag die Umgebung des Klosters in Schutt und Asche. Die Stadt verlor die Hälfte ihrer Bewohner und einen beträchtlichen Teil an Bedeutung. Der Niedergang ging mit einer allgemeinen Wirtschaftskrise einher und konnte deshalb nicht so schnell überwunden werden, zumal Tschenstochau und die Umgebung wiederholt zum Kriegsschauplatz wurden.

Unruhen, Feldzüge und Seuchen prägten bis **1813** das Bild. Und dennoch beeinträchtigten diese Ereignisse den Zustrom der Pilger nicht. So konnten sich die Dörfer der Umgebung erholen, und das Kloster wuchs durch regelmäßige Geldspenden von Königen und Hetmanen.

Nach der Teilung Polens stand Tschenstochau unter preußischer Herrschaft. **1862,** als Tschenstochau dem russischen Eroberungsgebiet zugeteilt wurde, ließ *Zar Alexander I.* die Befestigungsanlage schleifen, und nach dem Januaraufstand **(1863)** löste *Alexander II.* alle Paulinerklöster auf. Jasna Góra wurde die selbstständige Ordensverwaltung genommen; es diente nur noch als Wohnsitz der Geistlichen. Denn man vermutete, das Kloster stünde in enger Zusammenarbeit mit den Aufständischen und unterstütze sie moralisch, taktisch und finanziell.

Nach dem Ersten Weltkrieg wurde das Kloster zum Mittelpunkt des religiösen Lebens der polnischen Bevölkerung. Die Gründung einer Diözese trug erheblich dazu bei, und der *Pfarrer Theodor Kubina* wurde zum ersten Bischof von Tschenstochau ernannt.

Der **Zweite Weltkrieg** brachte für die Stadt die Umstellung vieler Betriebe auf Kriegsproduktion. Die Region wurde dem Dritten Reich angegliedert und dem Terror der Nationalsozialisten ausgesetzt. Viele Priester ließen ihr Leben in Konzentrationslagern.

Am **16. Januar 1945** wurde die Stadt durch die Truppen der Roten Armee befreit.

Auch in der **Nachkriegszeit** verlor Jasna Góra nicht an Bedeutung, im Gegenteil: gerade unter der kommunistischen Regierung pilgerten die Gläubigen zu Maria, der Königin Polens. Diese Pilgermärsche, obwohl als religiöse Bekenntnisse gedacht, trugen auch politischen Charakter. So tauchten etwa in der Zeit des Kriegsrechtes (**1981**) während solcher Prozessionen immer wieder Schilder mit dem Namen der verbotenen Gewerkschaft *„Solidarność"* auf. Doch nicht nur den Polen ist ihre „Königin" heilig. Aus aller Welt kommen jährlich Tausende von Pilgern nach Tschenstochau, um Trost und Hoffnung bei der Wundertäterin zu finden.

Rundgang

Zwei Wege führen in die Festung von Jasna Góra, wobei es relativ gleich ist, welchen Weg man wählt, da beide zum Haupteingang führen.

Hat man das „Glück", in der Hauptsaison das Kloster zu besuchen, sollte man den Anspruch auf Individualität gänzlich aufgeben und sich einfach mit den **Massen von Gläubigen und Pilgern** in das Innere des Klosters treiben lassen.

Große Veranstaltungen auf Jasna Góra

3. Mai	Feiertag der Königin Polens
15. Aug.	Mariä Himmelfahrt
26. Aug.	Mutter Gottes von Tschenstochau
8. Sept.	Mariä Geburt
12. Sept.	Namenstag Maria

Man gelangt zunächst auf einen zentralen Innenhof. Von hier aus empfiehlt es sich, durch den Haupteingang in die **Basilika des Heiligen Kreuzes und der Geburt Marias** zu gehen. Die Basilika (1382 erbaut) wurde im Laufe der Jahre durch mehrere Brände, Zerstörungen und Umbauten immer wieder verändert. Bis in die 1960er Jahre des 18. Jh. wurde die spätbarocke Innenausstattung der Kirche vervollständigt und bis auf wenige Einzelheiten bis heute so erhalten. Die Kirche ist prachtvoll ausgestattet und sehr hell. Sogar der spätbarocke Hauptaltar aus den Jahren 1725–1728, der Marias Himmelfahrt darstellt, leuchtet in strahlendem Weiß und vermittelt Freude und Ausgelassenheit.

Stetig begegnet man kleinen Menschengruppen: Kinder, Studenten, alte Frauen und Familienväter. Alle warten hier auf die Abnahme der Beichte, damit sie die **Kapelle der Muttergottes** mit dem Bildnis der *Schwarzen Madonna* ohne Sünden betreten können.

Diese Kapelle ist direkt aus der Basilika zu erreichen und befindet sich in ihrem linken Flügel. Die Menschenmengen treffen hier zusammen, um die Wundertätige zu sehen und in den regelmäßig stattfindenden Gottesdiensten Bitten an sie zu richten. Die dreischiffige Kapelle ist daher nur sehr schwer zu besichtigen. Die gesamte Kapelle besitzt mehrere Grabmäler und sieben Altäre. Der wichtigste und berühmteste befindet sich im ersten Teil.

Es ist der **Altar** mit dem Bildnis der **Schwarzen Madonna.** Er wurde 1650

vom königlichen Sekretär *Jerzy Ossoliński* gestiftet. Dieser wollte den Altar ursprünglich ganz in Silber gießen lassen, doch die Gefahr des Diebstahls brachte ihn von seinem Vorhaben ab. Es wurde beschlossen, den Altar aus Eichenholz anzufertigen, mit Ebenholz auszulegen und mit Silber reich zu verzieren. Im Mittelpunkt des Altars (und der Kapelle selbst) befindet sich das Bild der Schwarzen Madonna. Wegen der Menschenmassen ist sie nur schwer zu erblicken. Die Legenden und Erzählungen machen sie interessant und geheimnisvoll. Dieser Eindruck wird durch das Ver- und Enthüllen des Marienbildes unterstützt, das mehrmals am Tag bei Gottesdiensten stattfindet.

Der Altar wird von einem riesigen Metallgitter geschützt, das 1644 in Danzig angefertigt worden ist. Am oberen Teil des Gitters wurden **Krücken und Gehstöcke** von Menschen angebracht, die durch das Gebet zu Maria Heilung erfahren haben. Aber nicht nur am Gitter finden sich Zeichen der Dankbarkeit für die **Wundertaten.** Alle Wände der Kapelle sind mit Gaben, Geschenken und Danksagungen bedeckt, die im Laufe der Jahre von den Pilgern hierher gebracht worden sind. Sie beweisen, mit welcher Kraft die Menschen hier an Maria glauben und wie viel Hoffnung sie in sie setzen. Auch Besucher, die in der Regel an Kirchen vorbeigehen, spüren die starke Präsenz des Glaubens.

Von der Kapelle mit ihren unzähligen Schätzen gelangt man durch einen speziellen Ausgang auf einen Nebenhof. Von hier aus kann der Besucher seinen Wissensdrang in den zahlreichen Ausstellungsräumen des Klosters befriedigen. Er findet hier einen Rittersaal, ein Museum zur Dokumentation der Anlage, das Arsenal und die Schatzkammer, in der eine Unmenge an Kostbarkeiten aufbewahrt werden.

Die **Schatzkammer** wurde schon im Jahre 1649-1653 errichtet, mit der Absicht, hier die verschiedenartigsten Spenden und Geschenke der Gläubi-

Das Gesicht der Schwarzen Madonna mit den Messerstichen

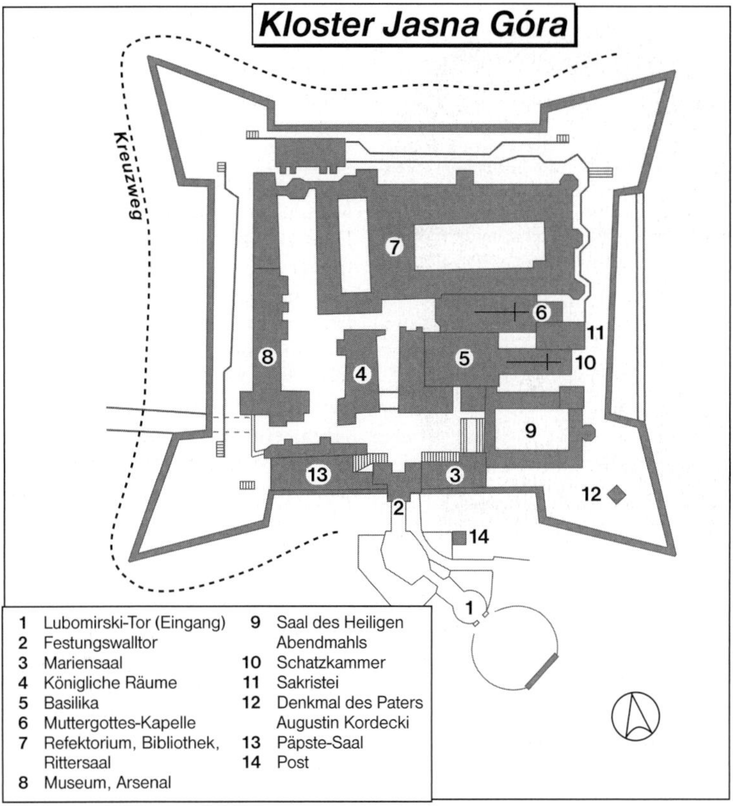

gen auszustellen. So befinden sich hier neben den Exponaten, die einen materiellen Wert besitzen, auch Erinnerungsstücke. Für jeden, der Interesse an sakraler Kunst besitzt, ist die Schatzkammer eine wahre Schatzgrube. Wegen des starken Menschenandrangs (besonders in den Sommermonaten) ist der Aufenthalt zeitlich begrenzt und wird streng von den Wärtern beaufsichtigt.

Im **Arsenal** ist eine Ausstellung untergebracht, die zum Teil mit der früheren Funktion des Raumes zusammenhängt. Die Sammlung ist in drei Abteilungen gegliedert: 1. Historische Waffen, 2. Geschichte der Festung Jasna Góra, 3. Militärische Votivgaben. Eine Ausstellung von **Kriegsgerät** in einem Kloster.

Das **Museum des 600-jährigen Bestehens** ist in einem Raum der ehe-

Die Schwarze Madonna

Die Entstehungszeit und Herkunft des ikonenähnlichen Bildes kann nicht genau ermittelt werden. Wissenschaftler gehen davon aus, dass sie irgendwann zwischen dem 6. und 14. Jh. entstanden ist. Die früheste schriftliche Erwähnung stammt vom 31. August 1384, die besagt, dass das Bild als Geschenk von *Herzog Władysław von Opole* im Kloster eingetroffen ist.

Es handelt sich um eine 82 mal 122 cm große Tafel aus Lindenholz, die mit Leinwänden verschiedener Webdichte bespannt ist. Die Heiligenscheine der Muttergottes und des Kindes sind vergoldet.

Dieses Bild zog aus unerklärlichen Gründen ab Ende des 14. Jh. Pilger aus dem Königreich Polen, aus Preußen, Schlesien und Ungarn nach Jasna Góra. Sie brachten Ringe, Broschen und Ketten als Gaben, die direkt am Bild angebracht wurden.

1430 wurde das Kloster überfallen. Die Täter, die nicht ermittelt werden konnten, verwüsteten die Kirche, nahmen Messkelche und liturgische Geräte mit. Sie rissen die wertvollen Kleinodien vom Bildnis der Maria ab und beschädigten das Bild, indem sie zwei Schnitte auf der rechten Gesichtshälfte der Madonna hinterließen.

Das geschändete Heiligtum wurde nach Krakau gebracht und von zwei Restaurierungsgruppen bearbeitet. Die erste Gruppe restaurierte es im byzantinischen Stil, die zweite gab dem Gesicht sienesische Züge.

Durch diese Bearbeitung wurde das ursprüngliche Gesicht verändert und bis heute (trotz moderner Techniken) konnte es nicht rekonstruiert werden. Genauso unklar sind die „Narben" auf der Wange der Mutter Gottes. Infrarotstrahlen bestätigten zwar die Beschädigung des Bildes durch eine scharfe Klinge, doch die Frage, warum die beschädigten Stellen auf der Wange mit Zinnoberrot unterstrichen wurden, bleibt offen.

Nach dem Schwedenüberfall auf Polen (1655) und der erfolgreichen Verteidigung des Jasna Góra entstand eine Legende, die besagt, dass Maria die schwedischen Geschosse in andere Richtungen gelenkt habe. Der unerwartete Sieg führte zu stärkerem Glauben an die Wundertaten des Marienbildes. Der damalige König *Jan Kazimierz* legte seine Krone auf den Altar der Kathedrale zu Lemberg und rief Maria als Königin der polnischen Krone und Patronin des Landes aus.

Maria, Königin von Polen, zog noch mehr Pilger an. Eine unerklärliche und sich ständig verstärkende Verdunkelung des Gesichts wurde als heiliges Zeichen gedeutet und trug weiter zur Verbreitung des Marienkultes bei. 1705 wurde das Bild erneut restauriert, wobei der Hintergrund, die Gewänder und die Hand der Maria übermalt wurden. Das Gesicht blieb erhalten.

Mitte des 17. Jh. begann man, die Maria nach spanischem Vorbild zu „bekleiden". Die Goldgewänder, mit Ketten, Edelsteinen, Kokarden und Medaillons besetzt, konnte man leicht an dem Bild befestigen.

1717 erhielt das Bildnis eine Krone (ebenfalls aus Gold). Erst im 20. Jh. wurde die Madonna wieder ohne die spanischen Gewänder ausgestellt und fotografiert.

Das Hauptziel der Restaurierungen, die 1925 bis 1977 stattfanden, war die Entfernung der Verschmutzungen und die Festigung der Bindung zwischen Farbschichten und Bildträger. 1980 wurde ein Bild, das 1682 auf die Rückseite gemalt worden war, abgetragen und zu Ausstellungszwecken freigegeben.

Die Schwarze Madonna von Tschenstochau stellt bis heute das größte Heiligtum des polnischen Volkes dar. Sie ist Schutzpatronin und nationale Reliquie, die in allen schweren Zeiten angebetet wurde und den Gläubigen Trost spendete.

maligen Druckerei untergebracht und beherbergt Gegenstände, die die Geschichte des Ordens der Pauliner darstellen, Votivgaben für die Schwarze Madonna, eine interessante Ausstellung von Musikinstrumenten und Portraits der Klosteroberhäupter.

Wer einen schönen **Ausblick auf die Stadt** und die Umgebung genießen will, kann die Gelegenheit ergreifen und auf den **Turm der Basilika,** der gleichzeitig der markanteste Bestandteil der Anlage von Jasna Góra ist, steigen. Er gehört mit 100 m Höhe zu den höchsten Kirchtürmen Polens.

Die Basilika mitsamt ihren Klostergebäuden ist von einer **Wehrmauer** umgeben, die wiederum auf drei Seiten von einem 2 ha großen **Klosterpark** umschlossen wird. Auf diesem Gebiet (genauer: im Wassergraben) stellte man 1900–1913 vierzehn **Stationen des Kreuzweges Jesu** auf. Hier finden die Pilger Ruhe und Abgeschiedenheit für ein Gebet oder für Meditation.

An den Händlern vorbei, die neben Rosenkränzen, Papst- und Mariabildern auch Musikkassetten und viele andere Konsumgüter anpreisen, vorbei an den Blumenverkäuferinnen und Taschendieben, gelangt man schließlich wieder ins Zentrum der Stadt.

Anfahrt

• **Jasna Góra** ist vom Bahnhof aus mit dem Taxi und mit dem Bus Richtung Jasna Góra zu erreichen (Entfernung ca. 2 km, mit dem Taxi ca. 7 €, mit dem Bus ca. 0,60 €.

Öffnungszeiten, Dienste

• **Haupteingang:** 5.00–21.30 Uhr
• **Kloster:** 5.30–21.00 Uhr
• **Enthüllung *(Odsłonięcie)* der Madonna**: 6.00 Uhr; in den Wintermonaten 15.00 Uhr.
• **Verhüllung *(Zasłonięcie)* der Madonna**: 12.00 Uhr (an Sonn- und Feiertagen um 13.00 Uhr). Die Zeiten können sich kurzfristig ändern.
• **Gottesdienste** (*Msza)* finden zu Zeiten der Ver- und Enthüllung statt.
Beichte *(Spowiedź)*: von 6.00–20.00 Uhr (nach Wunsch in Fremdsprachen in der Sakristei). Öffnungszeiten der **Sakristei:** 6.00-12.00 Uhr, an Sonn- und Feiertagen bis 13.00 Uhr; 15.30-17.00 und 18.30-19.30 Uhr. Im **Hof** in den Beichtstühlen (im Sommer) Sa., So. und an Feiertagen 6.00-17.00 Uhr
• **Führungen**: Bei der Besichtigung des **Sanktuariums** kann man auch die Dienste eines Führers in Anspruch nehmen, nachdem man sich an der Klosterpforte im Rittersaal angemeldet hat.
• **Schatzkammer *(Skarbiec)*:** 9.00–11.30, 15.30–17.30 Uhr, an Sonn- und Feiertagen 8.00–13.00 und 15.00–17.30 Uhr.
• **Arsenal *(Arsenał)*:**
9.00–12.00 und 14.30–18.00 Uhr, sonn- und feiertags 9.00–12.00 und 13.00–18.00 Uhr.
• **Museum des 600-jährigen Bestehens von Jasna Góra *(Muzeum 600lecia Jasnej Góry)*:**
ul. O. Kordeckiego 2,
Öffnungszeiten: täglich 11.00–16.30 Uhr.
• **Mariensaal:** Wechselnde Ausstellungen. 12.00–15.00 Uhr, sonn- und feiertags 12.00–17.00 Uhr.
• **Turm *(Wieża)*:**
8.00–11.30, 14.00–17.30, sonn- und feiertags: 8.00–11.30, 13.00–17.00 Uhr.
• **Gepäckaufbewahrung** am Walltor, Haupteingang (*Przechowalnia Bagażu),* 6.00–17.00 Uhr.
• **Medizinischer Dienst *(Punkt Sanitarny)*:** 6.00–19.30 Uhr (im Sommer),
bei großen Feierlichkeiten Tag und Nacht auf dem Klostergelände.

061kr Foto: cr

Anhang

063kr Foto: cr

062kr Foto: cr

Ein Kiosk in Kleparz

Der Krakauer Drache

Zu jeder Tages- und Nachtzeit:
Blumen auf dem Markt von Krakau

Polnische Sprachhilfe

Ausspracheregeln

c	wie **z**
ę	nasal, wie das **i** im französischen „vin"
ą	nasal, wie das **o** im französischen „bon"
ch	wie **h**
ó	wie **u**
ł	wie das englische **w** in „water"
brz	wie **bsch**
cz	wie **tsch**
sz	wie **sch**
rze	wie **sche**
szcz	wie **schtsch**
strzy	wie **stsch**

Die wichtigsten Wörter

tak	ja
nie	nein
dobrze	gut
proszę!	bitte!
dziękuję!	danke!

Nie rozumiem po polsku.
Ich verstehe kein Polnisch.

Begrüßung und Höflichkeiten

Dowidzenia!	Auf Wiedersehen!
Proszę bardzo!	Bitte sehr!
Przepraszam!	Entschuldigung!
Dobranoc!	Gute Nacht!
Dobry wieczór!	Guten Abend!
Dzień dobry!	Guten Tag!
	Guten Morgen!
Cześć!	Hallo! Tschüss!

Zahlen

jeden	1
dwa	2
trzy	3
cztery	4
pięć	5
sześć	6
siedem	7
osiem	8
dziewięć	9
dziesięć	10
jedenaście	11
dwanaście	12
trzynaście	13
czternaście	14
piętnaście	15
szesnaście	16
siedemnaście	17
osiemnaście	18
dziewiętnaście	19
dwadzieścia	20
trzydzieści	30
czterdzieści	40
pięđziesiąt	50
sześdziesiąt	60
siedemdziesiąt	70
osiemdziesiąt	80
dziewiędziesiąt	90
sto	100
dwieście	200
trzysta	300
czterysta	400
piędźset	500
sześćset	600
siedemset	700
osiemset	800
dziewiętset	900
tysiąc	1000
milion	1.000.000

Monate

styczeń	Januar
luty	Februar
marzec	März
kwiecień	April
maj	Mai
czerwiec	Juni
lipiec	Juli
sierpień	August
wrzesień	September
październik	Oktober
listopad	November
grudzień	Dezember

Wochentage

poniedziałek	Montag
wtorek	Dienstag
środa	Mittwoch
czwartek	Donnerstag
piątek	Freitag
sobota	Samstag
niedziela	Sonntag

Fragewörter

Co?	Was?
Kto?	Wer?
Gdzie?	Wo?
Jak?	Wie?
Dlaczego?	Warum?
Kiedy?	Wann?
Ile?	Wie viel?
Skąd?	Woher?
Dokąd?	Wohin?

Unterwegs

na lewo	nach links
na prawo	nach rechts
prosto	geradeaus
blisko	nah
daleko	weit
wejście	Eingang
wyjście	Ausgang

Przepraszam, gdzie jest ulica ...?
Entschuldigung, wo ist die ... -Straße?

Gdzie znajduje się ...?
Wo finde ich ...?

Jak daleko jest do ulicy ...?
Wie weit ist es bis zur ... -Straße?

aleja (Abk. *al.*)	Allee
apteka	Apotheke
autobus	Bus
autostrada	Autobahn
bagaż	Gepäck
bank	Bank
benzyna	Benzin
bilet	Fahr-/Eintrittskarte
dom	Haus
dworzec	Bahnhof
dzielnica	Stadtteil
katedra	Kathedrale
kościół	Kirche
list	Brief
lotnisko	Flughafen
mapa	Landkarte
miasto	Stadt
most	Brücke
park	Park
parking strzeżony	Bew. Parkplatz
paszport	Pass
pałac	Palast
peron	Bahnsteig
plac (Abk. *pl.*)	Platz
plan miasta	Stadtplan
poczta	Post

pocztówka	Postkarte
policja	Polizei
pomnik	Denkmal
przystanek	Haltestelle
reperacja	Reparatur
samochód	Auto
samolot	Flugzeug
sklep	Geschäft
skrzyżowanie	Kreuzung
stacja benzynowa	Tankstelle
tramwaj	Straßenbahn
ulica (Abk. *ul.*)	Straße
urząd	Behörde, Amt
zamek	Schloss
znaczek	Briefmarke

Einkaufen

masło	Butter
chleb	Brot
mleko	Milch
ser	Käse
jajka	Eier
mięso	Fleisch
kiełbasa	Wurst
ryba	Fisch
warzywa	Gemüse
owoce	Obst
napoje	Getränke
sklep	Laden
dom towarowy	Kaufhaus
sam	Supermarkt
cukiernia	Konditorei
piekarnia	Bäckerei
mięsny	Fleischer

Ile kosztuje ...? Wie viel kostet ...?	*Czy jest ...?* Gibt es ...?
Nie ma. Das gibt es nicht.	*Tak, to jest.* Ja, das gibt es.

Unterkunft

hotel	Hotel
kwatera prywatna	Privat-Unterkunft
schronisko	Jugendherberge
camping	Camping
pokój	Zimmer
klucz	Schlüssel
łazienka	Bad
prysznic	Dusche
toaleta	Toilette
naczynia	Geschirr
talerz	Teller
szklanka	Glas
filiżanka	Tasse
łyżka	Löffel
widelec	Gabel
nóż	Messer
serwetka	Serviette

Czy mają państwo wolne pokoje?
Haben Sie freie Zimmer?

Ile kosztuje pokój z łazienką?
Wie viel kostet ein Zimmer mit Bad?

Jest ta cena razem ze śniadaniem?
Ist das Frühstück inbegriffen?

Kiedy jest śniadanie?
Wann gibt es Frühstück?

Przepraszam, gdzie jest toaleta?
Entschuldigung, wo ist die Toilette?

Tipp: Eine praxisnahe Einführung in die polnische Sprache bietet der Kauderwelsch-Sprechführer Polnisch, siehe Seite 230.

Literaturtipps

Belletristik

- *Jerzy Andrzejewski:* **Asche und Diamant.** Der Roman sucht nach einem Neuanfang in den Wirrnissen Polens nach 1945. Luchterhand, Frankfurt/M. 1990.
- *Karl Dedecius* (Hrsg.): **Die Dichter Polens. Hundert Autoren vom Mittelalter bis heute.** Suhrkamp, Frankfurt/M. 1990.
- *Karl Dedecius* (Hrsg.): **Der Monarch und der Dichter.** Polnische Märchen und Legenden. Frankfurt/M. 1984.
- *Karl Dedecius* (Hrsg.): **Polnische Liebesgedichte.** Frankfurt/M. 1982.
- *Janosch:* **Polski Blues.** Janosch hat eine wehmütige und humorvolle Liebeserklärung an seine heute polnische Heimat geschrieben – und ein Buch über die Kunst, das Leben zu lieben. Btb Goldmann, 2001.
- *Ryszard Kapuściński*: **Die Erde ist ein gewalttätiges Paradies.** Reportagen, Essays, Interviews aus vierzig Jahren. Eichborn Verlag, Frankfurt/Main 2000.
- *Ryszard Kapuściński*: **Die Welt im Notizbuch.** [Lapidaria I i IIą]. Eichborn Verlag, Frankfurt/Main 2000.
- *James A. Michener:* **Mazurka.** Anhand dreier miteinander verwobener Familiengeschichten wird die polnische Geschichte vom 13. bis ins späte 20. Jahrhundert hinein anschaulich vermittelt. Droemersche Verlagsanstalt Th. Knauer Nachf. München 1998.
- *Czeslaw Milosz:* **Die Straßen von Wilna.** Der litauische Dichter polnischer Sprache erinnert sich an das Wilna seiner Kindheit: ein Gedankenspaziergang durch die Straßen einer lebendigen, vielsprachigen und kosmopolitischen Stadt mit einer langen, wechselvollen und grausamen Geschichte. Carl Hansa, 1987.
- *Maria Nurowska:* **Tango für drei.** Eine der wichtigsten Autorinnen der polnischen Gegenwartsliteratur. Sie erzählt mit psychologischer Raffinesse die Geschichte zweier Frauen, die mehr verbindet als die Liebe zu demselben Mann. Fischer Tb, 2002.
- *Henryk Sienkiewicz:* **Quo vadis?** Das dekadente Rom Kaiser Neros im Widerstreit mit der unwiderstehlichen sittlichen Kraft des aufstrebenden Christentums. Dazu eine von melodramatischen Elementen nicht freie, großartige Liebesgeschichte, ein Klassiker unter den historischen Romanen, für den *Sienkiewicz* 1905 den Nobelpreis erhielt. Komet, 2003.
- *Isaac Bashevis Singer:* **Eine Kindheit in Warschau.** Im Haus Nr. 10 in der Krochmalna, einer Straße im Warschauer Judenviertel, verbringt *Isaac B. Singer* den größten Teil seiner Kindheit. In der Erinnerung an diese Zeit werden Menschen und Dinge lebendig, die auch in den Werken des späteren Literatur-Nobelpreisträgers wiederkehren. So reihen sich Geschichten an Geschichten, und jede einzelne enthält wieder neue oder die Andeutungen zu neuen Geschichten, ein Spiel der Fantasie, das ohne Ende weitergeht. Dtv, München 2000.
- *Andrzej Stasiuk:* **Galizische Geschichten: Kurzbeschreibung.** Südostpolen nach der Wende. In einem Dorf verrottet die frühere LPG, und das kleine Menschenuniversum gerät aus den Fugen. Wer nicht mehr fortkommt, bleibt am Fenster sitzen wie die alte Frau, die noch heute ihre sechs Töchter auf dem Wiesenweg davongehen sieht, oder wie Herr Lewandowski, der im ungeheizten Zimmer vor dem Foto seiner Frau hockt und von Warschau träumt. Suhrkamp, 2002.
- *Andrzej Szczypiorski:* **Amerikanischer Whiskey. Erzählungen.** Polens Geschichte des 20. Jahrhunderts spiegelt sich in den zwölf Erzählungen erlebnisnah wider. Diogenes Verlag, Zürich 2002.
- *Eugenia Szajn-Lewin:* **Aufzeichnungen aus dem Warschauer Ghetto.** Reclam, Leipzig 1994.
- *Wladyslaw Szpilman u. a.:* **Der Pianist. Mein wunderbares Überleben.** Die authentische Geschichte des Warschauer Pianisten *Wladyslaw Szpilman,* der trotz jüdischer Abstammung den Holocaust auf abenteuerliche Art und Weise in Warschau überlebt hat. Ullstein Tb, 2003.
- *Andrzej Szczypiorski:* **Nacht, Tag und Nacht.** Dies ist ein Roman, der zwei große Themen vereint: die Erfahrungen mit tota-

Anhang

litären Mächten im Europa des 20. Jahrhunderts und die Erfahrungen der Liebe. Diogenes, Zürich 2000.

- *Andrzej Szczypiorski:* **Die schöne Frau Seidemann.** Ein Rückblick auf das Polen der 1940er Jahre mit seinen düsteren Seiten des Kampfes gegen den Nationalsozialismus. Diogenes Verlag, Zürich 2002.
- *Wisława Szymborska:* **Deshalb leben wir.** Gedichte. Die Erste unter den Lyrikerinnen Polens wurde 1996 mit dem Nobelpreis für Literatur ausgezeichnet. Surkamp, 1996
- *Wisława Szymborska:* **Hundert Freuden.** Gedichte. Suhrkamp 1996.
- *Olga Tokarczuk:* **Ur und andere Zeiten.** Das Städtchen Ur ist in einer märchenhaften und zugleich in einer realen Welt angesiedelt und schildert die Geschichte Ostpolens von 1914 bis heute. Die Besonderheit des Buches liegt in der bildhaften Erzählweise, in der das Träumen und Imaginieren seinen Platz hat. Berliner Taschenbuchverlag, 2002.

Sachbücher

- *Norman Davies, Friedrich Griese:*
Im Herzen Europas. Geschichte Polens. C.H.Beck, 2000.
- *Matthias Kneip:* **Grundsteine im Gepäck. Begegnungen mit Polen.** Wer über Reiseführer und Geschichtsbücher hinaus erfahren möchte, wie die Menschen, die heute östlich der Oder leben, denken, wie sie über Deutsche reden und auf Deutsche reagieren, der sollte die Stationen einer Reise durch Polen von dem Historiker und Lyriker *Kneip* lesen. House of the Poets, 2002.
- *Stefan Muthesius:*
Kunst in Polen/Polnische Kunst 966–1990. Langewiesche, Königstein/Taunus 1994.
- *Maciej Rybinski* (Hrsg.): **Die Deutschen, meine Nachbarn. Niemiec moj sasiad.** Wie sehen die Polen zehn Jahre nach dem deutsch-polnischen Vertrag die Deutschen, was denken sie über ihre Nachbarn? Diese Fragen waren Thema eines Wettbewerbs, den die Polnische Redaktion der Deutschen Welle und die Tageszeitung „Rzeczpospolita" in Polen ausgeschrieben haben. Der vorliegende Band versammelt eine Auswahl der über 350 eingegangenen Arbeiten. Fibre Verlag, 2002.
- *Thomas Urban:* **Polen.** Die Entwicklungen der polnischen Gesellschaft, die der Autor als Korrespondent seit 1988 unmittelbar verfolgt, stehen im Mittelpunkt dieses Buches. Beck, München, 2003.

Sprachführer

- **Polnisch – Wort für Wort.** Kauderwelsch-Sprechführer Band 35. Reise Know-How Verlag, Bielefeld. Ebenfalls erhältlich als CD-ROM mit Aussprachetrainer.

Internet-Adressen

Auf der Homepage von Reise Know-How (www.reise-know-how.de) findet sich eine umfangreiche Sammlung von Links zu über hundert Ländern, die Kategorien wie Praktisches, Länderkunde und Einreiseformalitäten umfasst. Im folgenden eine Auswahl nützlicher Adressen zu Krakau und Polen:

- **Offizielle Internetseite Polen**
http: //www.polska.pl
- **Offizielle Internetseite Krakaus**
http: //www.krakow.pl

Auf Internetadressen mit speziellen Informationen auf englisch oder deutsch wird in den einzelnen Kapiteln hingewiesen.

Alle Reiseführer von Reis

Reisehandbücher
Urlaubshandbücher
Reisesachbücher
Rad & Bike

Afrika, Bike-Abenteuer
Afrika, Durch, 2 Bde.
Agadir, Marrak./Südmarok.
Ägypten individuell
Alaska ↗ Canada
Algarve
Algerische Sahara
Amrum
Amsterdam
Andalusien
Apulien
Äqua-Tour
Argentinien, Uruguay, Paraguay
Athen
Äthiopien
Auf nach Asien!
Auvergne, Cevennen

Bahrain
Bali und Lombok
Bali, die Trauminsel
Bangkok
Barcelona
Berlin
Borkum
Botswana
Brasilien
Bretagne
Budapest
Bulgarien
Burgund

Cabo Verde
Canada West, Alaska
Canada Ost, USA NO
Chile, Osterinseln
China Manual
Chinas Norden
Chinas Osten
Cornwall
Costa Blanca
Costa Brava
Costa de la Luz
Costa del Sol
Costa Dorada
Costa Rica
Cuba

Dalmatien
Dänemarks Nordseek.
Dominik. Republik
Dubai, Emirat

Ecuador, Galapagos
El Hierro
Elsass, Vogesen
England – Süden
Erste Hilfe unterwegs
Europa BikeBuch

Fahrrad-Weltführer
Fehmarn
Florida
Föhr
Friaul, Venetien
Fuerteventura

Gardasee
Golf v. Neapel, Kampan.
Gomera
Gotland
Gran Canaria
Großbritannien
Guatemala

Hamburg
Hawaii
Hollands Nordseeins.
Holsteinische Schweiz
Honduras
Hongkong, Macau, Kant.

Ibiza, Formentera
Indien – Norden
Indien – Süden
Iran
Irland
Island
Israel, palästinens. Gebiete, Ostsinai
Istrien, Velebit

Jemen
Jordanien
Juist

Kairo, Luxor, Assuan
Kalabrien, Basilikata
Kalifornien, USA SW
Kambodscha
Kamerun
Kanada ↗ Canada
Kap-Provinz (Südafr.)
Kapverdische Inseln
Kenia
Kerala
Korfu, Ionische Inseln
Korsika
Krakau
Kreta
Kreuzfahrtführer

Ladakh, Zanskar
Langeoog
Lanzarote
La Palma
Laos
Lateinamerika BikeB.
Libyen
Ligurien
Litauen
Loire, Das Tal der
London

Madagaskar
Madeira
Madrid
Malaysia, Singapur, Brunei
Mallorca
Mallorca, Leben/Arbeiten
Mallorca, Wandern auf
Malta
Marokko
Mecklenb./Brandenb.: Wasserwandern
Mecklenburg-Vorp. Binnenland
Mexiko
Mongolei
Motorradreisen
München
Myanmar

Namibia
Nepal
Neuseeland BikeBuch
New York City
Norderney
Nordfriesische Inseln
Nordseeküste NDS
Nordseeküste SLH
Nordseeinseln, Deutsche
Nordspanien
Normandie

Oman
Ostfriesische Inseln
Ostseeküste MVP
Ostseeküste SLH
Outdoor-Praxis

Panama
Panamericana, Rad-Abenteuer
Paris
Peru, Bolivien
Peru kompakt
Phuket
Polens Norden
Prag
Provence
Pyrenäen

Qatar

Rajasthan
Rhodos
Rom
Rügen, Hiddensee

Sächsische Schweiz
Salzburg
San Francisco
Sansibar
Sardinien
Schottland
Schwarzwald – Nord
Schwarzwald – Süd
Schweiz, Liechtenstein
Senegal, Gambia
Singapur
Sizilien
Skandinavien – Norden
Slowenien, Triest
Spaniens Mittelmeerküste
Spiekeroog
Sri Lanka

Know-How auf einen Blick

St. Lucia, St. Vincent, Grenada
Südafrika
Südnorwegen, Lofoten
Südwestfrankreich
Sydney
Sylt
Syrien

Taiwan
Tansania, Sansibar
Teneriffa
Thailand
Thailand – Tauch- und Strandführer
Thailands Süden
Thüringer Wald
Tokyo
Toscana
Transsib
Trinidad und Tobago
Tschechien
Tunesien
Tunesiens Küste
Türkei, Hotelführer

Uganda, Ruanda
Umbrien
USA/Canada
USA, Gastschüler
USA, Nordosten
USA – der Westen
USA – der Süden
USA – Südwesten, Natur u. Wandern
USA SW, Kalifornien, Baja California
Usedom

Venedig
Venezuela
Vereinigte Arabische Emirate
Vietnam

Wales
Warschau
Westafrika – Sahel
Westafrika – Küste
Wien
Wo es keinen Arzt gibt

Yukatan

Zypern

Edition RKH

Abenteuer Anden
Burma – Land der Pagoden
Durchgedreht
Finca auf Mallorca
Geschichten/Mallorca
Goldene Insel
Mallorca, Leib u. Seele
Mallorquinische Reise
Please wait to be seated!
Salzkarawane, Die
Südwärts Lateinamerika
Traumstr. Panamerikana
Unlimited Mileage

Praxis

(Auswahl. Vollständiges Programm siehe Homepage.)

Aktiv Algarve
Aktiv Andalusien
Aktiv Dalmatien
Aktiv frz. Atlantikküste
Aktiv Gardasee
Aktiv Gran Canaria
Aktiv Istrien
Aktiv Katalonien
Aktiv Marokko
Aktiv Polen
Aktiv Slowenien
Als Frau allein unterwegs
Australien: Reisen/Jobben
Australien: Outback/Bush
Bordbuch Südeuropa
Clever buchen/fliegen
Clever kuren
Drogen in Reiseländern
Fernreisen, Fahrzeug
Fliegen ohne Angst
Fun u. Sport im Schnee
Geolog. Erscheinungen
Gesund. Dtl. Heilthermen
GPS f. Auto, Motorrad
GPS Outdoor
Inline-Skaten Bodensee
Inline Skating
Islam erleben
Kanu-Handbuch
Konfuzianismus erleben
Kreuzfahrt-Handbuch
Küstensegeln
Maya-Kultur erleben
Mountain Biking
Mushing/Hundeschlitten
Orientierung mit Kompass und GPS
Paragliding-Handbuch
Reisefotografie
Reisefotografie digital
Respektvoll reisen
Richtig Kartenlesen
Safari-Handbuch Afrika
Selbstdiagnose unterwegs
Shoppingguide USA
Sicherheit/Bärengeb.
Spaniens Fiestas
Sprachen lernen
Transsib – Moskau-Peking
Trekking-Handbuch
Trekking/Amerika
Trekking/Asien Afrika
Tropenreisen
Unterkunft/Mietwagen
Verreisen mit Hund
Wandern im Watt
Wann wohin reisen?
Was kriecht u. krabbelt in den Tropen
Wein-Reiseführer Italien
Wein-Reiseführer Toskana
Wildnis-Ausrüstung
Wildnis-Küche
Wohnmobil-Ausrüstung
Wohnmobil-Reisen

KulturSchock

Afghanistan
Ägypten
Argentinien
Australien
Brasilien
China, VR/Taiwan
Cuba
Golf-Emirate, Oman
Indien
Iran
Islam
Japan
Jemen
Leben in fremden Kulturen
Marokko
Mexiko
Pakistan
Russland
Spanien
Thailand
Türkei
Vietnam

Wo man unsere Reiseliteratur bekommt:
Jede Buchhandlung der BRD, der Schweiz, Österreichs und der Benelux-Staaten kann unsere Bücher beziehen.
Wer sie dort nicht findet, kann alle Bücher über unsere **Internet-Shops** bestellen. Auf den Homepages gibt es auch **Informationen** zu allen Titeln:

www.reise-know-how.de oder **www.reisebuch.de**

Register

Z

089wa Foto: kj

088wa Foto: kj

Katarzyna Jone wurde 1965 in Warschau geboren und kam mit 16 Jahren nach Deutschland. Während ihrer häufigen Aufenthalte in Warschau verfolgte sie die rasante Entwicklung der Stadt mit großer Aufmerksamkeit. Mit dem Studium an der Kunsthochschule in Braunschweig begann eine intensive Auseinandersetzung mit der polnischen Kunst. Die wachsende Begeisterung für ihre Heimat steckte ihre Freundin Christiane an, mit der sie mehrere Reisen nach Polen unternahm.

Christiane Rahn, 1961 in Braunschweig geboren, studierte Deutsch und Geschichte an der Pädagogischen Hochschule. Während ihres Studiums wurde sie immer wieder mit der Vergangenheit Polens konfrontiert, die sie auf das Land und die Leute neugierig machte. Die Reisen mit Katarzyna ermöglichten ihr einen tiefen Einblick in den Alltag und die Kultur des Landes und der Stadt Krakau.

Ihre gemeinsamen und sich ergänzenden Interessen ließen diesen vielseitigen Reiseführer entstehen.